全国教育科学规划课题（BIA170195）成果

STUDY ON THE INFLUENCE MECHANISM AND POLICIES OF
ENTREPRENEURIAL INTENTIONS

AMONG NEWLY RETURNEES

"新生代海归"创业意向的
影响机制和政策研究

叶映华 等◎著

ZHEJIANG UNIVERSITY PRESS
浙江大学出版社
·杭州·

图书在版编目(CIP)数据

"新生代海归"创业意向的影响机制和政策研究 /
叶映华等著. -- 杭州：浙江大学出版社，2023.9
ISBN 978-7-308-23784-0

Ⅰ．①新… Ⅱ．①叶… Ⅲ．①创业－研究－中国
Ⅳ．①F249.214

中国国家版本馆 CIP 数据核字(2023)第 086180 号

"新生代海归"创业意向的影响机制和政策研究

XINSHENGDAI HAIGUI CHUANGYE YIXIANG DE YINGXIANG JIZHI HE ZHENGCE YANJIU

叶映华　等　著

策划编辑	吴伟伟
责任编辑	陈　翩
责任校对	丁沛岚
封面设计	雷建军
出版发行	浙江大学出版社
	（杭州市天目山路 148 号　邮政编码 310007）
	（网址：http://www.zjupress.com）
排　　版	杭州晨特广告有限公司
印　　刷	浙江新华数码印务有限公司
开　　本	710mm×1000mm　1/16
印　　张	15.5
字　　数	235 千
版 印 次	2023 年 9 月第 1 版　2023 年 9 月第 1 次印刷
书　　号	ISBN 978-7-308-23784-0
定　　价	68.00 元

序　言

在创业心理研究领域,大学生群体因其数量庞大且极具创新力,在过去十多年受到较多研究的关注。从整体上看,对海归群体,特别是"新生代海归"群体创业就业影响因素及相关政策的研究探索相对较少。作为"智力密集型群体","新生代海归"在跨文化知识储备、资源多元性、国际理解与包容等方面有鲜明的特点。随着"新生代海归"群体人数的逐年增长,加强对这一独特群体创业就业意向的研究具有重要的价值和意义:可以更加全面地了解"新生代海归"创业就业的意向规律,可为有关部门出台更有针对性的"新生代海归"创业政策、激发"新生代海归"的创新创业活力提供借鉴与参考。

梳理近20年海归创业相关文献,可以发现在不同阶段有不同的研究热点或重点研究主题。2009年前后开始,我国海归政策开始进入以开发人才为主的阶段,一系列针对海外人才引进的政策相继推出。但不难发现,有关海归创业就业的各项支持政策,较多关注高层次人才。而高层次人才只是海归大军中较小的一部分,刚学成归国的80后和90后才是每年几十万海归大军的主力。"新生代海归"具有独特的人力和社会等资本"优劣势",他们在外语沟通能力、国际化视野、生活适应能力等方面具有优势,同时,他们的国内社会关系网络因在国外上学而部分断裂,回国后的"逆文化"适应需要一定的时间。而且,我国高校的"在地国际化"水平也在逐年提升,"新生代海归"相较于本土高校毕业生在创业就业方面的竞争优势并不明显。本书的研究正是在这样的现实背景下展开的。

突如其来的新冠疫情对国际形势产生了巨大的影响,高等教育的国际化交流也受到冲击,海外留学及留学生归国的难度增大,一段时间甚至出现了停滞的状态。在后疫情时代,随着留学生回国就业创业趋势的日益明显,对于海归群体,特别是"新生代海归"群体创业就业意向及相关政策的研究就显得更为重要。如何更好地吸引年轻的留学生回国发展?如何激发他们归国后的创新潜力?如何改变他们的创业就业观,并提升他们的社会责任感?此类问题均需要进一步探索。

习近平总书记在2021年中央人才工作会议上强调,"深入实施新时代人才强国战略,全方位培养、引进、用好人才,加快建设世界重要人才中心和创新高地,为2035年基本实现社会主义现代化提供人才支撑,为2050年全面建成社会主义现代化强国打好人才基础"[①]。"新生代海归"是我国重要的人才资源,在相关人才政策与创新创业政策陆续出台的背景下,"新生代海归"群体回国创新创业将迎来新的发展机遇。"新生代海归"群体创新创业能力的挖掘,对于实现中华民族伟大复兴和实现"两个一百年"奋斗目标具有重要意义。

本书共8章,分工如下:第一、二章,叶映华;第三章,高婷婷、叶映华;第四章,叶映华、高婷婷;第五章,梁文倩、叶映华;第六章,毛月、叶映华;第七章,柳芸芸、叶映华;第八章,叶映华。

---

① 习近平出席中央人才工作会议并发表重要讲话[EB/OL]. (2021-09-28) [2020-12-30]. http://www.gov.cn/xinwen/2021-09/28/content_5639868.htm.

目录

Contents

第一章 绪 论

本章主要包括 5 节内容:研究背景与意义,研究目的与问题,研究内容,研究思路、方法与创新,研究结构与关键术语界定。

第一节 研究背景与意义

2008 年前后,创业意向及其影响因素相关研究开始以大学生群体为主要对象,并逐渐拓展到中学生群体。整体上看,对海归创业意向及其影响因素的研究,特别是针对"新生代海归"群体的研究还较为不足。"新生代海归"群体的创业具有非常明显的优劣势,优势方面如二元文化、二元网络、双语能力等,劣势方面如本土再适应、国内社会网络短暂或长期断裂等,但这一群体的创新潜力巨大,特别是在科技创新创业上。本书的研究主要探索"新生代海归"创业意向的影响因素,并依据实证结果提出相应的政策建议。本部分主要阐述研究的背景与意义。

一、研究背景

近年来,随着中国加快构建具有全球竞争力的人才体系,以及中国经济全球化的不断发展,越来越多拥有海外工作经验和全球视野的人才回国就业,形成了一股规模宏大的"海归潮"。教育部的相关数据显示,学成回国人员的人数逐年递增,以同年学成回国人员与出国留学人员的人数比为指标,这一比值在逐年增加,从 2001 年的 14.52％提高到 2010 年的 47.34％,再提高到 2019 年的 82.49％。从整体上看,改革开放至 2017 年底,我国累计已有 519.49 万人出国留学,其中 374.08 万人已完成学业,313.2 万人选择在完成学业后回国发展,占已完成学业群体的 83.73％。[①] 图 1-1 呈现了 2010—2019 年出国留学人员和留学回国人员的年度数据。

图 1-1　2010—2019 年出国留学人员和留学回国人员年度数据

越来越多的出国留学人员选择回国,一是因为国内巨大的市场规模蕴含发展机遇,二是因为我国实施了相应的人才政策。2010 年《国家中长期人才发展规划纲要(2010—2020 年)》颁布实施,指出要"大力吸引海外高层次人才回国创新创业"[②],此后,各级政府纷纷出台支持政策,积极营造良好环境,大力支持留学人员回国创业。根据人力资源和社会保障部的数据,截至 2017 年底,全国留学人员创业园共 351 家,入园企业 2.3 万余家,8.6 万名留学回国人员在园

[①] 2017 年度我国各类留学回国人员总数达 48.09 万人[EB/OL].(2018-04-18)[2020-12-30].http://www.mohrss.gov.cn/zyjsrygls/ZYJSRYGLSgongzuodongtai/201804/t20180418_292559.html.

[②] 国家中长期人才发展规划纲要(2010—2020 年)发布[EB/OL].(2010-06-06)[2020-12-30].http://www.gov.cn/jrzg/2010-06/06/content_1621777.htm.

创业。① 《海归数据报告(十九大以来)》对党的十九大以来有关海归的相关报道进行了系统梳理,在总计 300759 篇报道中,海归相关政策、就业、创业及其薪酬水平受到较多关注。②

党的十九大以来,各级政府相继出台各类引才政策,并给予相应的配套措施,这些政策措施对于海归人才回流起到了重要作用,极大地提升了他们回国创业就业的积极性。海归人才普遍具有国际视野、跨文化沟通能力,他们为国家的经济、文化建设与发展作出了很大贡献。同时,海归人才的社会责任感在不断提升,就业观也在发生变化,除了在大城市和发达地区就业创业外,他们也积极响应国家号召,为贫困地区精准扶贫带去资本、项目和技术,重视自我价值与社会价值的实现。③

但不难发现,目前针对海归创业的各项支持政策,大部分针对的是海外高层次人才,对刚学成归国的 80 后和 90 后海归创业的关注不足;或者说很少有专门针对"新生代海归"创业就业的独特性政策,但这一"新生代"群体恰恰是每年几十万海归大军的主力。依据《2018 中国海归就业创业调查报告》,"90 后"(1990—1995 年,实际年龄在 23～28 岁)是海归主体,占比高达 55%。④ 尽管作为"智力密集型群体"的"新生代海归"拥有国际视野,掌握国际前沿的技术与商业管理知识,但这一群体的创业存在"落地难""发芽难""生根难"的现象。⑤ 调查显示,95.2%的湖南"新生代海归"表示自己的就业创业未享受任何优惠政

---

① 2017 年度我国各类留学回国人员总数达 48.09 万人[EB/OL].(2018-04-18)[2020-12-30]. http://www. mohrss. gov. cn/zyjsrygls/ZYJSRYGLSgongzuodongtai/201804/t20180418_292559.html.

② 中教传媒智库.海归数据报告(十九大以来)[J].神州学人,2019(Z1):43-47.

③ 中教传媒智库.海归数据报告(十九大以来)[J].神州学人,2019(Z1):43-47.

④ 《2018 中国海归就业创业调查报告》发布 90 后成为新生代海归主体[EB/OL].(2018-08-20)[2020-12-30]. http://m. news. cctv. com/2018/08/20/ARTIFsvMjoLy1EsdR-DCd5dEx180820.shtml.

⑤ 钟云华.新生代海归创业难的归因与对策[J].华东师范大学学报(教育科学版),2016(3):52-60.

策,80.9％的有创业经历的"新生代海归"表示创业资金主要来自亲戚和朋友。① 在学术界,目前关于这一群体的创业现状与问题、创业意向影响因素等的研究较为薄弱。在"大众创新、万众创业"背景下,对"新生代海归"创业意向影响因素的研究极具现实意义与理论意义:可以掌握"新生代海归"创业的心理特征及政策需求,为政府出台更有针对性的"新生代海归"创业政策提供依据。

二、研究意义

(一)理论意义

1.丰富了创业人格特质理论、计划行为理论及各类资本理论

在以往的创业意向相关研究中,人格特质理论、计划行为理论及各类资本理论是主要的理论基础,"新生代海归"创业意向研究的开展丰富了这些经典理论。就人格特质理论而言,"新生代海归"群体在人格特质上没有表现出太多差异;就计划行为理论而言,影响"新生代海归"群体创业意向的主要是计划行为理论三个动机性因素中的个人态度和知觉行为控制,主观规范的影响作用并不显著;就文化资本理论而言,部分"新生代海归"群体表现出文化适应问题。

2.构建了"新生代海归"创业意向影响机制的理论模型

"新生代海归"创业意向影响机制呈现一些独特的特点,即各类资本的"二元性",特别是海外学习经历因素。具体来看,"新生代海归"海外学习经历中的文化兼容能力、外语能力、海外社会资源、海外接受的创业教育,以及近亲属和自身创业经历的有无等,通过影响行为态度和知觉行为控制,影响这一群体的创业意向,并可预测行动。在计划行为理论中的两种动机性因素(行为态度和知觉行为控制)和其他的非动机性因素(海外社会资源、海外学习所形成的能力、家人职业或创业经历等)同时满足时,创业行为的发生会提速。本研究构建了"新生代海归"创业意向影响机制模型,使海归创业意向研究的理论基础更加厚实。

---

① 钟云华.新生代海归创业难的归因与对策[J].华东师范大学学报(教育科学版),2016(3):52-60.

(二)实践意义

1. 有助于引才和用才目标的实现

习近平总书记在 2021 年中央人才工作会议上强调,"深入实施新时代人才强国战略,全方位培养、引进、用好人才,加快建设世界重要人才中心和创新高地,为 2035 年基本实现社会主义现代化提供人才支撑,为 2050 年全面建成社会主义现代化强国打好人才基础"①。当前,"新生代海归"群体人数逐年增加,研究这一群体创业就业的影响机制,以及依据实证研究结果提出政策优化建议,能够激发这一群体创新创业的动力,有助于更好地引才和用才。

2. 为我国高校更有效地培养创新创业人才提供研究支撑

近年来,我国政府非常重视创新创业教育,致力于培养创新型人才。"新生代海归"创业意向影响机制的研究探索,可以为我国高校更有效地培养创新创业人才提供理论支撑。如依据本研究的结果,我国高校在创业人才培养上可以关注"在地国际化"的作用,在创业项目开发上可以实行政府采购等。

3. 有助于"大众创业、万众创新"政策目标的实现

本研究提出了针对"新生代海归"创业的政策建议,如创新国家留学资助政策、扩大政府项目的资助比例、打造统一集中的政策发布平台、构建动态化的政策支持系统等。这些政策可以有效提升"新生代海归"的创业意向,促进创业意向转化为创业行动,有助于"大众创业、万众创新"政策目标的实现。

第二节 研究目的与问题

本研究有较为清晰的研究目的,并形成了相对聚焦的研究问题。本节主要介绍研究目的与研究问题。

---

① 习近平出席中央人才工作会议并发表重要讲话[EB/OL].(2021-09-28)[2020-12-30]. http://www.gov.cn/xinwen/2021-09/28/content_5639868.htm.

一、研究目的

本研究的主要目的在于探索"新生代海归"创业意向的影响机制,探讨海外留学相关因素对"新生代海归"创业意向的影响。围绕这一主要研究目的,首先对创业意向、大学生创业意向、海归及"新生代海归"创业意向相关理论和文献进行回顾;其次,采用扎根理论方法和问卷调查法探讨"新生代海归"创业意向的影响机制;再次,对"新生代海归"就业质量的影响机制进行分析,比较其创业与就业的影响因素的差异;最后,在上述实证研究的基础上提出完善"新生代海归"创业支持政策的相关建议。研究目的具体包括:

第一,采用文献回顾法、编码和可视化文献分析软件 CiteSpace,对创业意向、大学生创业意向、海归及"新生代海归"创业意向相关理论和文献进行回顾,为后续实证研究的开展提供文献和理论支撑。

第二,采用扎根理论方法,厘清"新生代海归"创业存在的主要问题与障碍,结合内外部因素,分析海外留学经历形成的文化、网络和能力特点对"新生代海归"创业意向与行动产生的积极影响与消极影响。

第三,构建"新生代海归"创业意向与行动的影响机制模型,全面探索这一群体创业意向与行动的影响因素,了解其创业心理的特征。

第四,构建"新生代海归"就业行动与质量的影响机制模型,全面探索这一群体就业质量与行动的影响因素,了解其就业心理的特征。

第五,依据实证研究结果,提出针对"新生代海归"创业的政策建议,更好地促进"新生代海归"形成创业意向,进而转化为创业行动,真正落实"大众创业、万众创新"。

二、研究问题

要充分和持续地发挥"新生代海归"群体在创新创业、产业转型升级中的作用,需要了解"新生代海归"群体创业就业的特点及其影响机制,实施有针对性的政策以调动这一群体的创业积极性。依据研究目的,提出如下研究问题。

问题 1:创业意向研究的理论基础有哪些?研究现状如何?

问题 2:"新生代海归"群体创业的现状及创业意向水平如何？

问题 3:"新生代海归"群体创业意向与行动的影响因素有哪些？

问题 4:"新生代海归"群体就业质量受哪些因素影响？其与创业意向的影响因素是否存在差异？

问题 5:本研究的开展对"新生代海归"群体创业政策优化有何启示？

第三节　研究内容

本研究以"新生代海归"群体为主要研究对象,重点关注其创业就业的影响机制,并提出相应的对策建议。

一、研究对象

2013 年前后,"新生代海归"这一概念已开始出现于国内媒体报道中,但截至目前,其在学术文献中尚不多见。从人力资本角度分析,"海归"创业是典型的"人才回归",与之相对应的是"人才流失"。[1] 侯烜方等提出,"新生代"指出生于 20 世纪 80—90 年代,具有"创新意识强,但工作满意度和忠诚度低"等个性特点的群体。[2] 钟云华在 2016 年发表的论文中使用了"新生代海归"的概念,将之界定为:出生于 20 世纪 80 或 90 年代,公费或自费在国外正规大学获得学士及以上学位的海归。[3]

综合上述对"新生代"及"新生代海归"的界定,本研究认为,"新生代海归"是这样一类人才:出生于 1980 年后,公费或自费在海外正规学术机构学习且获

---

① 胡洪浩.海归创业研究前沿与展望[J].科技进步与对策,2014(17):151-155.

② 侯烜方,李燕萍,涂乙冬.新生代工作价值观结构、测量及对绩效影响[J].心理学报,2014(6):823-840.

③ 钟云华.新生代海归创业难的归因与对策[J].华东师范大学学报(教育科学版),2016(3):52-60.

得学士及以上学位,并得到教育部留学服务中心学历学位认证的留学归国人员,且一般在毕业后 3 年内回国(从任意阶段开始留学均可,有无海外工作经历皆可)。

影响个体创业意向及行动的因素是复杂的,“新生代海归”的创业意向既受其人口学变量因素、内部人格特质因素及外部环境因素的影响,又受其海外留学经历的影响,这种独特经历部分决定了这一群体对政府的创业政策具有特殊需求。本研究关注“新生代海归”创业的现状与存在的问题,其创业意向的影响机制,以及其对创业政策的特殊需求。

二、研究框架

本研究在对“新生代海归”创业的现状与问题进行调研的基础上,检验其创业意向的影响机制,基于实证结果获得其创业政策需求,并提出有针对性的创业政策建议。本研究同时探索“新生代海归”就业质量的影响因素,通过与创业意向影响因素的比较,突出创业意向影响因素的独特性。依据研究的总体框架(见图 1-2),本研究主要针对以下几方面内容展开。

(一)创业意向研究的理论与文献回顾

首先,对创业意向研究的理论进行回顾,重点关注人格特质理论、计划行为理论、人力与社会资本理论、心理资本理论等;其次,对大学生创业意向影响因素的研究进行回顾,采用编码等方法及 CiteSpace 等可视化文献分析软件,对过去 20 年创业意向研究的热点和前沿进行梳理和总结。

(二)“新生代海归”创业意向影响因素研究及政策回顾

对海归群体特别是“新生代海归”群体创业相关研究进行系统回顾与梳理,并对海归群体创业就业相关政策进行分析。对海归群体创业及创业意向影响因素的回顾具体包括“新生代海归”群体创业研究的重要性、海归群体创业的优势和劣势、人格特质与“新生代海归”的创业意向、资本理论与“新生代海归”的创业意向等;对这一群体创业就业相关政策的回顾则包括创业就业直接相关政策以及其他引才政策。

(三)"新生代海归"创业意向与行动选择影响因素的扎根研究

通过半结构访谈法和扎根理论研究方法了解"新生代海归"创业的现状(创业率、创业动机等)及存在的主要问题,获得个人因素、海外留学独特影响因素和外部因素等对创业意向与行动影响的初步证据。同时,以若干位选择就业的"新生代海归"为样本,对比创业与就业选择的差异,以此来概括和提炼这一群体创业意向影响因素的独特性。

(四)"新生代海归"创业意向影响因素的调查研究

在前述研究的基础上,界定本研究中的相关概念(如创业意向指"新生代海归"将采取创业行为的倾向程度),编制或修订核心研究变量的测量问卷,检验其信效度,并采用问卷调查法和结构方程建模法,对影响"新生代海归"创业意向与行动的相关因素进行探索,构建影响模型。探索"新生代海归"的创业意向是否更多受其海外独特留学经历的影响,其二元文化与二元网络的表现情况,以及其双语能力和创业教育的独特性表现。

(五)"新生代海归"就业质量影响因素的调查研究

采用问卷调查法,探讨社会人口学变量、海外教育经历、国内求职活动三方面对"新生代海归"客观及主观就业质量的影响。通过"新生代海归"就业质量影响机制的研究,剖析其与创业意向影响机制的差异,进一步分析创业意向影响因素的独特性,为后续提出适切的新生代海归就业创业政策建议提供实证支撑。

(六)"新生代海归"创业政策研究

在实证研究的基础上,综合考虑"新生代海归"创业存在的现实困难以及影响这一群体创业意向和行动的具体因素,捕捉这一群体的创业需求,从而有针对性地提出政策建议。

理论与文献回顾

"新生代海归"创业意向与行动选择影响因素的扎根研究

个人内部影响因素：
家庭和自身创业经历、专业、
性别、学历、对创业政策的感知等

海外留学独特影响因素：
二元文化、二元网络、
双语能力、创业教育等

计划行为理论预测变量：
个人态度、主观规范、
知觉行为控制

社会人口学变量：
性别、年龄、是否独生子女、工作经历等

海外教育经历：
海外大学排名、专业、留学形式、留学区域、留学年限、学历、逆文化适应等

因内求职活动：
求职频率、面试次数、
offer数量、就业区域、单位类型等

"新生代海归"创业意向影响
因素的调查研究

"新生代海归"就业质量影响
因素的调查研究

"新生代海归"创业政策需求

"新生代海归"创业政策建议

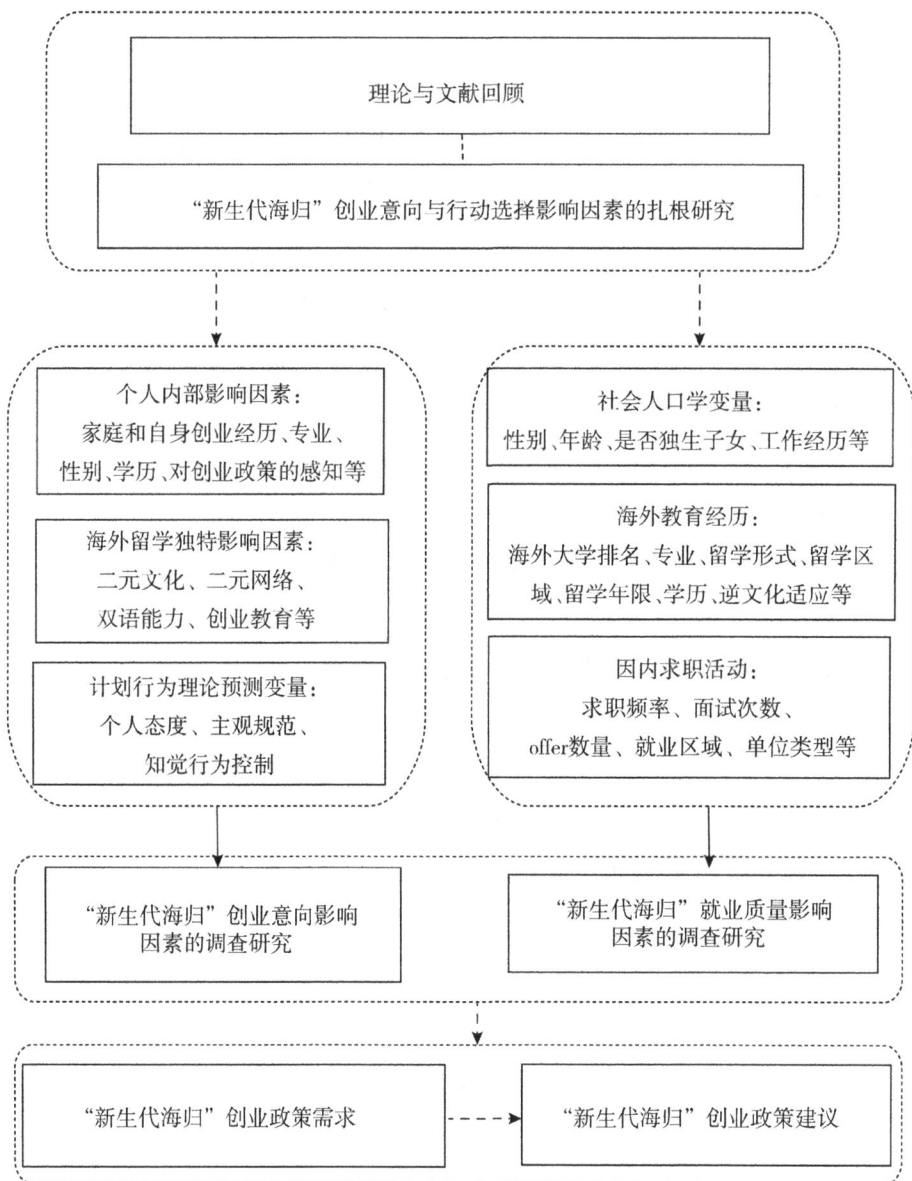

注：实线表示可通过实证验证的影响关系，虚线表示理论影响关系。

图 1-2　本研究的总体框架

三、研究的重点与难点

(一)研究重点

1. 了解"新生代海归"创业的现状及存在的主要问题

了解"新生代海归"创业的现状及存在的主要问题,是开展后半部分研究的关键。为此,本研究综合采用半结构访谈法、扎根理论法进行深度探索。

2. 探析影响"新生代海归"创业意向的海外留学独特因素的作用

本研究的重要理论背景是"新生代海归"群体的文化、网络、语言、创业教育的独特性,这些特征决定了"新生代海归"的创业意向除了受一般的个人内部和外部因素的影响,更多地受其海外留学独特因素的影响。探究这部分因素的影响与作用,是本研究的重点之一。

3. "新生代海归"创业意向与就业质量影响机制的差异比较

比较"新生代海归"的创业意向与就业质量影响机制的差异,为后续提出更有针对性的创业就业政策提供支撑与依据。

4. 提出适切的"新生代海归"创业政策优化建议

阐明"新生代海归"创业的心理特征与政策需求,为政府出台更有针对性的"新生代海归"创业政策提供依据。

(二)研究难点

1. 被试参与实证研究的认真度

本研究需要较多"新生代海归"以接受访谈、填写研究问卷等方式参与其中,如何确保被试认真作答,是难点之一。依据以往的创业园调研经历,很多创业者用于访谈和填写问卷的时间非常少,因此,调研人员需要事先做好协调与沟通工作。

2. 研究工具的信度和效度检验

研究的科学性离不开具有良好信效度的研究工具。就本研究而言,个人内部影响因素和外部影响因素各变量的测量工具已经较为成熟,而在海外留学独特影响因素的测量方面目前还没有成熟的研究工具,需要综合采用不同方法进行检验。

第四节　研究思路、方法与创新

一、研究的基本思路

依据研究问题与研究内容,本研究的基本思路如图 1-3 所示。

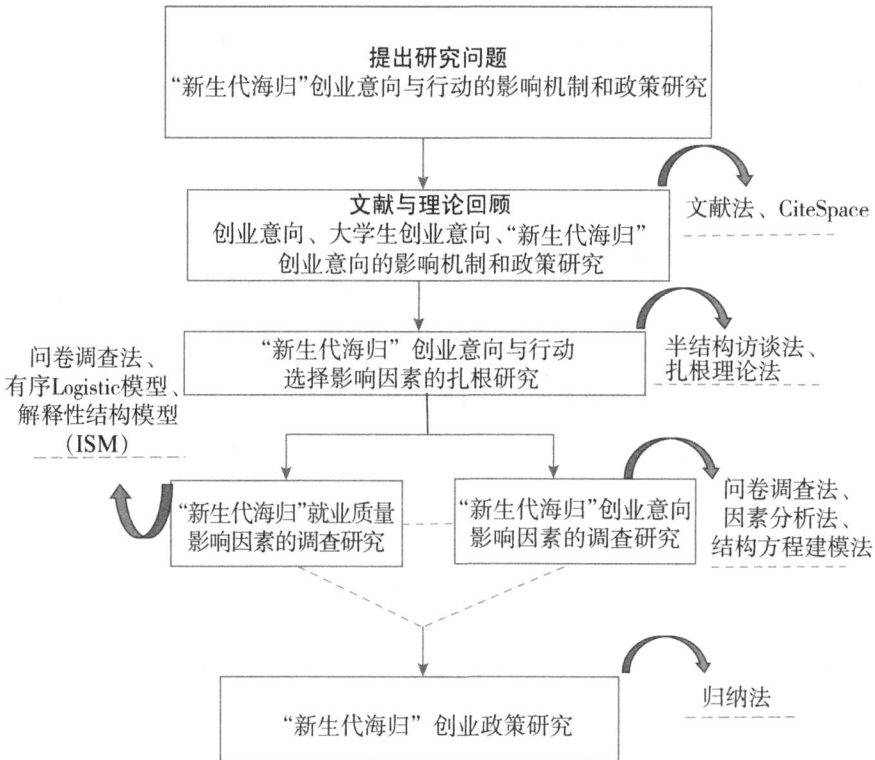

图 1-3　本研究的基本思路

二、研究方法

本研究采用的主要研究方法和统计方法如表 1-1 所示。

表 1-1 主要研究方法

研究内容	研究方法	统计方法
创业意向研究的理论与文献回顾	文献分析法、CiteSpace、比较法	编码一致性、内容分析
"新生代海归"创业意向影响因素研究及政策回顾	文献分析法、比较法	内容分析
"新生代海归"创业意向与行动选择影响因素的扎根研究	访谈法、扎根理论法	三步编码、饱和度检验
"新生代海归"创业意向影响因素的调查研究	问卷调查法	差异检验、相关与预测、结构方程建模、中介效应分析等
"新生代海归"就业质量影响因素的调查研究	问卷调查法	差异检验、相关分析、有序Logistic 模型、解释性结构模型(ISM)等
"新生代海归"创业政策研究	归纳法	无

(一)主要研究方法

1. 问卷调查法

在本研究中,问卷调查法指研究者用严格设计的统一问卷,通过书面语言与被调查者进行交流,来收集研究对象关于创业问题或创业现象的信息和资料的方法。问卷调查法的主要特点是标准化,体现在调查工具、调查过程、调查结果等方面。[①] 本研究在分析"新生代海归"创业意向影响因素及就业质量影响因素时均使用了问卷调查法。

2. 扎根理论法

扎根理论法主要包括三步编码:在开放编码中,研究者需要悬置前设,凭着理论敏感性开放地挑选资料,将资料拆开、检视、比较、概念化和类属化;轴心编码是在开放编码的基础上,形成类属、属性和维度,发展并检验各类属之间的关系;选择编码即在所有类属中选择一个核心类属,其他类属则作为支援类属,然

---

① 杨小薇.教育研究方法[M].北京:人民教育出版社,2005.

后通过一个整合图式或故事线,将各种理论要素整合起来。[①] 本研究中关于"新生代海归"创业意向影响因素的扎根研究主要采用了这一方法。

3. 访谈法

访谈法指带着一个特定的研究问题,设计半结构式访谈提纲,或采用全开放的形式,与研究对象进行深入的交流,从而获得关于特定问题的第一手数据资料。在访谈时,一般不设计封闭式问题。在本研究中,对"新生代海归"创业就业基本信息的收集主要采用访谈法。

4. 文献分析法

在本研究中,文献分析法指收集大量创业及创业意向相关文献,对这些文献进行整理分析,从而形成对创业意向研究相关事实的认识。本研究涉及创业意向研究的较多概念和理论,研究者对这些概念和理论的发展进程进行了文献梳理,在此基础上形成了对这些概念和理论的见解。

5. 归纳法

归纳法在严格意义上不能称为一种研究方法,但在社会科学研究中,经常会用到比较、归纳等思维模式,通过比较和归纳,对实证研究结果进行概括,提炼有价值的经验。本研究采用归纳法提出政策建议,为政府制定更有效的"新生代海归"创业政策提供参考。

(二)主要统计方法

本研究大量采用了数据统计分析手段。相关的数据统计分析方法包括内容分析、描述性统计分析、信度分析、效度分析、t 检验、单因素方差分析、皮尔逊(Pearson)相关分析、多元回归分析、结构方程建模、Bootstrap 方法、有序 Logistic 模型和解释性结构模型(ISM)等方法。这里略作介绍。

1. 多元回归分析

多元回归分析指在多个自变量情况下所进行的回归分析。在本研究中,采用此方法检验自变量对因变量的预测作用,以及研究变量的中介作用。

---

① 陈向明.扎根理论在中国教育研究中的运用探索[J].北京大学教育评论,2015(1):2-15.

2. 结构方程建模

结构方程建模是基于变量的协方差矩阵来分析变量之间关系的一种统计方法,所以也称协方差结构分析。[①] 结构方程建模的一个重要功能是构建变量之间的预测模型,收集样本数据,检验预测模型与数据的拟合程度,再根据路径系数,获得变量之间预测程度的数据结果。

3. Bootstrap 方法

Bootstrap 方法是中介效应分析的一种方法,可直接检验 ab 乘积的显著性,不需要先检验 c 的显著性。它包括非参数百分位 Bootstrap 方法和偏差校正的非参数百分位 Bootstrap 方法。

4. 有序 Logistic 模型

逻辑(logistic)回归模型与线性回归模型有所不同,主要区别在于线性回归中的因变量为连续变量,而逻辑回归中的因变量为分类变量。根据不同的因变量类型,一般将逻辑回归模型分为二元 Logistic 回归模型、无序多分类 Logistic 回归模型以及有序多分类 Logistic 回归模型。[②] 在本研究中,第七章的因变量客观就业质量和主观就业质量均为有序多分类变量,故采用有序多分类 Logistic 回归模型平铺式地探索"新生代海归"就业质量的影响因素及其作用。

5. 解释结构模型

解释结构模型(interpretative structural modelling, ISM)是一种将定性分析与定量分析相结合的方法。[③] 它基于人们的实践经验和知识,通过模型元素间相互影响关系的辨识,将复杂模型分解成多级递阶结构形式,构造出一个多

---

① 徐小洲,叶映华.中国高校创业教育[M].杭州:浙江教育出版社,2010:11.

② 张文彤,董伟.SPSS 统计分析高级教程(第 3 版)[M].北京:高等教育出版社,2018:62-186.

③ 宋雪雁,王少卿,邓君.数字时代档案文献编纂成果质量影响因素解释结构模型分析[J].图书情报工作,2020(3):4-11.

层次的有向结构模型。①② 在本研究中,第七章主要使用 ISM 模型计算显著影响因素之间的可达矩阵,以识别影响"新生代海归"就业质量的表层直接因素、中间连接因素和深层根源因素,从而更好地理解就业质量影响因素的发展过程。

三、研究创新

(一)选题的前瞻性

有别于以往研究聚焦于大学生的创业心理研究,本研究依据计划行为理论、各类资本理论,关注"新生代海归"创业意向的影响机制及其应对策略,在选题上具有创新性。

(二)构思的缜密性

本研究首先采用问卷调查法和访谈法,了解"新生代海归"创业意向的现状,对其影响因素进行初步探索;之后,探索"新生代海归"创业意向的影响机制,并与"新生代海归"就业意向影响机制进行比较;最后,在实证研究基础上提出相应的对策。

(三)方法的合理性

本研究除了采用问卷调查法、访谈法等方法,还采用竞争性模型来探索"新生代海归"创业意向的影响因素。同时,在统计方法上,综合采用结构方程模型、有序 Logistic 模型、ISM 模型等,以解决研究问题。

---

① Warfield J N. Developing interconnected matrices in structural modelling[J]. IEEE Transactions on Systems,Man,and Cybernetics,1974,4(1):81-87.

② Attri R,Dev N,Sharma V. Interpretive structural modelling(ISM) approach: An overview[J]. Research Journal of Management Sciences,2013,2(2):3-8.

第五节　研究结构与关键术语界定

一、研究结构

本研究由以下八章构成。

第一章"绪论"：整体介绍研究背景与意义，研究目的与问题，研究内容，研究思路、方法与创新，以及研究结构，并对研究的关键术语进行了界定。

第二章"创业意向研究的理论回顾"：对创业意向的几个主要理论进行回顾，分别为人格特质理论、计划行为理论、创业人力与社会资本理论及心理资本理论。

第三章"大学生创业意向及其影响因素研究"：对过去 20 年的大学生创业意向国际研究热点与前沿进行全面梳理，了解大学生创业意向研究现状，为后续的"新生代海归"创业意向研究提供支撑。

第四章"'新生代海归'创业意向影响因素研究及政策回顾"：梳理海归群体特别是"新生代海归"群体创业意向的影响因素，为后续的扎根理论研究及问卷调查提供理论与框架支撑；对海归及"新生代海归"创业就业的相关政策进行分析与归纳，为政府部门制定更有效的"新生代海归"创业政策提供依据。

第五章"'新生代海归'创业意向与行动选择影响因素的扎根研究"：对"新生代海归"创业意向与行动选择的影响机制进行实证探索。依据前述理论与文献回顾，采用扎根理论法，以 22 名"新生代海归"为被试，了解"新生代海归"选择出国深造的原因，"新生代海归"对自身的优劣势的判断，影响"新生代海归"归国后做出就业或创业选择的因素，以及海外留学背景对"新生代海归"的创业意向是否有独特影响。

第六章"'新生代海归'创业意向影响因素的调查研究"：采用问卷调查法，在更大样本范围内对"新生代海归"创业意向影响因素进行深入探索，主要关注

二元文化、二元网络、双语能力与创业教育对其创业意向的独特影响。

第七章"'新生代海归'就业质量影响因素的调查研究"：以 203 名"新生代海归"为研究对象，探讨社会人口学背景、海外教育经历、国内求职活动等方面的因素对"新生代海归"客观及主观就业质量的影响。

第八章"研究结论与政策建议"：围绕"新生代海归"创业意向的影响机制、"新生代海归"与本土高校大学生创业意向影响因素的差异及"新生代海归"创业与就业影响因素的差异等内容，对本研究的结论进行系统概括。同时，依据实证结果及政策分析，提出"新生代海归"创业的政策建议。

二、研究关键术语界定

本研究的关键术语如下。

新生代海归(newly returned Chinese international students)：出生于 1980 年后，公费或自费在海外正规学术机构学习且获得学士及以上学位，并得到教育部留学服务中心学历学位认证的留学归国人员，且一般在毕业后 3 年内回国（从任意阶段开始留学均可，有无海外工作经历皆可）。

创业人格特质(entrepreneurial personality)：人格是构成一个人的思想、情感及行为的特有统合模型，这个独特模式包含了一个人区别于他人的稳定而统一的心理品质。[①] 创业人格特质论认为创业特质是决定个体创业行为的基本特性，是创业人格的有效组成元素和测评的基本单位。

创业人力资本(entrepreneurial human capital)：广义上指"与创业相关的知识、技能、经验和教育"[②]。

创业社会资本(entrepreneurial social capital)：社会成员从各种不同的社会结构中获得的与创业相关的利益。[③]

---

① 彭聃龄.普通心理学[M].北京：北京师范大学出版社，2004.

② 王晓文，张玉利，杨俊.基于能力视角的创业者人力资本与新创企业绩效作用机制[J].管理评论，2012(4)：76-84.

③ 蒋春燕，赵曙明.组织学习、社会资本与公司创业：江苏与广东新兴企业的实证研究[J].管理科学学报，2008(6)：61-77.

创业心理资本（entrepreneurs' psychological capital）：创业者拥有的希望、乐观、自我效能和韧性程度。

创业意向（entrepreneurial intention）：个体旨在创建新企业或创造新价值的意愿的强烈程度。

创业教育（entrepreneurial education）：与创业相关的教与学的活动。

计划行为理论（theory of planned behavior）：由阿耶兹（Ajzen）等于 1991 年提出；该理论认为，行为意向是影响行为（行动）最直接的因素，行为意向受态度、主观规范和知觉行为控制的影响。

态度（attitude）：个体对某一行为的喜爱程度。

主观规范（subjective norms）：个体在决定是否执行某一行为时所感受到的规范性的压力，这种压力主要来自重要他人。

知觉行为控制（perceived behavioral control）：个体在决定是否实行某一行为时所感受到的难易程度。

文化适应（acculturation）：来自不同文化背景的社会成员在相互接触时所发生的原有文化模式改变的过程。

"逆文化"适应（countercultural-acculturation）：留学生归国后对本土文化的适应程度。

二元文化（biculturalism）：中国文化和留学国家文化。在本研究中，二元文化包括文化兼容和文化距离两个因子。

文化兼容（cultural harmony）："新生代海归"对中国文化与留学国家文化的和谐性与冲突性的认知。文化兼容评分越高，代表被调查者认为两种文化越和谐。

文化距离（cultural distance）："新生代海归"对中国文化与留学国家文化的相似性与区别性的认知。文化距离评分越高，表示被调查者认为两种文化之间

界限越分明。①②

二元网络(ambidextrous network):在本研究中指本土社会网络和海外社会网络。

双语能力(bilingual proficiency):在本研究中指母语能力和外语能力。

海外留学经历(overseas study experience):在本研究中指海外大学排名、专业、留学形式、留学区域、留学年限、学历、"逆文化"适应。

国内求职活动(domestic job search activities):在本研究中指求职频率、第一份工作的寻找时间、面试次数、获得的 offer(入职邀请函)数量、就业区域、单位类型。

社会人口学变量(sociodemographic variables):在本研究中指性别、年龄、是否独生子女、回国时间、工作经历等。

客观就业质量(objective employment quality):在本研究中指平均月薪。

主观就业质量(subjective employment quality):在本研究中指工作契合度、工作满意度和离职意向。

---

① Benet-Martínez V,Haritatos J. Bicultural identity integration(BII):Components and psychosocial antecedents[J]. Journal of Personality,2005,73(4):1015-1050.

② Huynh Q L,Nguyen A M D,Benet-Martínez V. Bicultural identity integration[M]//Schwartz S,Luyckx K,Vignoles V. Handbook of Identity Theory and Research. New York:Springer,2011:827-844.

第二章　创业意向研究的理论回顾

创业研究离不开对创业者心理的关注,外显的创业行为折射的是创业者内在的心理特点和规律,而这些心理特点和规律最终会影响创业成效。心理学、教育学或管理学的诸多理论为创业意向研究提供了支撑,拓展了研究的理论深度与广度。本章主要包括四节:人格特质理论、计划行为理论、创业人力资本与社会资本理论、心理资本与创业心理资本理论。

第一节　人格特质理论

创业者的人格特质对创业及创业意向的影响已被较多研究证明,而人格特质的影响与作用也在不断变化。

一、人格特质对创业及创业意向的影响

人格是构成一个人的思想、情感及行为的特有统合模型,这个独特模式包含了一个人区别于他人的稳定而统一的心理品质。[①]特质论是人格的最基本理

---

①　彭聃龄.普通心理学(修订版)[M].北京:北京师范大学出版社,2001.

论之一,其认为特质是决定个体行为的基本特性,是人格的有效组成元素和人格测评的基本单位。奥尔波特(Allport)的人格特质理论认为,人格特质包括共同特质和个人特质两种类型。大五人格特质理论则认为,有五种特质可以涵盖人格的所有内容,分别为:情绪稳定性(neuroticism)(得分高的个体在压力较大时能够保持冷静与放松)、外向性(extraversion)(得分高的个体更可能表现出热情、友好、善于社交、精力充沛等个性特点,同时在社会关系中表现出自信和主导性)、开放性(openness)(得分高的个体对新概念和新事物等有较强的求知欲)、宜人性(agreeableness)(得分高的个体往往是利他的,即关心、包容和信任他人)、责任意识(conscientiousness)(得分高的个体往往工作努力,值得信赖)。① 人格特质理论是早期创业意向影响因素研究的重要理论基础之一,该理论认为拥有某些特质的个体有更强的创业意向,更有可能成为创业者,并在创业过程中取得成功,即创业者的人格特质在创业决策及行动中起了非常关键的作用。为了进一步了解人格特质与创业之间的关系,研究者逐渐把人格特质区分为两种类型,即一般人格特质(如大五人格特质)和特定人格特质(成就需求),探索这两种不同类型的人格特质对个体创业意向等的影响差异。②

在一般人格特质上,阿瓦德(Awwad)等的研究探索了大五人格特质对创业意向的影响,机警性(alertness)是这一影响关系中的中介变量。研究结果表明,责任意识、开放性、机警性与创业意向有关,外向性、开放性与机警性相关,而宜人性、情绪稳定性与机警性及创业意向均不相关,机警性在外向性、开放性与创业意向之间起中介作用。③ 布朗塔斯特(Brandstätter)对创业人格特质研

① Şahin F, Karadağ H, Tuncer B. Big five personality traits, entrepreneurial self-efficacy and entrepreneurial intention: A configurational approach[J]. International Journal of Entrepreneurial Behavior & Research, 2019, 25(6): 1188-1211.

② Awwad M S, Al-Aseer R M N. Big five personality traits impact on entrepreneurial intention: The mediating role of entrepreneurial alertness[J]. Asia Pacific Journal of Innovation and Entrepreneurship, 2021, 15(1): 87-100.

③ Awwad M S, Al-Aseer R M N. Big five personality traits impact on entrepreneurial intention: The mediating role of entrepreneurial alertness[J]. Asia Pacific Journal of Innovation and Entrepreneurship, 2021, 15(1): 87-100.

究的元分析结果表明,与管理者相比,创业者在大五人格的责任意识、开放性、外向性上得分较高,而在宜人性和情绪稳定性上得分较低;同时,大五人格与创业意向(高责任意识、高开放性、高外向性与低宜人性)及创业绩效(高责任意识、高开放性、高外向性与低宜人性)的预测相关。[①] 也有研究表明,大五人格与创业自我效能共同解释了学生样本中创业意向 66% 的变异和员工样本中创业意向 74% 的变异。[②]

以往关于特定人格特质与创业及创业意向间关系的研究同样丰富,相关研究结论也较为一致。2021 年的一项元分析研究表明,创新(innovativeness)、风险承担(risktaking)、成就导向(achievement orientation)、控制源(locus of control)、主动性(proactiveness)、自我效能(self-efficacy)和自主导向(autonomy orientation)七个维度通常被用来代表创业型人格。[③] 有学者概括得出高成就需求(high need for achievement)、内部控制源(internal locus of control)、风险承担倾向(risk-taking orientation)、对不确定性的高容忍度(high tolerance of ambiguity)、较高的自信水平(high degree of self-confidence)和创新性(innovativeness)是关键的创业人格特质。[④] 也有研究得出,对不确定性的容忍度和创新性与创业意向不存在显著相关性,只有风险承担倾向与创业意向显著相关。[⑤] 此类研究在各种论著中已经被充分论述,在此不再详细阐述。

此外,也有研究探索大五人格五因子通过影响特定人格特质(风险承担、内

① Brandstätter H. Personality aspects of entrepreneurship: A look at five meta-analyses [J]. Personality and Individual Differences,2011,51(3):222-230.

② Şahin F,Karadağ H,Tuncer B. Big five personality traits,entrepreneurial self-efficacy and entrepreneurial intention: A configurational approach[J]. International Journal of Entrepreneurial Behavior & Research,2019,25(6):1188-1211.

③ Howard M C,Boudreaux M A. Systematic literature review and meta-analysis of entrepreneurial personality[J]. Entrepreneurship Research Journal,2021(3).

④ Altinay L,Kromidha E,Nurmagambetova A,et al. A social cognition perspective on entrepreneurial personality traits and intentions to start a business: Does creativity matter? [J]. Management Decision,2022,60(6):1606-1625.

⑤ Altinay L,Kromidha E,Nurmagambetova A,et al. A social cognition perspective on entrepreneurial personality traits and intentions to start a business: Does creativity matter? [J]. Management Decision,2022,60(6):1606-1625.

在控制源、自我效能感),从而对创业行为产生影响。在类似研究中,一般人格特质是自变量,特定人格特质是中介变量,创业行为是因变量。①

二、人格特质真的能够预测创业吗?

创业者具有独特的人格特质这一观点在创业研究领域已经被普遍接受,与创业意向、行为及成败相关的人格变量也在实证研究中被反复探索与检验。但是,复杂的创业行为真的能够由创业者的人格来部分预测吗?关于这个问题的答案同样是复杂而多样的,但在分析人格特质对创业的预测时,至少可以同时思考以下几个方面的问题。

(一)人格特质的固有特点

基于普通心理学关于人格的一般理解,人格是个体区别于他人的稳定而统一的心理品质,包括气质、性格等多个构面。气质主要由先天遗传因素决定,后天较难发生变化,性格主要受后天环境影响,能够改变。但个体的人格整体上是稳定的、独特的、统一的。"人心不同,各如其面",世界上没有两个完全相同的内心世界,就如"世上没有两片完全相同的树叶",不同个体的人格也存在较大差异。即使都是成功的创业者,他们之间的人格差异也非常大,如果再以人格来预测创业成败,似乎不太合适。

但在研究领域,研究者一直探索的是共性的特点或规律,如对于创业来说,普遍性的结论总是认为具有风险倾向高、创新性强、自信程度高等人格特质的个体更容易成为创业者。而在创业实践中,也有一些创业者或者成功的创业者,其创新性或者自信程度可能不高。这种情况的出现,很难完全归因于创业人格特质对创业的影响较弱,还有一种可能的解释是,在创业特质对创业行为及结果的影响中,存在调节或中介变量。传统创业如开设一家装修公司,对创业者的创新性要求并不是很高,而科技型创业对创新性的要求较高。在这里,

---

① Obschonka M, Stuetzer M. Integrating psychological approaches to entrepreneur-ship:The entrepreneurial personality system(EPS)[J]. Small Business Economics,2017, 49(1):203-231.

创业企业的类型是重要的变量,调节个体人格特质对创业的影响。

总之,在创业人格特质研究中,还是要关注人格特质的固有特点,如可变性与稳定性、独特性与统一性等,从而对人格特质对创业的影响进行客观的分析。

(二)创业人格特质测量的有效性

研究实证结果的有效性很大程度上依赖于测量工具的可信性、有效性以及测量过程的低误差性。在创业人格特质的测量方面,研究者大多采用传统人格特质的测量工具,或者是在原有基础上进行修订,较少有研究者专门为创业者人格开发测量工具。这使得创业人格特质的测量不管是在概念上还是在测量工具上均存在一定的不足。

个体的人格类型是复杂多样的,如卡特尔(Cattel)认为个体的人格有 16 种类型,由此开发了卡特尔 16PF 量表。这就导致在创业人格特质的实证研究中,研究者试图测量的人格特质类型太多,未能充分考虑其间的复杂关系。

此外,创业人格特质的实证或定量研究方法整体使用不够充分,问卷调查法是被使用最多的定量方法,实验法等整体上较少被采用。但问卷法本身存在一些不足,如无法深入探索被试的人格特点、很多回答停留于表面、被试出于自我保护等动机而作出不真实回答等。这些不足也使得通过问卷法所获得的结论的准确性受到一定的影响。

(三)重视人格特质影响创业行为及结果的过程中的调节或中介变量

在创业人格特质影响创业行为及结果的相关实证研究中,除了探索创业人格特质作为自变量对因变量所起的影响作用外,更多探索的是诸多中间变量在这个影响过程中所起的调节或中介作用。

前述阿瓦德等的研究,探索了机警性在大五人格特质影响创业意向过程中的中介作用。高创业机警的个体,能够更好地发现或识别创业机会。库玛(Kumar)等的研究则探索了创业自我效能在创新性、主动性人格影响创业意向过程中的中介作用,结果表明创业自我效能在创新性人格与创业意向之间的关

系中起完全中介作用,在创新性与创业意向之间的关系中起部分中介作用。[①]
法鲁克(Farrukh)等的研究将人格特质理论与计划行为理论相结合,探索了计划行为理论中三个预测变量(态度、知觉行为控制和主观规范)在成就动机、控制源、风险承担预测创业意向过程中所起的中介作用。[②]

穆鲁格桑(Murugesan)等的研究探索了大五人格特质和自我效能对创业意向的影响,以及这种影响关系是否存在性别差异。研究结果支持开放性、情绪稳定性、宜人性、责任意识、自我效能与创业意向的显著关系,但不支持外向性与创业意向的关系;研究还表明,自我效能与创业意向之间的关系不受性别的调节,人格特质与创业意向之间的影响关系部分受性别的调节,且女性在情绪稳定性、宜人性、责任意识和外向性四个特质上得分显著高于男性。[③]

过往文献证明了人格特质对创业意向及行为等的预测有统计学意义,但这种预测作用仍然受到一些质疑。因此,相关领域的研究逐渐转向了认知模型,如计划行为理论,个人态度、知觉行为控制等被证明对创业意向有较高的预测价值。[④] 这些转变事实上也是提示研究者重视创业全过程影响机制的复杂性,重视人格特质影响创业行为及结果的过程中的调节或中介变量。

(四)关注人格影响作用的两面特性

米勒(Miller)对创业人格特质进行了持续的研究,从最初只关注创业人格特质对创业的单面性影响(积极的),到逐渐思考并探索其两面性影响(积极和

---

① Kumar R,Shukla S. Creativity,proactive personality and entrepreneurial intentions: Examining the mediating role of entrepreneurial self-efficacy[J]. Global Business Review, 2022,23(1):101-118.

② Farrukh M,Alzubi Y,Shahzad I A,et al. Entrepreneurial intentions:The role of personality traits in perspective of theory of planned behavior[J]. Asia Pacific Journal of Innovation and Entrepreneurship,2018,12(3):399-414.

③ Murugesan R,Jayavelu R . The influence of big five personality traits and self-efficacy on entrepreneurial intention:The role of gender[J]. Journal of Entrepreneurship and Innovation in Emerging Economies,2017,3(1):41-61.

④ Farrukh M,Alzubi Y,Shahzad I A,et al. Entrepreneurial intentions:The role of personality traits in perspective of theory of planned behavior[J]. Asia Pacific Journal of Innovation and Entrepreneurship,2018,12(3):399-414.

消极）。米勒认为以往研究的假设一般认为人格特质对创业存在正向预测作用，却忽略了人格特质的消极作用，特别是一些人格变量超出正常范畴后可能产生的消极作用，如自我效能超出正常范畴后可能变成自恋或狂妄自大，乐观超出正常范畴后则变成过度自信。[①]

相关研究证明了过度自信对创业特别是创业决策存在消极作用。一项有关 2000 多名创业者过度自信行为的经典研究中，被试是自主创业的创业家，被试需要分别判断自己和他人创业成功的概率。结果表明，企业家被试者认为他人创业成功的概率只有 59％，而自己成功的概率高达 81％；其中，只有 11％的人认为别人的成功概率为 100％，而 33％的人相信自己成功概率为 100％。但追踪调查研究结果表明，企业家被试者的创业成败情况并不像他们先前预测的那样，自己创业成功的可能性大、他人创业成功的可能性小；这些被调查的企业家最终有 66％的人创业失败，远远高于他们自己所预测的 19％的失败率。[②]但也有研究者持不同的观点，并通过研究证明了一些消极人格特质对创业意向和创业成功的积极影响。如一项研究表明，被试学生的自恋型人格对他们的创业意向存在显著的正向预测作用。[③]

米勒的探索引发了研究者对人格特质的关注，而不管是人格的消极面还是消极人格，其对创业可能产生的消极作用应该引起足够重视。

第二节　计划行为理论

行为是心理学研究关注的重要内容，但行为很多时候是不可测量的，学者

---

① Miller D. A downside to the entrepreneurial personality? [J]. Entrepreneurship Theory and Practice,2015,39(1):1-8.

② 姜付秀,张敏,陆正飞,等. 管理者过度自信、企业扩张与财务困境[J]. 经济研究, 2009(1):131-143.

③ Mathieu C,St-Jean E. Entrepreneurial personality:The role of narcissism[J]. Personality and Individual Difference,2013,55(5):527-531.

们通过研究人的态度来预测人的行为。在大部分情况下,这种预测应该是准确的,有什么样的态度,就会有相应的行为。但后续研究发现,态度在某些情况下并不能预测行为。那么究竟应该通过对哪些变量的关注来研究或预测人的行为呢?在态度之外,到底哪些因素能够预测人们的行为?相较于态度,意向是不是预测行为的更有效变量?意向能够准确预测人的创业行为吗?计划行为理论在此基础上产生并受到越来越多的关注,研究者在近几年逐渐把计划行为理论应用于探索人们的创业意向与创业行为之间的关系,也应用于探索它的有效预测变量。

一、计划行为理论的基本内容

计划行为理论源于菲什拜因(Fishbein)和阿耶兹共同提出的理性行为理论,并于1991年由阿耶兹正式提出。计划行为理论是社会心理学中较为著名的态度行为关系理论,与自我效能理论、理性决策理论等一起被视为社会科学中最重要的经典理论。这一理论对于人类行为的预测与评估具有较为重要的意义。

计划行为理论认为,行为不是偶然或无意发生的,而是一种基于理性决策的结果,具有动机性;它的核心观点是,行为意向是行为的最直接影响因素,而行为意向受到态度、主观规范和知觉行为控制的影响(见图 2-1)。[①]

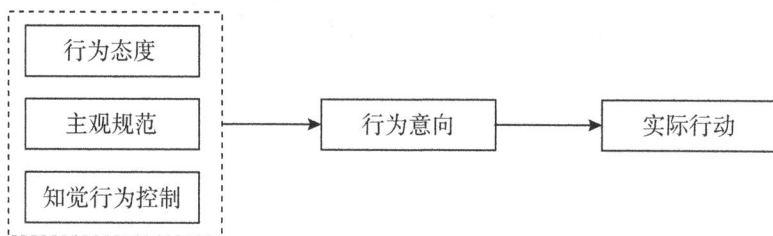

图 2-1　计划行为理论的基本内容

---

① Ajzen I. The theory of planned behavior[J]. Organization Behavior and Human Decision Processes,1991,50(2):179-211.

在这一理论中,有四个核心概念[①],介绍如下。

行为意向(intention):个体执行某个既定行为的意愿程度。

行为态度(attitude):个体对某一行为的喜爱程度。个体对某一行为越喜欢,则行为态度越强。

主观规范(subjective norms):个体在决定是否执行某一行为时所感受到的规范性的压力,这种压力主要来自重要他人。即个体如果感知到重要他人对这一行为的赞同度越高,则主观规范越强。

知觉行为控制(perceived behavioral control):个体在决定是否实施某一行为时所感受到的难易程度,类似于个体的一种自我效能感,也类似于行为动机理论中的"期待"。个体知觉到实施行为越容易,则其行为控制感越强。

总体来看,行为态度、主观规范、知觉行为态度这三个变量的得分越正向,个体实施某一行为的意向越强,行为出现的可能性也越大。在有些情况下,当知觉行为控制足够强时,也能直接预测个体行为意向。[②] 但在另一些情况下,当行为的产生完全符合或满足这些条件时,即三个预测变量的得分均比较正向,行为最终能否产生及行为的成效一定程度上依赖于一些非个体主观的、非动机性的因素,如适当的机会、资源(时间、资金、合作者、有效的合作模式等)、个体内在的能力、外在的政策变化等,这些因素代表了人们对行为的一种主动控制感。阿耶兹认为,在计划行为理论中的三种动机性因素(行为态度、主观规范和知觉行为控制)和其他的非动机因素(资源、能力、合适的机会)同时满足时,行为可能会加速发生。[③]

利尼亚(Liñán)与陈(Chen)编制了基于计划行为理论的创业意向影响因素量表,其中"行为态度"包括 5 个条目,"主观规范"包括 3 个条目,"知觉行为控制"包括 6 个条目,采用李克特 7 点计分量表,具体如表 2-1 所示。

---

① 段文婷,江光荣.计划行为理论述评[J].心理科学进展,2008(2):315-320.

② Kautonen T, van Gelderan M, Fink M. Robustness of the theory of planned behavior in predicting entrepreneurial intentions and actions[J]. Entrepreneurship Theory and Practice,2015,39(3):655-674.

③ Ajzen I. The theory of planned behavior[J]. Organization Behavior and Human Decision Processes,1991,50(2):179-211.

表 2-1　基于计划行为理论的创业意向影响因素量表设计

影响因素	请选择你对下列句子的同意程度（"1"为"完全不同意"，"7"为"完全同意"）	得分						
		1	2	3	4	5	6	7
行为态度	对于我来说创业带来的优势多于劣势							
	将创业作为一项事业对我而言是有吸引力的							
	如果我有机会和资源，我愿意创业							
	创业会给我带来许多满足感							
	在各种选择中，我更倾向于创业							
主观规范:如果你决定开办一个企业,你身边最亲近的人会同意你的决定吗?	你最亲近的家人							
	你的朋友							
	你的同学(同事)							
知觉行为控制	创办企业和经营企业对我来说是简单的							
	我已为创办一家企业做好准备							
	我能控制好一家企业的创办过程							
	我了解创办一家企业的必备操作细节							
	我知道如何开发一个创业项目							
	如果我创办一家企业,我成功的可能性会很高							

资料来源:Liñán F,Chen Y. Development and cross-cultural application of a specific instrument to measure entrepreneurial intentions[J]. Entrepreneurship Theory and Practice, 2009,33(3):593-617.

二、创业行为真的能够被创业意向预测吗?

创业行为能够被创业意向预测吗? 依据计划行为理论,个体对创业行为的态度、主观规范和知觉行为控制能够预测个体的创业意向,之后进一步预测个体的创业行为,即高意向者应该是潜在的创业行动者,能够转变为实际的创业者。但是在创业实践中,创业意向对创业行动的有效预测性并未得到体现。或者对创业这一具有高创新性的行为来说,仅有个体主观动机性因素并不充分,资源、能力、恰当的机会这些非动机性因素对行为意向及实践行动的产生同样重要。

创业过程是一个动态的发展过程,涵盖了"创业意向—创业行动—创业成败"的复杂过程。以往大学生创业心理相关研究较多集中于创业意向影响因素研究,创业人格特质、创业教育、创业认知风格、创业社会网络、知识背景、创业资源、心理幸福感等涵盖主客观各个方面的诸多因素均被研究者证明会影响大学生的创业意向。在研究实践中,大学生群体中高创业意向者多,实际创业者少。这引发人们思考:为什么高创业意向者要远远多于实际创业行动者?或者说高创业意向者为什么没有像计划行为理论所描述的那样,转变成创业行动者?态度、群体规范、知觉行为控制、创业教育、创业资源、人格因素等影响创业意向的因素,究竟有没有影响大学生的创业行动?从创业意向到创业行动,其间是否还存在重要的调节变量或中介变量?创业行动是可计划或可预测的理性行为吗?因此,依据计划行为理论,在创业实践和创业研究中,可以关注以下问题。

第一,关注从创业意向到创业行动阶段的影响机制。虽然计划行为理论提出意向能够有效预测行动,但在创业这项复杂的行为中,这种预测力是否在不同的情境中存在差异,值得研究者进一步关注。自主创业率的高低虽然不能完全衡量创业教育和创业政策的成效,但它是一项重要指标。因此,对于创业行动影响机制的探索,是一个重要的研究机会。

第二,加强创业研究的理论基础。以往相关研究表明,计划行为理论提出的态度、主观规范、知觉行为控制均有可能影响创业意向和创业行动。区分不同情境下(如真实创业情境和虚拟创业情境、自主创业者和非自主创业者、即时创业行动和延时创业行动)创业意向对创业行动预测的差异,既能巩固创业研究的理论基础,也能丰富计划行为理论。

第三,创业过程的纵向追踪研究。如前所述,创业行为有复杂的心理机制,横向研究在很多时候不足以探明创业的复杂机制。在人力和物力允许的情况下,研究者应该采取纵向追踪的方法,考察大学生从对创业一无所知到逐步了解,再到选择创业(或不选择创业)的全过程,获取连续数据,进行深入的分析。

三、计划行为理论视角下的创业意向研究

计划行为理论已被应用于多个行为领域的研究,并被证实能显著提高研究对行为的解释力和预测力。① 但同时也有研究认为,计划行为理论不能解释部分实际行动,在行为意向和行为之间可能存在着中介变量,如个体的执行意向。② 这一观点也与阿耶兹提出的非动机性因素的影响作用相一致。

近年来,计划行为理论开始在创业研究中"崭露头角"。考托宁(Kautonen)等通过对芬兰劳动年龄人口的两轮访谈数据的分析,检验某个时刻所测量的创业意向是否能转化为创业行为。研究结果支持计划行为理论中的预测假设,即行为态度、主观规范和知觉行为控制对创业意向有显著预测作用,知觉行为控制对创业行为有显著预测作用。该研究支持运用计划行为理论和行为意识概念来理解复杂经济行为,例如创业精神的产生先于任何可观察的行为等。③

张(Zhang)等旨在验证和进一步丰富计划行为理论。除了行为态度、主观规范和知觉行为控制外,研究者还加入了短期冒险偏好和心理幸福感两个因素。275 名美国大学生作为被试参与调查,研究结果显示,主观规范、知觉行为控制和短期冒险偏好与创业意向呈正相关,而行为态度对创业意向没有显著影响,与心理幸福感呈负相关。④ 此外,杜塔(Dutta)与桑希尔(Thornhill)的研究发现,企业成长意识(entrepreneurial growth intentions)还受到风险认知逻辑

---

① 段文婷,江光荣.计划行为理论述评[J].心理科学进展,2008(2):315-320.

② Gollwitzer P M. Implementation intentions: Strong effects of simple plans[J]. American Psychologist,1999;54(7):493-503.

③ Kautonen T,van Gelderen M,Tornikoski E T. Predicting entrepreneurial behavior: A test of the theory of planned behavior[J]. Applied Economics,2013,45(6):697-707.

④ Zhang P,Wang D D,Owen C L. A study of entrepreneurial intention of university students[J]. Entrepreneurship Research Journal,2015,5(1):61-82.

(因果逻辑/效果逻辑)和创业认知风格(分析思维/整体思维)的影响。[①] 有研究者依据计划行为理论构建了一个创业意向的认知影响模型,发现个体的创业自我效能、期望价值、一般信念会影响创业意向,而个体的行为态度、主观标准、知觉行为控制是这一影响关系的中介变量。[②] 他们的研究给予其他研究者的一个重要启示是,基于计划行为理论的创业意向和行动的影响应该以纵向跟踪方法为主要研究手段,因为对于创业来说,意向和行动很难同步,中间可能相隔较长的一段时间。

　　费雷拉(Ferreira)等学者开展了一项研究,探索影响创业意向的行为因素与心理因素,其中,行为因素研究主要依据计划行为理论的三个变量。[③] 这项研究的特点包括:第一,被试是 14～15 岁的中学生;第二,结合了心理特征和行为特征两方面的因素;第三,构建了一个创业意向影响因素的结构模型;第四,通过实证研究突破了前人的概念式研究。这项研究的根本目的是找到影响创业意向的相关因素,进而针对这些因素进行创业教育。因为他们认为,前期的大量研究已经证实了无论是心理特征还是行为特征,都能通过创业教育课程改善。最终结果表明,在计划行为理论的三个因素中,对中学生创业意向起显著作用的是创业态度,其他两个因子的影响作用不显著,如图 2-2 所示。

---

① Dutta D K, Thornhill S. Venture cognitive logics, entrepreneurial cognitive style, and growth intentions: A conceptual model and an exploratory field study[J]. Entrepreneurship Research Journal, 2014, 4(2): 147-166.

② Krueger N F Jr., Reilly M D, Carsrud A L. Competing models of entrepreneurial intentions[J]. Journal of Business Venturing, 2000, 15(5-6): 411-432.

③ Ferreira J J, Raposo M L, Rodrigues R G, et al. A model of entrepreneurial intention: An application of the psychological and behavioral approaches[J]. Journal of Small Business and Enterprise Development, 2012, 19(3): 424-440.

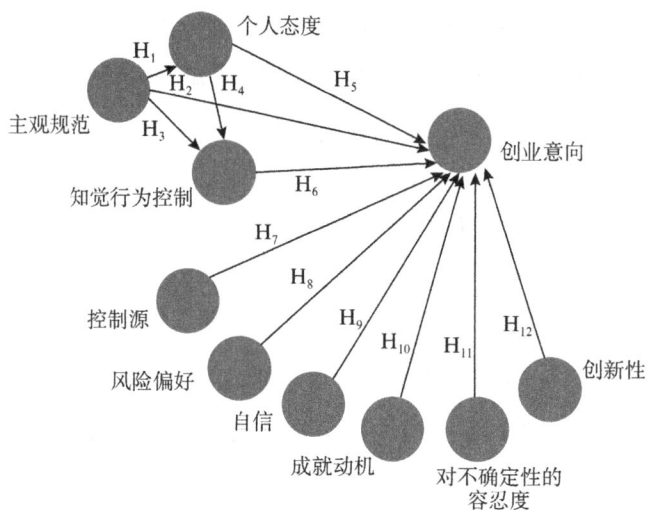

图 2-2 费雷拉等构建的创业意向影响因素模型

除了计划行为理论三要素,个体所处的社会网络、知识情境等客观环境也影响其创业意向。肖(Xiao)和范(Fan)针对我国大学生村官进行了实证研究,构建了网络、创业希求性(desirability)、创业可能性和创业意向之间的理论模型。研究认为,网络规模、网络异质性和网络顶端节点属性对创业意向有显著影响。特别是网络顶端节点属性、网络规模与创业意向呈显著负相关,社会网络异质性程度与创业意向呈显著正相关。[①] 此外,创业希求性与创业可能性是社会异质性和创业意向之间的两个中介变量。研究也发现,对大学生村官创业来说,社会网络有时候也会成为阻碍因素。多泽(Dohse)和瓦尔特(Walter)的研究考察了知识情境与大学生创业意向的关系。[②]

依据以往相关研究结果,在计划行为理论框架下,创业意向对创业行动的预测作用基本被证明,且在这个影响过程中,很多第三变量起了调节或中介作用。

① Xiao L, Fan M. Does social network always promote entrepreneurial intentions? An empirical study in China[J]. Neural Computing & Application, 2014, 24(1):21-26.

② Dohse D, Walter S G. Knowledge context and entrepreneurial intentions among students[J]. Small Business Economics, 2012, 39(4):877-895.

第三节　创业人力资本与社会资本理论

创业是创业者的活动,创业者所具有的人力与社会资本因素对其创业存在一定的影响。以往相关研究表明,更多的社会交流、更丰富的社会网络和更多元化的社会关系等对创业全过程都具有重要影响,而缺少资本、信息和教育的个体是很难识别创业机会的;同时,25～44 岁的个体更容易成为创业者,因为这个年龄的群体有更多的经验和资本,更容易识别创业机会。[①]

资本理论经历了从经济资本到人力资本,再到社会资本和心理资本的发展历程。田喜洲通过一个概念图对四种资本进行了详细介绍(见图 2-3)。

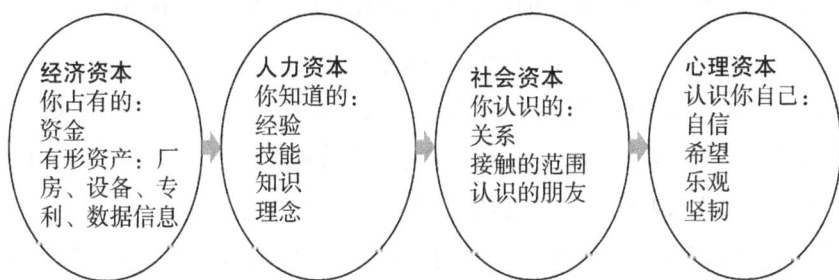

图 2-3　四类资本之间的关系

资料来源:田喜洲. 从人力资本、社会资本到心理资本:人力资源管理的新取向[J]. 商业研究,2009(1):77-79.

在这一概念图中,田喜洲分别用"你占有的""你知道的""你认识的"和"认识你自己"来描述四种资本。随着对资本理论研究的逐渐深入,学界逐渐意识到各种资源均是创业必不可少的资源。本节主要探讨人力资本与社会资本理论的基本内容。心理资本理论将在第四节进行介绍。

---

① Ma H,Barbe F T,Zhang Y C. Can social capital and psychological capital improve the entrepreneurial performance of the new generation of migrant workers in China? [J]. Sustainability,2018,10(11):39-64.

一、创业人力资本理论

（一）人力资本理论

人力资本理论由舒尔茨（Theodore W. Schultz）在 20 世纪 60 年代系统提出。"人力资本指个人通过投资在学校教育、职业培训和其他类型的经验中获得的技能和知识，发展起源于从员工的人力资本投资评估收入分配。"[1]其主要观点包括：第一，人口质量重于人口数量；第二，人力资本对社会经济发展的重要性大于物质资本；第三，人力资本的核心是教育；第四，教育投资的收益率高于物质投资。[2] 人力资本理论对教育的意义是不言而喻的，它强调了教育对人的重要性，教育年限的增加能够提升个体的收入。

明瑟尔（Jacob Mincer）在其 1958 年的论文《人力资本投资与个人收入分配》中提出并构建了教育程度的提高与经济收益提高的线性回归模型：

$$\text{Log}_y = \text{Log}_{y_0} + rs \qquad\qquad 式(2.1)$$

其中 r 代表教育投资的边界收益率，s 代表受教育年限，y 代表完成学校教育后的劳动者收入，y_0 代表未接受教育前的劳动者的即期收入。[3]之后，明瑟尔论证了为什么收入曲线是向右弯曲的，即受教育程度越高的人，收入越高。他的观点提出后，肯定和质疑都有，一个比较大的质疑是收入的主要预测变量不止教育年限一个因素。在后来的研究中，明瑟尔完善了自己的模型，在"受教育年限"这一变量之外，增加了"经验"变量的影响。从单独考虑受教育年限，转移到同时考虑工作经验、职后培训等因素对终生收入模式的影响。

$$\text{Log}_y = \text{Log}_{y_0} + rs + bx + bx^2 \qquad\qquad 式(2.2)$$

其中，x 为工作经验，用工作年限计算。

虽然研究者无法穷尽所有影响社会经济发展的人力因素，但是其所强调的

---

① Unger J M, Rauch A, Frese M, et al. Human capital and entrepreneurial success: A meta-analytical review[J]. Journal of Business Venturing, 2011, 26(3):341-358.

② 童宏保. 从人力资本到社会资本：教育经济学研究的新视角[J]. 教育与经济, 2003 (4):23-27.

③ 方芳. 明瑟尔人力资本理论[J]. 教育与经济, 2006(2):16-18.

"教育年限和工作经验对个人工作收入和社会经济发展的影响作用"具有重要的理论意义。在教育经济学的研究中,人力资本理论一直是一个极其重要的理论基础和支撑。

(二)创业人力资本理论及其影响研究

创业人力资本理论认为,拥有更高受教育水平的人更喜欢成为自我雇用者,即创业者,他们在更大程度上拥有与创业相关的特定的知识。拥有这些知识的人有更强的能力和优势确定创业机会,减少低效率,也能更好地面对各种不确定性,并勇于创新。[①] 从广义上说,创业人力资本包括与创业相关的知识、技能、经验和教育。在创业人力资本的影响机制上,创业者人力资本通过影响创业者的创业能力,最终影响创业企业绩效,即创业能力是创业人力资本影响创业绩效的中介变量。[②]

近年来,社会学、创业学、教育学和心理学学者开始关注人力资本、文化资本、社会资本等资本范畴对创业过程的影响,并获得大量的较有意义的研究结论。创业人力资本被研究者证明影响创业企业的启动、团队构建、生存状况、创业成功、存活时间、绩效等。下面具体分析。

1.创业人力资本与创业企业启动

金姆(Kim)等考察了人力资本、文化资本和资金资本对创业活动启动的重要性。研究结果显示,文化资本和资金资本都不能成为创业启动的必要条件,但创业者的人力资本(尤其是个人的受教育程度和管理经验)越丰富,越有利于创业活动启动。[③]

---

① Congregado E, Carmona M, Román C. Entrepreneurial human capital: Essays of measurement and empirical evidence [M]//Congregado E. Measuring Entrepreneurship: Building a Statistical System. Boston: Springer, 2008: 247-264.

② 王晓文,张玉利,杨俊. 基于能力视角的创业者人力资本与新创企业绩效作用机制研究[J]. 管理评论, 2012(4): 76-84.

③ Kim P H, Aldrich H E, Keister L A. Access(not) denied: The impact of financial, human, and cultural capital on entrepreneurial entry in the United States[J]. Small Business Economics, 2006, 27(1): 5-22.

2. 创业人力资本与团队构建

朱仁宏等借助人力资本理论解释创业团队的演化与治理,并开展了一项实证研究,结果表明:在创业团队组建阶段,团队人力资本没有得到证实,创业团队治理更倚重于关系治理;在创业团队发展阶段,团队人力资本逐步得到证实,随着新创企业成长,关系治理手段逐步减弱,契约治理手段逐步增强;在创业团队解体阶段,团队人力资本基本得到证实,创业团队治理更倚重于契约治理。① 从关系治理到契约治理的转变,验证了创业团队演化与治理过程中人力资本的作用。

3. 创业人力资本与创业企业的生存状况

以日本的制造业创业企业为研究对象,卡图(Kato)等检验了创业人力资本对新创企业存活时间的影响。② 一个较有意思的结果是,企业创业者的受教育背景是有效降低高科技创业企业破产率的一个重要变量,而这一变量与"低科技"创业企业的破产率没有太大关联。此外,拥有较高人力资本水平的创业者比其他创业者更愿意通过并购退出企业,特别是在高科技产业。而有科技背景的创业者与人文社科背景的创业者相比,更不愿意主动退出。因此,创业企业的类型在这项研究中成了创业人力资本与创业企业存活时间之间关系的重要调节变量。

4. 创业人力资本与创业成功

昂格尔(Unger)等学者采用元分析方法,对 70 项研究(样本量=24733)进行了分析,结果表明:人力资本与创业成功存在显著但较小的相关性。与人力资本—创业成功相关性较高的因素有:知识和技能、创业任务、年龄等。如,知识和技能(作为人力资本的投资结果)与创业成功的相关度较高,年轻创业者的人力资本与创业成功的相关度也较高。研究者总结,在人力资本投资上,应该

---

① 朱仁宏,代吉林,曾楚宏. 创业团队演化与治理研究:基于人力资本理论的解释[J]. 学术研究,2013(10):81-86.

② Kato M,Honjo Y. Entrepreneurial human capital and the survival of new firms in high- and low-tech sectors[J]. Journal of Evolutionary Economics,2015,25(5):925-957.

关注学习的过程、知识的获得,以及如何把知识转化为个体的创业任务等。[①]

5. 创业人力资本与创业企业的存活时间

有研究者以1000多名美国新创企业的创业者为研究对象,证明了一般性人力资本、现有企业的人力资本、可选职业的人力资本、来自创业的精神收益、转换成本等对退出工作(退出创业)的正向影响,以及来自可选职业的精神收益对退出工作的负向影响。各变量之间的影响关系如图2-4所示。在这个模型中,一般性人力资本指创业者所接受的正规教育和先前的工作经验。[②]

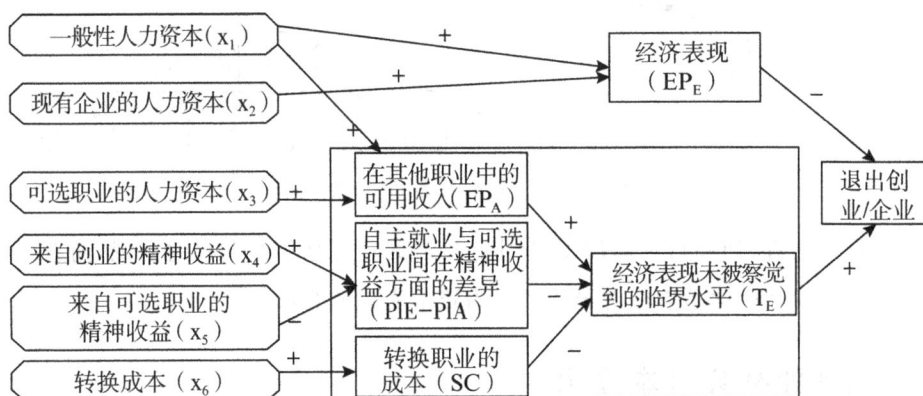

图2-4 创业企业存在的临界模型:人力资本因素

资料来源:Gimeno J,Folta T B,Cooper A C,et al. Survival of the fittest? Entrepreneurial human capital and the persistence of underperforming firms[J]. Administrative Science Quarterly,1997,42(4):750-783.

6. 创业人力资本与创业企业绩效

阿加瓦尔(Agarwal)与查特吉(Chatterjee)提出创业人力资本影响创业企业绩效的概念模型。在这个模型中,创业者的个性、教育/经验、所处环境共同影响创业者的技能和动机,并最终对新企业绩效产生影响(环境、工厂架构和组

---

① Unger J M,Rauch A,Frese M,et al. Human capital and entrepreneurial success:A meta-analytical review[J]. Journal of Business Venturing,2011,26(3):341-358.

② Gimeno J,Folta T B,Cooper A C,et al. Survival of the fittest? Entrepreneurial human capital and the persistence of underperforming firms[J]. Administrative Science Quarterly,1997,42(4):750-783.

织架构)。在这个影响过程中,企业类型起到一定的调节或中介作用。人力资本对创业企业绩效的影响模型如图2-5所示。[1]

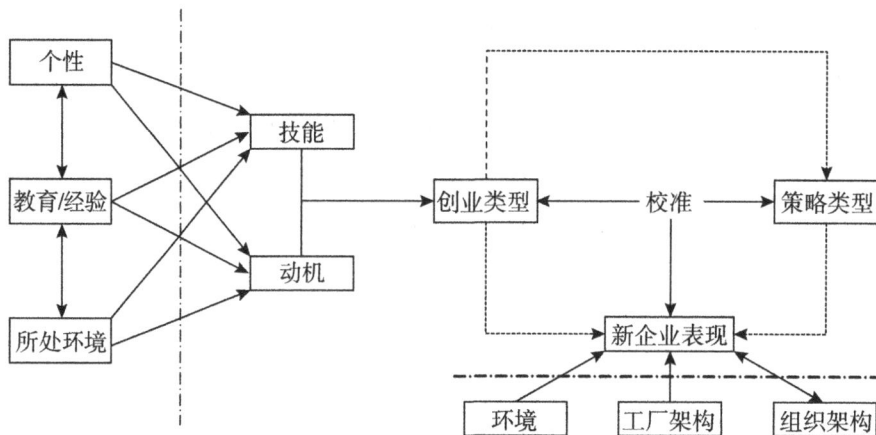

图2-5 人力资本模型的概念模型

总体来看,创业行为本质上是创业者异质型人力资本产权的实现,而新创企业或现有企业均是创业者异质型人力资本实现的载体。[2]

二、创业社会资本理论

(一)社会资本理论

20世纪七八十年代后,以人力资本理论为基础,多位学者提出了社会资本理论,其中较有代表性的是布尔迪厄(Pierre Bourdieu)及科尔曼(James S. Coleman)的理论。

布尔迪厄强调非物质形式的资本,在《资本的形式》一文中,他指出资本以多种形式存在,其中有三种基本形态:(1)经济资本,以金钱为符号,以产权为制度化形式;(2)文化资本,以作品、文凭、学术头衔为符号,以学位为制度化形式;

① Agarwal M N, Chatterjee L. Entrepreneurial human capital and new venture performance: In search of the elusive link[J]. Academy of Entrepreneurship Journal, 2007, 13 (1):1-22.

② 邓强.创业理论的演进脉络:创业研究的创业者异质型人力资本实现视角提炼[J].研究与发展管理,2010(1):60-67.

(3)社会资本,以社会声誉、职务头衔为符号,以社会规约为制度化形式,是"实际的或潜在的资源的集合体"。① 布尔迪厄认为经济资本是其他资本的根源,各种资本之间在形式上可以相互转换,并最终都能够转换成经济资本,如社会资本与文化资本最终会转换为经济资本。同时,布尔迪厄将文化定义为一个符号和意义系统。文化资本有三种存在形态,即具体化的形态、客观化的形态和制度化的形态。② 科尔曼以微观和宏观的联结为切入点对社会资本做了较系统的研究,他认为社会资本研究的目的就在于研究社会结构,社会资本是指将社会结构资源作为个人拥有的资本财产(如信息网络、多功能社会组织等)。③

张帏与陈琳纯总结了人力资本与社会资本的影响因素及相互关系。其研究认为,人力资本是知识、能力类的资本,包括教育和工作所获得的各类知识、技能等,社会资本是关系性的资本,人力资本与社会资本之间相互影响。④ 图 2-6 没有穷尽人力资本与社会资本的所有构成要素,但总体而言比较精炼。

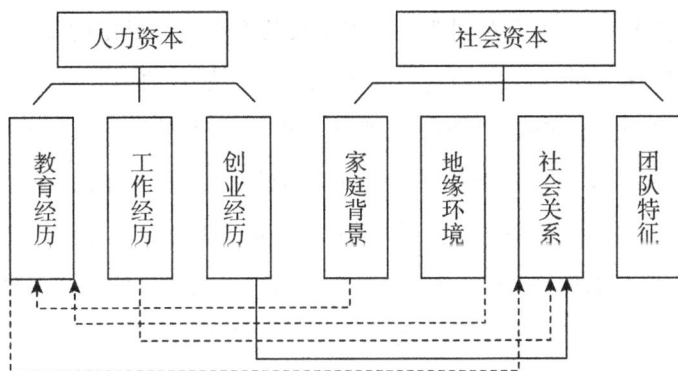

图 2-6 创业者人力资本与社会资本的影响因素及相互关系

资料来源:张帏,陈琳纯.创业者的人力资本和社会资本对创业过程的影响[J].技术经济,2009(8):22-27.

① 宇红,王欢.解读布尔迪厄的社会资本理论[J].理论界,2004(3):97-98.
② 朱伟珏."本论"研究[M].北京:经济日报出版社,2007.
③ 周红云.社会资本:布迪厄、科尔曼和帕特南的比较[J].经济社会体制比较,2003(4):46-53.
④ 张帏,陈琳纯.创业者的人力资本和社会资本对创业过程的影响[J].技术经济,2009(8):22-27.

(二)创业社会资本及其影响研究

创业社会资本可以被定义为社会成员从各种不同的社会结构中获得的与创业相关的利益。[①] 如个体是某个群体的、组织的、家族等的成员之一,那么他将因为是这些社会结构中的一员而获得相应的创业利益。有时候,从狭义的角度,可以把创业者的社会资本称为创业者所拥有的各种社会资源。杨金展曾开展过创业社会资本对创业意向的研究,认为创业社会资源包括"获得资源与资讯""获得助力"两个因素,其中助力来自家人、朋友或社会组织。[②] 阿凡迪(Afandi)等在前人研究的基础上提出了创业社会资本的概念,包括两层意思:其一,创业社会资本是一种真实的资本,它不是虚无缥缈的,而是和经济资本一样,能够给个体带来可量化的收益;其二,创业社会资本是一种能够被个体使用的资源,有三个维度——信任、社会网络和公民规范。[③]

1. 创业社会资本与创业全过程

阿凡迪(Afandi)等在对创业社会资本及其维度进行界定的基础上,开展了一项有关创业社会资本与创业过程关系的研究。他们的研究以来自欧洲和亚洲的创业者为被试,探索社会资本三要素(网络、资本和规范)对创业过程三阶段(选择、尝试和成功)的影响。[④] 这个研究的样本量非常庞大,研究假设也颇多,部分研究结果如:一般意义上的组织信任和对创业行动者的特别信任对创业过程有积极影响作用;在职业协会组织中属于正式成员的个体更容易发现创业机会;个体水平的公民规范与创业早期阶段的成功负相关;等等。戴维森(Davidsson)的研究旨在考察社会资本对初创企业家的影响,结果表明:相比于对照组,初创企业家拥有更多的社会资本,无论是紧密型社会资本(bonding so-

---

① 蒋春燕,赵曙明.组织学习、社会资本与公司创业:江苏与广东新兴企业的实证研究[J].管理科学学报,2008(6):61-77.

② 杨金展.人格持质、社会资本、先前知识对创业机警性影响之实证研究[D].云林:云林科技大学,2006.

③ Afandi E,Kermani M,Mammadov F. Social capital and entrepreneurial process[J]. International Entrepreneurship and Management Journal,2017,13(3):685-716.

④ Afandi E,Kermani M,Mammadov F. Social capital and entrepreneurial process[J]. International Entrepreneurship and Management Journal,2017,13(3):685-716.

cial capital),还是跨越型社会资本(bridging social capital),都对创业者的创业活动产生重要影响。该研究特别指出,成为某个商业网络(例如商会)的成员与创业行动具有显著相关性。[①]有研究指出,个体所处的社会阶层对其创业活动有显著影响。来自社会经济地位较高阶层的创业者,拥有更高的人力资本禀赋,他们的创业活动有更高的利润和更好的发展前景;这些创业者的社会网络中的个体同样拥有较高的人力资本,从而能够获得更有力的商业支持,也即社会网络为其创业活动提供了重要平台。[②]

2. 创业社会资本与创业企业绩效

创业社会资本对创业企业绩效存在一定的预测作用。随着女性创业者的增加,以及女性创业对经济发展影响作用的提升,女性创业逐渐受到研究者的重视。有研究者以马来西亚400多名女性企业家为研究对象(至2016年,马来西亚有10多万名女性创业者登记在册,该研究样本从中随机选择),结果表明:女性创业者的社会资本通过影响创业能力最终影响创业企业绩效。该研究界定了三种类型的创业社会资本,即关系的、结构的和认知的社会资本。[③] 巴杰格尔(Batjargal)采用面对面访谈法和纵向追踪法,以俄罗斯的70多名创业者为研究对象,探索了社会资本对创业绩效的影响。该研究把社会资本区分为关系根植、结构根植和资源根植三种,结果表明:关系根植和资源根植对创业企业绩效存在直接影响,结构根植对创业企业绩效没有直接影响。[④]

利尼亚(Liñán)等基于计划行为理论、制度经济学理论和社会资本理论,构建了创业意向影响模型,并对西班牙两个地区的500多名被试进行分析,探索

① Davidsson P. Determinants of entrepreneurial intentions[C]. Piazenca:The RENT IX Workshop,1995.

② Anderson A R,Miller C J. "Class matters":Human and social capital in the entrepreneurial process[J]. The Journal of Socio-Economics,2003,32(1):17-36.

③ Mamun A A,Muniady R A,Permarupa P Y,et al. Social capital and entrepreneurial competencies:A study among women micro-entrepreneurs in Malaysia[J]. The Journal of Developing Areas,2016,50(5):363-370.

④ Batjargal B. Social capital and entrepreneurial performance in Russia:A longitudinal study[J]. Organization Studies,2003,24(4):535-556.

社会资本(紧密型/跨越型)、行为态度、主观规范及知觉行为控制对创业意向的影响。该研究发现,在相对发达的地区,创业者的社会资本更多,从而对主观规范和行为控制有更积极的影响。[①]

上述创业人力与社会资本对创业意向或其他创业结果的影响的相关研究表明,创业者所拥有的人力与社会资本对创业者创业意向的形成、创业企业的成立、创业企业的发展以及创业企业的绩效均有重要影响。

---

① Liñán F,Urbano D,Guerrero M. Regional variations in entrepreneurial cognitions: Start-up intentions of university students in Spain[J]. Entrepreneurship & Regional Development,2011,23(3-4):187-215.

第四节　心理资本与创业心理资本理论

随着社会的飞速发展、知识经济的兴起和信息时代的到来,单靠人力资本、经济资本或社会资本很难在创业过程中取得优势,心理资本理论逐渐出现在创业研究的理论范畴中。[①] 心理资本理论主要源于 20 世纪初兴起的积极心理学的基本观点与理论。心理资本理论产生之初,主要运用于企业管理领域,以探索企业员工心理资本与其态度、行为、工作绩效之间的关系,团队和组织水平的产出,以及企业管理者心理资本对员工心理资本的影响等,相关领域围绕这一理论开展了大量有意义的研究。之后,随着研究的逐步深入,这一理论逐步被应用于研究学生群体、创业者群体等的心理和行为。本节主要阐释心理资本与创业心理资本理论。

一、心理资本的概念

卢桑斯(Luthans)等界定了"积极组织行为":指人力资源优势和心理能力积极导向的研究和应用,这些优势和心理能力可以测量、开发和有效管理以使绩效增加。为了与其他积极手段相区分,他们给出了"积极组织行为"概念的界定标准:(1)扎根于理论和实践;(2)能有效测量;(3)在组织行为领域相对独特;(4)"类状态"属性(state-like,与 trait-like 相对应),因此是可变化发展的;(5)对与工作相关的个体层面的绩效和满意度有积极影响。与这些标准相符合的概念因此产生,包括自我效能(self-efficacy)、乐观(optimism)、希望(hope)、韧性(resilience),四者的结合指"心理资本",即"个体发展的积极心理状态"。

---

① Ma H,Barbe F T,Zhang Y C. Can social capital and psychological capital improve the entrepreneurial performance of the new generation of migrant workers in China? [J]. Sustainability,2018,10(11):3964.

心理资本具有以下特征:(1)有信心(自我效能)承担责任和付出必要的努力以成功完成具有挑战性的任务;(2)对现在和未来的成功能够作出一个积极的归因;(3)认准目标,必要时会重新定位目标;(4)遇到问题和困境时有一定的韧性。[1] 心理资本是与人力资本和社会资本完全不同的概念,超出了这两类资本的范畴。下面详细介绍心理资本的四个构成要素。

(一)自我效能

自我效能指对成功的自信(confidence to succeed)。依据班杜拉(Albert Bandura)自我效能理论中的经典界定,心理资本中的自我效能指"个体对他们自己是否有能力改变动机、认知资源和行动路线以实现更高水平绩效的自信程度"[2]。

关于心理资本的自我效能,路桑斯(Luthans)等的研究有五点发现:(1)自我效能是针对特定领域的。特定领域的自我效能并不必然转移成或代表其他领域的自我效能,如学生对团队合作的效能并不必然转变成他们对风险承担的效能。(2)自我效能的形成基础是练习和掌握。(3)在自我效能的提升上总有空间和余地。即使在个体非常自信的领域,总有一些地方是个体无法完全满意的。如个体在专业技术上非常自信,但可能在团队合作和人际互动上略有欠缺。(4)个体的自我效能受他人的影响。个体对自我的认知和评价不可避免地受他人评价的影响,有时候自己觉得能成功的自我暗示不及他人的一句肯定,即"他人认知基础下的自我认知"。(5)个体的自我效能是不断变化发展的。个体自我效能的影响因素非常复杂,既受个体主观努力等因素影响,又受到外在的运气、工作任务等客观因素影响,因此是不断变化发展的。[3]

关于自我效能的培养方式,卢桑斯(Luthans)等认为可以采用以下四种方

---

① Luthans F, Avolio B J, Avey J B, et al. Positive psychological capital: Measurement and relationship with performance and satisfaction[J]. Personnel Psychology, 2007, 60(3): 541-572.

② Newman A, Ucbasaran D, Zhu F, et al. Psychological capital: A review and synthesis [J]. Journal of Organizational Behavior, 2014, 35(S1): 120-138.

③ Luthans F, Youssef C M, Avolio B J. Psychological Capital: Developing the Human Competitive Edge[M]. Oxford: Oxford University Press, 2007.

式:(1)通过成功体验来培养自我效能,成功能让人获得更多的自信。(2)通过替代性学习或建模来培养自我效能。个体亲身经历的成功能让其获得自信,而观察他人的成功历程,能够驱使个体进行学习,进而获得自我效能。如创业者观察他人的创业过程及所作出的创业决策等,在对方创业成功的情况下,如果自己的创业计划与所观察的他人一致,那么创业者的自信心也会提升。除了创业成功的替代性学习外,创业失败同样可以驱动替代性学习。替代性学习在班杜拉的社会模仿学习理论中有较为详细的阐述。(3)通过社会劝说和积极反馈来培养自我效能。个体的自信部分取决于自己,但很大程度上也来自他人。虽然在心理干预中,咨询师一直强调,人应该具有自主性、主动性,应该相信自己有能力改变自己的生活和世界,但真正要做到这一点是非常困难的,人们不可避免地受到他人对自己的认知的影响,以及他人对自己行为的反馈的影响。个体总是期盼他人对自己的行为能够给予积极的反馈,这种反馈也能够提升其自信心。(4)通过心理和生理的唤醒、幸福感的提升来培养自我效能。身心幸福的个体有更强的自信心,身心处于积极状态的个体能够感受到更多的积极情绪,而处于消极状态的个体感受到的消极情绪更多。[①]

(二)乐观

乐观即现实而富有弹性(realistic and flexible),指个体对积极结果的期待。[②]

乐观心理的形成主要有以下策略[③]:

看淡过去。过去发生的事情,不管是值得赞赏的还是令人遗憾的,都不要过多去"回忆或回味"。如果无法避免这种回忆,那么应该把关注点放在我们能够从过去发生的事件中收获或学习什么,以及这些收获对于未来同类事件的处

---

① Luthans F,Youssef C M,Avolio B J. Psychological Capital:Developing the Human Competitive Edge[M]. Oxford:Oxford University Press,2007.

② Newman A,Ucbasaran D,Zhu F,Hirst G. Psychological capital:A review and synthesis[J]. Journal of Organizational Behavior,2014,35(S1):120-138.

③ Luthans F,Youssef C M,Avolio B J. Psychological Capital:Developing the Human Competitive Edge[M]. Oxford:Oxford University Press,2007.

理可以提供什么经验。

珍惜当下。现在是个体最应当珍惜的时光,珍惜和把握现在能够做的,不要让现在成为未来的遗憾。

期待未来。对过去的宽容并不意味着对未来的放松,在珍惜当下的过程中,我们应该形成对未来的积极期待和有效规划,让未来成为一个充满目标感的未来。

这三个策略在一般性心理干预中经常被提及。过去已经无法改变,当下是应当珍惜的,未来应该努力。理解和接受这一点,个体的驱动力和期待感会更强,进而会以更乐观的心态面对工作和生活。

(三)希望

希望即意愿与方式(the will and the way),包括两个要素:力量(目标导向的力量)和路径。力量指个体成功完成某一组特定任务的动机;路径指完成这组任务所要采取的手段。心怀希望的个体表现出更大强度的目标导向的力量,且更有可能展现其执行能力。[1]

希望的形成主要有以下策略[2]:

确立目标。任何一个希望的形成都是建立在明确的、可实现的目标的基础上的。

延展目标。目标不是一成不变的,在行动过程中要对目标作出修正,更多的时候是拓展目标,让目标更加具体。

分解目标。把目标分解成一个个更小的子目标,增加目标实现的可能性。

卷入。目标的实现需要个体切实采取行动。

奖酬体系。如果行为结果获得积极的反馈,那么行为就更有可能持续,反之则不可持续。因此,合理的奖酬体系能够较大程度地提升个体的希望。

资源。希望的形成一定程度上依赖于个体所占有的资源,以及所掌握的资

---

[1] Newman A,Ucbasaran D,Zhu F,et al. Psychological capital:A review and synthesis [J]. Journal of Organizational Behavior,2014,35(S1):120-138.

[2] Luthans F,Youssef C M,Avolio B J. Psychological Capital:Developing the Human Competitive Edge[M]. Oxford:Oxford University Press,2007.

源获取渠道。

战略调整。希望不会凭空产生，它建立在个体实现目标的难度逐渐降低的基础上，因此，目标实现过程中需要不断调整策略。

培训。希望的形成与所接受的积极心理干预特别是积极认知的干预有一定的关系。

(四)韧性

韧性即反弹与超越(bouncing back and beyond)，指个体从逆境、不确定性、风险或失败中恢复的能力。这一能力能帮助个体适应不断变化和充满压力的生活需求。有韧性的个体能够更好地适应负面经历和外部环境的变化。[①]

卢桑斯(Luthans)等提出了培养韧性的策略[②]：

聚焦资本(asset-focused)。没有一定的资本积累，纯粹靠坚强的意志，个体较难从困境中恢复，也就更难实现超越。

聚焦风险(risk-focused)。聚集风险不是为了回避风险，恰恰相反，是让个体形成对风险的积极认知，理解风险、认识风险，最终超越风险。

聚焦过程(process-focused)。个体的行动是一个过程性的活动，包括资本的积累和风险的管理，因此，自我认知和自我调节是培养韧性的不可或缺的环节。

心理资本概念源于20世纪初对积极心理学的探索，同时也被视为积极心理学中较为重要的范畴。人们对心理资本概念的完善具有"可为性"，即人的心理资本不是一成不变的，是可开发和可培养的，个体能够通过自己的努力来拥有更加强大的心理资本。这可能也是心理资本概念在近些年受到学者广泛关注的一个重要原因。

---

① Newman A, Ucbasaran D, Zhu F, et al. Psychological capital: A review and synthesis [J]. Journal of Organizational Behavior, 2014, 35(S1): 120-138.

② Luthans F, Youssef C M, Avolio B J. Psychological Capital: Developing the Human Competitive Edge[M]. Oxford: Oxford University Press, 2007.

二、心理资本的构成与测评

卢桑斯等学者的研究基本确认了心理资本是一个高阶因子(higher-order factor),它包括4个子因子:自我效能、乐观、希望和韧性。但也有其他的观点认为,心理资本应该包括幸福(wellness)、流畅(flow)、幽默(humor)、感恩(gratitude)和宽容(forgiveness)等要素。[①]柯江林等学者进行了心理资本量表的本土开发,提炼出本土心理资本的"二阶双因素"结构,两个二阶因素分别是事务型心理资本(自信勇敢、乐观希望、奋发进取、坚韧顽强)与人际型心理资本(谦虚沉稳、包容宽恕、尊敬礼让、感恩奉献)。[②] 柯江林等认为,前者类似于卢桑斯等学者提出的心理资本的结构,后者体现了本土特点。本土心理资本量表的具体条目及评价方法在柯江林等的文献中有较详细的介绍,此处不再赘述。

目前为止,关于心理资本的构成要素及测量还是以卢桑斯及其研究团队开发的问卷为主,即"心理资本问卷"(psychological capital questionnaire,PCQ)。它包括4个因子,每个因子有6道测题,如:"我有信心在我的工作领域帮助设定目标"(自我效能)、"如果发现自己在工作中陷入困境,我可以想出很多方法来摆脱它"(希望)、"我总是关注我的工作中那些积极的方面"(乐观)、"我能够以某些方式管理工作中的困难"(韧性)。这份问卷采用李克特6点计分量表,1~6分代表从"非常不同意"到"非常同意"。

三、心理资本的影响

心理资本对个体的心理健康、工作绩效和工作满意度、工作压力感、创新性等变量均存在一定的影响。

(一)心理资本对抑郁干预的影响

宋(Song)等以62名抑郁症患者为被试,将他们随机分为人数相等的实验

---

① Newman A,Ucbasaran D,Zhu F,et al. Psychological capital:A review and synthesis [J]. Journal of Organizational Behavior,2014,35(S1):120-138.

② 柯江林,孙健敏,李永瑞.心理资本:本土量表的开发及中西比较[J].心理学报,2009(9):875-888.

组和控制组。控制组采用药物治疗,实验组同时采用药物治疗和心理资本干预。实验持续时间为 6 周。在实验进行前和实验完成后,所有被试完成心理资本问卷和抑郁自评量表。结果显示,两组被试的抑郁得分均有显著降低,但是实验组降低幅度更大,表明药物结合心理资本干预的方法对抑郁干预有更好的效果。[①]

(二)心理资本对工作绩效和工作满意度有显著积极影响

卢桑斯(Luthans)等检验了自我效能、乐观、希望、韧性对工作绩效和满意度的单独效用及综合效用,结果表明:四个因素对工作绩效和满意度的综合效用的显著性要大于四个因素的单独效用。[②] 心理资本对工作绩效的影响在以中国员工为样本的实验中同样得到证明。[③]

(三)心理资本是影响员工压力感的重要因素

埃维(Avey)等的研究表明,心理资本四个因素是解释个体间工作压力感差异的重要变量,同样地,这四个因素也能够解释员工的离职和求职行为。[④]拉贝努(Rabenu)等以 500 多名员工为被试,证明了心理资本对抗压策略、幸福感和工作绩效的影响,抗压策略(积极改变、接受和消极回避)是心理资本影响幸福感和工作绩效的中介变量。[⑤]

---

① Song R,Song X,Jia L,et al. The effect of psychological capital intervention in patients with depression[J]. Global Journal of Psychological Research,2015,3(1).

② Luthans F,Avolio B J,Avey J B,et al. Positive psychological capital:Measurement and relationship with performance and satisfaction[J]. Personnel Psychology,2007,60(3):541-572.

③ Luthans F,Avolio B J,Walumbwa F O,et al. The psychological capital of Chinese workers:Exploring the relationship with performance[J]. Management and Organization Review,2005,1(2):249-271.

④ Avey J B,Luthans F,Jensen S M. Psychological capital:A positive resource for combating employee stress and turnover[J]. Human Resource Management,2009,48(5):677-693.

⑤ Rabenu E,Yaniv E,Elizur D. The relationship between psychological capital,coping with stress,well-being,and performance[J]. Current Psychology,2017,36(4):875-887.

(四)心理资本对员工创新性的影响

齐亚(Ziyae)等采用结构方程建模法,证明了心理资本对信息技术创新的显著影响。该研究还发现,对信息技术创新起主要作用的是韧性因子,其他三个因子的作用不显著。① 祖拜尔(Zubair)等证明了心理资本在工作流(work related flow)影响软件公司员工创新性的过程中起中介作用,且发现男性被试在心理资本、工作流和创新性三个因子上的得分均显著高于女性,而工作年限较长的员工在心理资本、工作流和创新性三个因子上的得分显著高于工作年限较短的员工。②

心理资本对于增强大学生的内在学习动机、提升其学习投入度同样存在积极作用,内在学习动机是心理资本影响学习投入度的中介变量。③

此外,相关研究也证明了心理资本对组织承诺有积极影响④,心理资本在组织支持氛围和组织成功之间起着中介作用⑤,心理资本对员工职业成功有正向影响,等等。⑥

---

① Ziyae B,Mobaraki M H,Saeediyoun M. The effect of psychological capital on innovation in information technology[J]. Journal of Global Entrepreneurship Research,2015,5(1):8-20.

② Zubair A,Kamal A. Work related flow,psychological capital,and creativity among employees of software houses[J]. Psychological Studies,2015,60(3):321-331.

③ Siu O L,Bakker A B,Jiang X. Psychological capital among university students:Relationships with study engagement and intrinsic motivation[J]. Journal of Happiness Studies,2014,15(4):979-994.

④ Luthans K W,Jensen S M. The linkage between psychological capital and commitment to organizational mission:A study of nurses[J]. Journal of Nursing Administration,2005,35(6):304-310.

⑤ Luthans F,Norman S M,Avolio B J,et al. Supportive climate and organizational success:The mediating role of psychological capital[J]. Journal of Organizational Behavior,2008,29(2):219-238.

⑥ Roberto C,Guido A,Laura B. Psychological capital and career success over time:The mediating role of job crafting[J]. Journal of Leadership & Organizational Studies,2017,24(3):372-384.

四、创业心理资本

创业者在创业过程中将面临一系列压力或潜在的压力。他们所处的创业环境是不可预测的,且瞬息万变;他们要对企业和员工负责,要与合作伙伴、顾客等各个利益相关群体做好沟通工作,承受创业可能失败的心理压力……那么,创业者的心理资本对其压力感知是否存在影响? 心理资本得分较高的创业者的创业绩效一定高吗? 本节结合以往相关研究探讨创业者的心理资本及其对创业的影响。

(一)创业心理资本的概念与测评

1. 创业心理资本

创业心理资本指创业者拥有的自我效能、乐观、希望和韧性。目前为止,学界对创业心理资本概念的理解没有脱离卢桑斯 2002 年提出的心理资本的范畴。事实上,在创业心理领域,对创业者自我效能等因素对创业意向及创业过程的影响的研究一直受到学者关注,但以往研究较少从心理资本这一角度出发,完整、系统地探讨四个因子所起的作用。有部分研究把前述人格特质归入创业积极心理资本的范畴。本研究阐述的创业心理资本还是基于心理资本理论,集中探讨创业者的自我效能、乐观、希望和韧性。

创业自我效能指个体对自身创业能力的积极信念或信心,或个体知觉到的能够在多大程度上拥有开展创业活动所需要的动机、认知资源和行动路线;希望关注的是个体瞄准具有一定挑战性和现实性的创业目标的能力,在希望维度得分高的个体既有达到特定创业目标的意愿,也掌握了实现创业目标的具体路径;乐观是指个体习惯于期望自身创业行为会带来好的创业结果的程度;韧性是指个体从创业过程中的负面体验、失败经历中恢复过来的程度,并能适应创业中的挑战和压力事件甚至能从中习得经验。①

---

① Ephrem A N,Nguezet P M D,Charmant I K,et al. Entrepreneurial motivation,psychological capital,and business success of young entrepreneurs in the DRC[J]. Sustainability,2021,13(8):4087.

2.创业心理资本的测评

目前为止,学界尚没有形成较成熟的测量创业心理资本的工具,更多情况下,是通过分别测量其四个因子来进行测评。如对创业自我效能的测量,施约德特(Schjoedt)与克雷格(Craig)在创业跟踪调查的基础上编制了单因素的创业自我效能量表。该量表采用李克特5点计分,包括3道测题[①]:

①总体来说,我的技能和能力有助于我创业。

②我过去的经验对我创业是非常有价值的。

③我相信我可以为创业付出必要的努力。

费舍尔(Fisher)等对"Connor-Davidson 韧性量表"(Connor-Davidson resilience scale resilience,CD-RISC)进行了修订,发展了创业韧性的测量量表,并用于预测创业韧性对创业成功的影响。结果表明:量表具有较好的信度和效度。量表包括两个因子——意志力(hardiness)和毅力(persistence),每个因子包括五道测题。量表采用李克特5点计分,具体条目如下[②]:

①我能够适应发生的变化。

②我能够实现我的目标,即使存在很多困难和障碍。

③我能够处理遇到的各种问题。

④我试着看到问题幽默的一面。

⑤我在压力下能保持专注。

⑥压力应对能让我变得更坚强。

⑦我倾向于在遭受疾病、伤害和其他困难后进行自我恢复。

⑧我不轻易因为困难而气馁。

⑨我认为自己是一个坚强的人。

⑩我能够处理不愉快的和痛苦的情绪。

---

① Schjoedt L,Craig J B . Development and validation of a unidimensional domain-specific entrepreneurial self-efficacy scale[J]. International Journal of Entrepreneurial Behavior & Research,2017,23(1):98-113.

② Fisher R,Maritz A,Lobo A. Does individual resilience influence entrepreneurial success[J]. Academy of Entrepreneurship Journal,2016,22(2):39-53.

斯坦涅夫斯基(Staniewski)等使用斯奈德(Snyder)等1991年编制的"希望量表"测量创业希望。这份量表包括两个因子——力量和路径,每个因子包括四道测题,另有四道填充题。量表采用李克特4点计分,具体条目如下①:

①我能想出很多方法脱离困境。

②我积极地追求我的目标。

③我大部分时候感到疲倦。

④对于任何问题我都有很多解决方法。

⑤我容易被一个论点击倒。

⑥我能想到很多方法解决生活中很重要的事情。

⑦我担心我的健康。

⑧即使别人都失去信心,我也能找到一个方法解决问题。

⑨我过去的经验已经为我的未来做了准备。

⑩我在生活中一直非常成功。

⑪我经常发现自己担心某些事情。

⑫我实现了自己制定的目标。

阿诺马科(Adomako)等采用谢尔(Scheier)1994年编制的"生活倾向测验(修订版)"(Life Orientation Test-Revised)测量创业者的乐观程度。这份量表涉及单个因子,包括六道测题。量表采用李克特7点计分,具体条目如下②:

①在不确定的时候,我通常期待最好的结果。

②如果有些事情对我来说会出错,那么它就会出错。(反向计分)

③我对自己的未来通常很乐观。

④我几乎从不期待事情朝我预期的方向发展。(反向计分)

⑤我从不指望好事情会发生在我身上。(反向计分)

---

① Snyder C R, Harris C, Anderson J R, et al. The will and the ways: Development and validation of an individual differences measure of hope[J]. Journal of Personality and Social Psychology, 1991, 60(4): 570-585.

② Adomako S, Danso A, Uddin M, et al. Entrepreneurs' optimism, cognitive style and persistence[J]. International Journal of Entrepreneurial Behavior & Research, 2016, 22(1): 84-108.

⑥总体来看,我期待发生在我身上的好事多于坏事。

(二)创业者心理资本对创业的影响

1.自我效能因子对创业的影响

以随机抽取的约 150 名创业者(他们既是企业的创立者,也是公司的管理高层)为被试,海姆莱斯基(Hmieleski)与科比特(Corbett)探索了创业自我效能在创业即兴行为(improvisational behavior)影响新创企业绩效和工作满意度之间的调节作用。但是结果与研究者的假设不太一致,创业自我效能在创业即兴行为影响新创企业绩效的关系中起了积极调节作用,而在创业即兴行为影响新创企业工作满意度的过程中起了消极调节作用。简单理解就是,创业自我效能与创业即兴行为得分均高的被试所创立的企业的绩效高,但他们对自己的工作反而不太满意。这一结果表明,新创企业的绩效和创业者的工作满意度不一定是密不可分的,而可能是互相分离的。①

2.乐观因子对创业的影响

海姆莱斯基(Hmieleski)与巴伦(Baron)的研究认为,创业者一般比较乐观,但乐观并不必然对创业结果产生好的影响。他们的研究以 1000 家左右的创业企业为样本,最后,这些企业中约 200 名高管对他们的研究请求作出了有效回应。结果表明,乐观因子与企业的绩效存在负相关,创业者越乐观,其所管理的企业绩效越差。这里的企业绩效包括企业收益和员工成长等。② 也有研究得出了相反的结论。陈(Chen)等以 100 多名创业者为研究对象,发现创业者的乐观心理与创业企业的绩效存在正相关,这种影响关系受创业者教育水平的调节。③斯坦涅夫斯基(Staniewski)与奥卢克(Awruk)的研究表明,创业者的

---

① Hmieleski K M,Corbett A C. The contrasting interaction effects of improvisational behavior with entrepreneurial self-efficacy on new venture performance and entrepreneur work satisfaction[J]. Journal of Business Venturing,2008,23(4):482-496.

② Hmieleski K M,Baron R A. Entrepreneurs' optimism and new venture performance:A social cognitive perspective[J]. Academy of Management Journal,2009,52(3):473-488.

③ Chen S,Liao Z,Redd T,et al. Laotian entrepreneurs' optimism and new venture performance[J]. Social Behavior and Personality,2013,41(8):1267-1278.

乐观心理与创业坚持之间存在正相关,越乐观的创业者越有可能坚持创业。①

3. 希望因子对创业的影响

关于希望因子对创业的影响,学界的研究不多。斯坦涅夫斯基(Staniewski)与奥卢克(Awruk)的一项相关研究以波兰的300多名大学生为被试,检验(对成功的)希望对被试创业意向的预测作用。结果表明,希望变量中的两个因子中仅路径因子能够显著预测被试的创业意向。②

4. 韧性因子对创业的影响

费舍尔(Fisher)等探讨了创业者的韧性对创业成功的影响,结果表明:创业者相较于其他人群具有更强的韧性;韧性对创业者个人的成功具有积极预测作用,而对创业企业的成功没有预测作用。③ 克里克(Crick)等以英国旅游业的一个创业企业为案例,探索了创业者的创业学习和风险、薪酬感知对韧性的影响。④阿亚拉(Ayala)与曼扎诺(Manzano)以西班牙旅游业的创业者为被试,检验创业者的韧性对创业成功的影响。结果表明,韧性的三个因子(坚忍、智慧和乐观)对创业成功存在显著预测作用,其中智慧因子是最显著的预测变量。⑤布洛夫(Bullough)与伦科(Renko)的研究则表明,在创业的过程中,特别是处于逆境的时候,让创业者顺利度过这段充满挑战性的时期的最重要因素是创业者的自我效能和韧性。⑥

---

① Staniewski M,Awruk K. Start-up intentions of potential entrepreneurs:The contribution of hope to success[J]. Economic Research-ekonomska istrazivanja,2016,29(1):233-249.

② Staniewski M,Awruk K. Start-up intentions of potential entrepreneurs:the contribution of hope to success[J]. Economic Research-ekonomska istrazivanja,2016,29(1):233-249.

③ Fisher R,Maritz A,Lobo A. Does individual resilience influence entrepreneurial success[J]. Academy of Entrepreneurship Journal,2016,22(2):39-53.

④ Crick J M,Crick D. Developing entrepreneurial resilience in the UK tourism sector[J]. Strategic Change,2016,25(3):315-325.

⑤ Ayala J-C,Manzano G. The resilience of the entrepreneur. Influence on the success of the business. A longitudinal analysis[J]. Journal of Economic Psychology,2014(42):126-135.

⑥ Bullough A,Renko M. Entrepreneurial resilience during challenging times[J]. Business Horizons,2013,56(3):343-350.

5.四个因子的综合影响

依据计划行为理论,哈耶克(Hayek)提出了一个理论影响模型:创业心理资本四个因子在不切实际的控制意念(unrealistic control beliefs)/符合实际的控制意念(realistic control beliefs)影响冒险倾向和创业意向的过程中起中介作用。[1] 但研究者并没有在实践中验证这一模型。马(Ma)等探讨了社会资本和心理资本对创业绩效的影响。在该研究中,机会确认和环境感知是中介变量。[2]

邹(Zou)等提出了心理资本影响冲突管理策略(创业者—风险投资者)的概念模型(见图2-7),并采用归纳法对这一模型进行了检验。[3] 该研究通过电子邮件方式向潜在的200家公司发送了研究计划,并邀请其参加实验,但最后只有7家公司回应,低回复率迫使研究者采用"滚雪球"取样法补充样本。之后,有2家公司通过此方法加入研究。该项研究采用在线访谈法(为了避免面对面访谈的误差效应)得出如下结论:(1)大部分创业者被试对他们的创业模式、市场地位、技术能力等较自信。具有高自我效能的创业者在面对"创业者—风险投资者"冲突时,会通过竞争的方式使自己占据主导地位。与之相反,低自我效能的创业者会重视他们的投资者的价值和经验,并很容易包容他们的请求。(2)当冲突出现时,高希望感知的创业者会努力寻求方法,并且会积极寻找各种替代方案。这些创业者面对所有可能的替代选择,愿意沟通与协商以达成共识;为了实现目标,他们表现出强烈的合作倾向。低希望感知的创业者则相反,他们不愿意追求挑战,不愿意寻找替代方案,当现有的路径出现阻塞时,他

---

① Hayek M. Control beliefs and positive psychological capital: Can nascent entrepreneurs discriminate between what can and cannot be controlled? [J]. Journal of Management Research,2012,12(1):3-13.

② Ma H,Barbe F T,Zhang Y C. Can social capital and psychological capital improve the entrepreneurial performance of the new generation of migrant workers in China? [J] Sustainability,2018,10(11):39-64.

③ Zou H,Chen X,Lam L W R,et al. Psychological capital and conflict management in the entrepreneur-venture capitalist relationship in China:The entrepreneur perspective[J]. International Small Business Journal,2016,34(4):446-467.

们很容易放弃。(3)乐观的创业者对成功有积极的归因与期待。在"创业者—风险投资者"的关系中,乐观的创业者以积极的心态看待冲突和妥协,建设性地解决分歧以谋求双赢局面;悲观的创业者遇到风险投资者不同意公司的方案和决定的情况时,会产生挫败感。(4)有韧性的创业者会提高处理技巧。在"创业者—风险投资者"关系中,他们通常以一种有效的方式管理冲突,强调积极的一面。他们把有效的沟通看成一种重要的实践,与风险投资者共同识别、分析和解决问题。他们在沟通中倾向于采用合作的方式。与之相反,缺乏韧性的创业者对挑战不能给予准确的回应,也不能提出恰当的处理策略,他们不愿意面对挑战。总体来看,在他们的研究概念假设中,高心理资本的创业者倾向于合作中的竞争或竞争中的合作,低心理资本的创业者倾向于包容与回避。

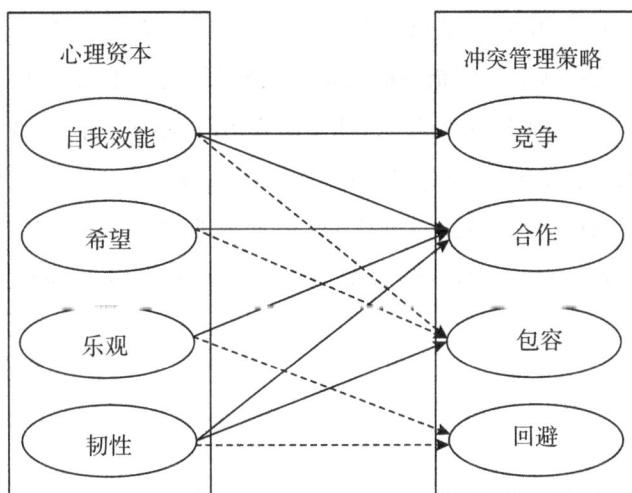

注:实线表示正向影响,虚线表示负向影响。

图 2-7 创业者心理资本影响冲突管理策略的概念模型

图片来源:Zou H,Chen X,Lam L W R,et al. Psychological capital and conflict management in the entrepreneur-venture capitalist relationship in China:The entrepreneur perspective[J]. International Small Business Journal,2016,34(4):446-467.

厄弗雷姆(Ephrem)等的研究探讨了心理资本在创业动机影响创业成功过程中的中介作用,结果表明:创业动机对创业成功及创业心理资本的单独预测

效应均显著,当创业动机和创业心理资本共同预测创业成功时,创业动机的预测作用变得不显著,但创业心理资本的预测作用显著,因此,创业心理资本在创业动机与创业成功之间起完全中介作用。该研究中的创业成功主要指经济成功,创业动机指机会驱动和需要驱动。① 吴(Wu)等探索了创业激情对创业成功的影响以及创业心理资本、创业政策支持的中介作用,结果表明:创业激情能增加心理资本,并正向影响创业成功;心理资本在个体创业热情与创业成功之间起中介作用;环境层面的创业政策支持可以促进创业激情通过心理资本积累而转化为创业成功。②

也有研究考察了创始 CEO 的无形资源(人力资本、社会资本和心理资本)在稳定的环境(发现环境,以风险为特征的稳定行业条件)和动态的环境(创造环境,以不确定性为特征的动态行业条件)中与其公司绩效之间的关系。研究者从美国创始 CEO 中随机抽取了 200 多人为样本,结果表明,在稳定的环境中,创业经验(之前成立的新企业的数量)与公司绩效呈正相关,而受教育程度(获得的最高学历)、强关系(与家人、朋友的联系)和心理资本(自我效能、乐观、希望和韧性的综合指数)与动态环境中的绩效呈正相关。这一研究结果将创业过程中的发现和创造视角从进入前阶段(机会识别)扩展到进入后阶段(机会利用),也表明创始 CEO 所拥有的各类资本与公司行业特征的高契合度的重要性。③

---

① Ephrem A N, Nguezet P M D, Charmant I K, et al. Entrepreneurial motivation, psychological capital, and business success of young entrepreneurs in the DRC[J]. Sustainability, 2021, 13(8):4087.

② Wu W, Xu Y, Zhao F, et al. Entrepreneurial passion and entrepreneurial success: The role of psychological capital and entrepreneurial policy support[J]. Frontiers in Psychology, 2022(13):792066.

③ Hmieleski K M, Carr J C, Baron R A. Integrating discovery and creation perspectives of entrepreneurial action: The relative roles of founding CEO human capital, social capital, and psychological capital in contexts of risk versus uncertainty[J]. Strategic Entrepreneurship Journal, 2015;9(4):289-312.

第三章　大学生创业意向及其影响因素研究

2020 年 11 月,教育部对"关于在高校开展'创业型人才'培养的建议"进行答复,表示教育部将支持有条件的高校依法自主设置"创业管理"相关专业,培养"创业型人才"。这是继创业教育作为高校必修课,推动创新创业教育与专业教育、思想政治教育紧密结合等之后,教育部对高校创新创业人才培养的又一有力政策支撑。在高校创业研究领域,大学生创业意向一直是重要的关注变量。大量研究探索了大学生创业意向的影响因素,人格特质、自我效能、创业教育等主客观变量及性别、区域等人口学变量均被认为对大学生创业意向具有预测作用。依据计划行为理论,行为意向是实际行动的有效预测指标,高创业意向者更有可能是潜在的创业行动者。在近 20 年的创业意向国际研究中,大学生群体也是最主要的研究对象,针对学生群体创业意向的研究有 90% 以上是以大学生群体为研究对象,而针对海归群体创业意向的研究较为零散,未形成系统。本章对近 20 年的大学生创业意向国际研究热点与前沿进行全面梳理,在了解大学生创业意向研究现状与前沿的基础上,更好地把握当前的创业意向研究情况,为后续的"新生代海归"创业意向研究提供支撑。

本章主要包括以下 4 节内容:数据来源与研究方法、研究现状、研究热点与前沿、研究思考与展望。

第一节　数据来源与研究方法

一、数据来源

本章以 Web of Science 核心合集为检索源,按 AK(作者关键词)=entre-preneurial intention 在限定年份(2000—2020 年)、限定语言(English)以及限定文献类型(article)的条件下进行高级检索。截至 2020 年 10 月 31 日,共检索获得 685 篇文献。在此基础上,逐篇进行筛选,选择了学生创业意向相关的文献 470 篇,其中以大学生(包括 MBA 学生)为研究对象的 454 篇被保留,作为本研究的分析论文(初步编码 454 篇,4 篇未导出,因此 CiteSpace 分析了导出的 450 篇)。之后,选择"全记录与引用的参考文献",并以纯文本的形式分别下载文献题录数据。

图 3-1 呈现了文献的识别及筛选流程。每篇论文中都明确提到了被试的身份和年龄。初步筛选后,对不确定数据进行讨论,排除其中的不确定文献。

二、研究方法

本章的研究将编码和可视化文献分析软件 CiteSpace 相结合。在编码部分,主要对 454 篇文献的发表时间、研究群体、理论基础、研究方法及样本量等进行初步分析;在可视化文献分析部分,主要采用 CiteSpace 软件。CiteSpace 由基于文献计量学的方法对特定研究领域进行可视化分析,能较为直观把握特定研究领域的前沿和热点等。[①] 本章主要通过对文献的作者合作共现以及共引网络图谱的分析,探究大学生创业意向领域的主要研究力量(核心作者、重要期刊等)、热点和前沿。

---

① 陈超美,陈悦,侯剑华,等.CiteSpace Ⅱ:科学文献中新趋势与新动态的识别与可视化[J].情报学报,2009(3):401-421.

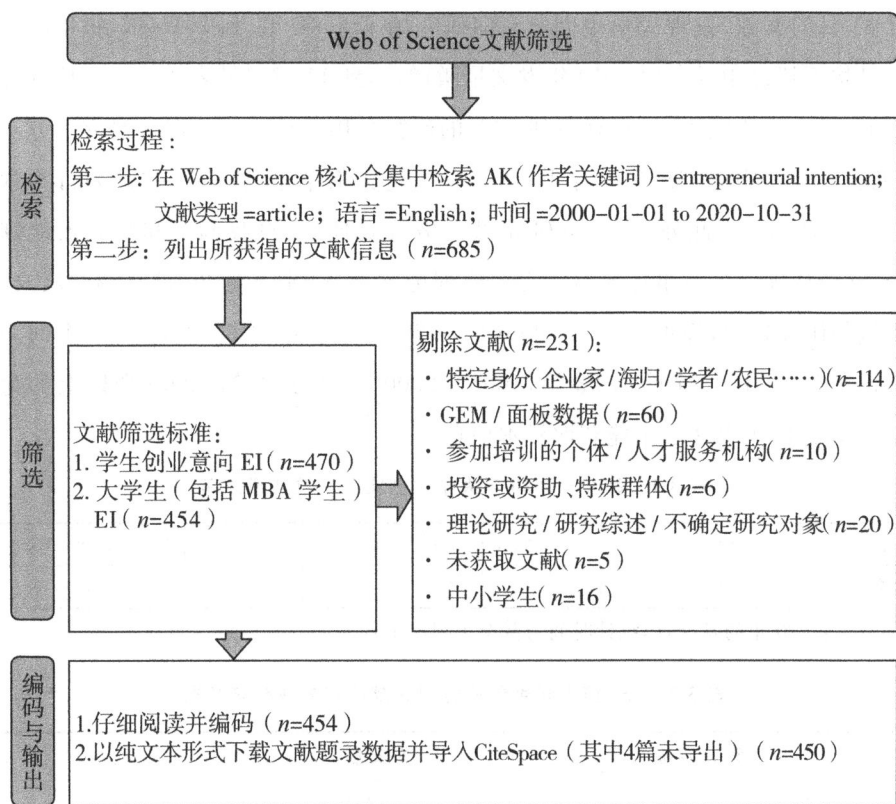

图 3-1　数据筛选流程

第二节　研究现状

本部分主要介绍过去 2000—2020 年大学生创业意向国际研究的现状,包括主要研究力量、知识基础等内容。

一、大学生创业意向研究的初步编码结果

首先采用编码的方式,对大学生创业意向研究的时间、方法、理论基础和样本量进行初步编码。在研究时间分布上,检索了 2000 年 1 月 1 日至 2020 年 10

月 31 日的文献,发现大学生创业意向研究始于 2007 年,到 2016 年,每年的发文量均不超过 40 篇,而 2019 年发文量激增,达到 115 篇(见表 3-1)。在研究方法上,以量化研究为主,只有不到 10% 的研究采用质性研究或混合研究等方法(见表 3-2)。在研究理论支撑上,约 184 篇论文借鉴了阿耶兹的"计划行为理论",占 40.5%。此外,有少量研究以人格特质理论、自我调节和自我效能理论、社会认知及创业事件模型等为主要理论基础(分别不到 20 篇)。有报告样本量的研究显示,样本量在 1~200(包含 200)个的为 89 篇,201~500 个的为 191 篇,501~1000 个的为 93 篇,1001~2000 个的为 39 篇,2000 个以上的为 21 篇,另有 21 篇文献未能获取样本信息。

表 3-1   2000—2020 年大学生创业意向发文量分布

年份	2007	2008	2009	2010	2011	2012	2013	2014	2015	2016	2017	2018	2019	2020
篇数/篇	1	1	1	4	7	5	12	16	34	40	65	55	115	98

注:2020 年的发文量,统计时间为截至 10 月 31 日。

表 3-2   454 篇大学生创业意向文献研究方法分布情况

研究方法	发文量/篇	占比/%
问卷调查法	321	70.7
其他量化研究方法	99	21.8
混合研究(质性、量化)方法	17	3.7
质性研究方法	6	1.3
其他	11	2.4

二、主要研究力量

(一)核心作者群

核心作者是相关研究领域的重要研究力量,其学术成就拓展了研究广度与深度。在 CiteSpace 中,通过对作者合作网络图谱的分析,探究大学生创业意向研究领域的核心作者。分析结果显示,利尼亚(Liñán,9 篇)、梁(Liang,7 篇)、加西亚-罗德里格斯(Garcia-rodriguez,6 篇)、法鲁克(Farrukh,6 篇)、西罗科娃(Shirokova,5篇)、阿卢鲁(Aloulou,5篇)等学者的发文量在5篇及以上,另有奥托(Otto)等12名学者的发文量为4篇。

(二)重要期刊

在共被引分析中,大学生创业意向研究领域被引频次排名前10位的期刊如表3-3所示。《创业理论与实践》(*Entrepreneurship Theory and Practice*)是创业意向研究领域被引频次排名第一的期刊。

表3-3　排名前10位的共被引期刊

序号	频次	中心性	期刊
1	424	0.38	*Entrepreneurship Theory and Practice*
2	414	0.19	*Journal of Business Venturing*
3	320	0.09	*Organizational Behavior and Human Decision Processes*
4	307	0.10	*Journal of Small Business Management*
5	260	0.02	*Academy of Management Review*
6	259	0.14	*Entrepreneurship and Regional Development*
7	252	0.11	*Small Business Economics*
8	249	0.04	*International Entrepreneurship and Management Journal*
9	248	0.12	*Journal of Applied Psychology*
10	239	0.04	*Education and Training*

(三)知识基础

在研究中,知识基础由被引文献组成,并且在相当长的一段时间内较为稳定,高被引文献代表了相关研究领域较为经典的研究成果。[①] 本章借助共被引文献分析,探究大学生创业意向研究领域的知识基础。表3-4列出了大学生创业意向研究的共被引文献基本信息,其中被引频次排前3位的分别是:利尼亚(Liñán)等的《创业意向的一项系统文献综述:引文、主题分析和研究议程》(85次)、考托宁(Kautonen)等的《计划行为理论在预测创业意向与行动中的稳健

---

① 侯剑华,陈悦.战略管理学前沿演进可视化研究[J].科学学研究,2007(S1):15-21.

性》(83 次)、施莱格(Schlaegel)等的《创业意向的决定因素:一项元分析检验与竞争模型整合》(75 次)。关于创业教育的研究在其中也占据一定比例,如裴(Bae)等的《创业教育与创业意向的关系:一项元分析》(71 次)、法约勒(Fayolle)等的《创业教育对创业态度与意向的影响:滞后性与持久性》(58 次)等均是关于创业教育的重要文献。

表 3-4　共被引文献基本信息

序号	频次	作者	文献题名与发表年份
1	85	Liñán 等	A systematic literature review on entrepreneurial intentions:Citation,thematic analyses,and research agenda(《创业意向的一项系统文献综述:引文、主题分析和研究议程》,2015)
2	83	Kautonen 等	Robustness of the Theory of Planned Behavior in predicting entrepreneurial intentions and actions(《计划行为理论在预测创业意向与行动中的稳健性》,2015)
3	75	Schlaegel 等	Determinants of entrepreneurial intent:A meta-analytic test and integration of competing models(《创业意向的决定因素:一项元分析检验与竞争模型整合》,2014)
4	71	Bae 等	The relationship between entrepreneurship education and entrepreneurial intentions:A meta-analytic review(《创业教育与创业意向的关系:一项元分析》,2014)
5	58	Fayolle 等	The impact of entrepreneurship education on entrepreneurial attitudes and intention:Hysteresis and persistence(《创业教育对创业态度与意向的影响:滞后性与持久性》,2015)
6	56	Fayolle 等	The future of research on entrepreneurial intentions(《创业意向研究的未来趋势》,2014)
7	36	Rauch 等	Putting entrepreneurship education where the intention to act lies:An investigation into the impact of entrepreneurship education on entrepreneurial behavior(《将创业教育置于行动的意图所在:关于创业教育影响创业行为的一项调查》,2015)

续表

序号	频次	作者	文献题名与发表年份
8	33	Karimi 等	The impact of entrepreneurship education：A study of Iranian students' entrepreneurial intentions and opportunity identification（《创业教育的影响：关于伊朗学生创业意向和机会识别的一项研究》，2016）
9	33	Maresch 等	The impact of entrepreneurship education on the entrepreneurial intention of students in science and engineering versus business studies university programs（《创业教育对工科和商科大学生创业意向的影响差异》，2016）
10	33	Kautonen 等	Predicting entrepreneurial behaviour：A test of the theory of planned behaviour（《预测创业行为：对计划行为理论的检验》，2013）
11	33	Shirokova 等	Exploring the intention-behavior link in student entrepreneurship：Moderating effects of individual and environmental characteristics（《探索学生创业中的意向—行为联系：个人与环境特征的调节作用》，2016）
12	31	Piperopoulos 等	Burst bubbles or build steam? Entrepreneurship education, entrepreneurial self-efficacy, and entrepreneurial intentions（《破灭还是持续发展？——创业教育、创业自我效能感和创业意向》，2015）
13	31	Zhang 等	The role of entrepreneurship education as a predictor of university students' entrepreneurial intention（《创业教育对大学生创业意向的预测作用》，2014）

(四)高被引文献

被引频次较高说明该文献在相关领域具有代表性。表 3-5 呈现的是 450 篇文献中被引频次排在前 10 位的文献，其中被引频次在前 3 位的分别是利尼亚(Liñán)等的《创业认知的区域差异：西班牙大学生的创业意向》(258 次)、费兹西蒙斯(Fitzsimmons)等的《创业意向形成过程中希求性感知与可行性感知的相互作用》(235 次)、库克兹(Kuckertz)等的《可持续发展导向对创业意向的影响：调查商业经验的作用》(226 次)。关于创业教育研究的内容在代表性文

献中也占有一定比例,如利尼亚(Liñán)等的《影响创业意向水平的因素:教育的作用》(209 次)、桑切斯(Sánchez)的《大学创业能力培训:对创业意向的影响》(140 次)等。

表 3-5　大学生创业意向研究高被引文献(前 10 篇)

序号	频次	作者	文献题名与发表年份
1	258	Liñán 等	Regional variations in entrepreneurial cognitions:Start-up intentions of university students in Spain(《创业认知的区域差异:西班牙大学生的创业意向》,2011)
2	235	Fitzsimmons 等	Interaction between feasibility and desirability in the formation of entrepreneurial intentions(《创业意向形成过程中希求性感知与可行性感知的相互作用》,2011)
3	226	Kuckertz 等	The influence of sustainability orientation on entrepreneurial intentions:Investigating the role of business experience(《可持续发展导向对创业意向的影响:调查商业经验的作用》,2010)
4	209	Liñán 等	Factors affecting entrepreneurial intention levels:A role for education(《影响创业意向水平的因素:教育的作用》,2011)
5	140	Sánchez	University training for entrepreneurial competencies:Its impact on intention of venture creation(《大学创业能力培训:对创业意向的影响》,2011)
6	133	Laspita 等	Intergenerational transmission of entrepreneurial intentions(《创业意向的代际传播》,2012)
7	133	Díaz-García 等	Entrepreneurial intention:The role of gender(《创业意向:性别的作用》,2010)
8	124	Gupta 等	The effect of gender stereotype activation on entrepreneurial intentions(《性别刻板印象激活对创业意向的影响》,2008)
9	113	Zhang 等	The role of entrepreneurship education as a predictor of university students' entrepreneurial intention(《创业教育对大学生创业意向的预测作用》,2014)
10	113	Douglas	Reconstructing entrepreneurial intentions to identify predisposition for growth(《重构创业意向以识别增长的倾向》,2013)

(五)关键词及聚类

关键词频次可以帮助研究者分析大学生创业意向研究领域的热点问题。[1][2] 表 3-6 呈现的是出现频次在 40 次以上的关键词。

表 3-6　出现频次在 40 次以上的关键词

序号	频次	中心性	关键词	序号	频次	中心性	关键词
1	356	0.34	创业意向	11	72	0	创业精神教育
2	157	0.12	自我效能感	12	67	0.06	商业
3	148	0.01	教育	13	65	0.01	创业精神
4	133	0.00	模型	14	57	0.00	意向
5	122	0.09	影响	15	55	0.03	知觉
6	102	0.02	学生	16	53	0.00	工程学专业学生
7	86	0.03	态度	17	49	0.03	动机
8	86	0.06	性别	18	47	0.02	人格
9	76	0.01	计划行为	19	46	0.01	大学生
10	73	0.08	行为	20	44	0.23	决定因素

由表 3-6 可知,除了创业意向外,自我效能感(157 次)、教育(148 次)、态度(86 次)、性别(86 次)、创业精神教育(72 次)、知觉(55 次)、动机(49 次)、人格(47 次)等都是大学生创业意向研究关注的重要变量。

关键词聚类有助于进一步剖析大学生创业意向研究领域的热点。表 3-7 呈现的是大学生创业意向研究的关键词聚类信息。从聚类结果看,模块值(Q 值)为 0.7253($Q>0.3$ 表明聚类结构显著),平均轮廓值(S 值)为 0.9146($S>0.7$ 表明聚类是令人信服的),聚类结果良好,表明其能较好地代表大学生创业意向研究领域的热点。

---

① 陈悦,陈超美,刘则渊,等.CiteSpace 知识图谱的方法论功能[J].科学学研究,2015(2):242-253.

② 赵蓉英,许丽敏.文献计量学发展演进与研究前沿的知识图谱探析[J].中国图书馆学报,2010(5):60-68.

表 3-7　关键词聚类详细信息

聚类标签	大小	S值	标签(LLR)
#0	33	0.99	行动嵌入式教学法(action-embedded pedagogy);新创企业(new venture creation);发展中的经济体(developing economy);香港(Hong Kong);比较研究(comparative study)
#1	32	0.86	理解创业精神(understanding entrepreneurship);韩国(South Korea);计划行为方法(planned behaviour approach);心理特征(psychological trait);家庭传统(family tradition)
#2	29	0.92	职业意向(career intention);职业决定(career decision);启动意向(start-up intention);区域差异(regional variation);创业认知(entrepreneurial cognition)
#3	27	0.92	创业热情(entrepreneurial passion);个人特质(personal characteristics);创业自我效能(entrepreneurial self-efficacy);性别刻板印象激活(gender stereotype activation);积极型人格(proactive personality)
#4	24	0.76	多组分析(multi-group analysis);指标水平(indicator level);性别差异(gender difference);创业资本(entrepreneurial capital);心理资本(psychological capital)
#5	23	0.92	信息系统观点(information systems view);能力—社会创业意向连接(competence-social entrepreneurial intentions link);主观规范(subjective norm);土耳其案例(Turkish case);社会创业意向(social entrepreneurial intention)

第三节　研究热点与前沿

一、研究热点

研究热点一般指在一个时间段内，一组有内在联系的论文所探讨的主题。依据共被引网络，研究热点一般包括文献与作者共被引、关键词共词等指标。[①]综合本研究所获得的相关数据资料（包括研究的初步编码结果、研究高频共被引文献、聚类标签、高频关键词、高被引文献等），归纳获得 2000—2020 年大学生创业意向研究的热点。

（一）计划行为理论是大学生创业意向研究的主要理论基础

在全部关于大学生创业意向的 454 篇文献中，约 184 篇文献基于计划行为理论进行研究（占 40.5％），共被引分析中高被引的 13 篇文献，有 8 篇关注或主要基于计划行为理论，表明该理论是大学生创业意向研究的重要知识基础。同时，由对高频关键词的分析可知，自我效能、态度、计划行为等与计划行为理论相关的关键词，频次排名均较靠前。计划行为理论也是第一类聚类标签的代表性文献所呈现的主要理论。因此，计划行为理论在大学生创业意向研究中占据重要地位，是研究开展的主要理论依据。

计划行为理论认为，个体的行为意向受到态度、主观规范和知觉行为控制这 3 个变量的影响。考托宁（Kautonen）等基于 2011 年和 2012 年的纵向调查数据，证明了计划行为理论在预测创业意向和后续创业行为上的相关性和稳健性（样本来自奥地利和芬兰）。这一研究还表明：行为态度、主观规范、知觉行为控制能够解释 59％的创业意向的变化（以往相关研究解释率在 30％～45％）。

---

① 潘黎，王素. 近十年来教育研究的热点领域和前沿主题：基于八种教育学期刊 2000—2009 年刊载文献关键词共现知识图谱的计量分析[J]. 教育研究，2011（2）：47-53.

此外,纵向追踪研究表明创业意向对创业行动的影响具有稳健性,并未受到被试人口学变量的影响。[①] 计划行为理论三个预测变量对创业意向的影响存在差异,部分研究认为,相较于主观规范,行为态度与知觉行为控制的影响作用更显著。[②]

除了计划行为理论,创业事件模型也是创业意向研究中使用较多的理论工具。[③] 创业事件模型中的两个核心要素——希求性(成为一名创业者对个体的吸引力)和可行性(个体在多大程度上认为自己能够执行创业行动),与计划行为理论中的行为态度和知觉行为控制相对应,因此,很多研究综合采用了这两个模型。菲茨西蒙斯(Fitzsimmons)和道格拉斯(Douglas)的研究以学习创业课程的 MBA 学生为样本,结果显示,希求性和可行性对创业意向的单独效应是正向显著的,但两者对创业意向的交互影响是负向显著的。[④] 此外,有研究指出,希求性显著影响创业意向,而可行性对创业意向的影响不显著。[⑤]

尽管不同研究结果之间存在差异,但总体来看,计划行为理论对创业意向的预测具有稳健性,并且这种预测功能受文化影响较小,因此在大学生创业意向的研究中受到普遍认可,成为该研究的主要理论基础。

---

① Kautonen T, van Gelderen M, Fink M. Robustness of The Theory of Planned Behavior in predicting entrepreneurial intentions and actions[J]. Entrepreneurship Theory and Practice, 2015, 39(3): 655-674.

② Liñán F, Rodríguez-Cohard J C, Rueda-Cantuche J M. Factors affecting entrepreneurial intention levels: A role for education[J]. International Entrepreneurship and Management Journal, 2011, 7(2): 195-218.

③ Uysal B, Güney S. Entrepreneurial intentions of Turkish business students: An exploration using Shapero's model[J]. Çanakkale Onsekiz Mart Üniversitesi Yönetim Bilimleri Dergisi. 2016, 14(28): 27-47.

④ Fitzsimmons J R, Douglas E J. Interaction between feasibility and desirability in the formation of entrepreneurial intentions[J]. Journal of Business Venturing, 2011, 26(4): 431-440.

⑤ Zhang Y, Duysters G M, Cloodt M. The role of entrepreneurship education as a predictor of university students' entrepreneurial intention[J]. International Entrepreneurship and Management Journal, 2014, 10(3): 623-641.

(二)创业教育是较受关注的大学生创业意向预测因素

创业教育指所有可能促进创业技能或态度提升的教育过程或项目。[1] 人力资本理论与创业自我效能理论为研究创业教育对创业意向的可能影响提供了支撑。教育是人力资本理论的一个核心要素,个体所接受的教育会对其职业领域的收益产生影响,这种影响同样存在于创业领域。在高共被引的 13 篇文献中,有 7 篇文献关注创业教育对创业意向的影响,表明创业教育是大学生创业意向研究的重要知识基础;同时,"教育"作为仅次于"意向"和"自我效能感"的高频关键词,也是关键词聚类前两类中的主要关注对象,表明创业教育是大学生创业意向研究的热点之一。"创业教育对大学生创业意向存在较小但显著的正向影响,这一影响关系受多类变量的调节"能够较好概括这一研究热点的相关研究结果。

创业教育对大学生创业意向存在较小但显著的影响。裴(Bae)等分析了包含 37285 个样本量的 73 项研究,发现创业教育与创业意向之间存在显著但较小的相关性。更为关键的是,在控制了接受创业教育前的创业意向后,创业教育与接受创业教育后的创业意向的相关性并不显著,即创业教育对创业意向的影响可能与创业教育无显著关系,而是和被试初始的创业意向有关。[2] 部分研究结果支持创业教育对创业意向的正向影响,如依据计划行为理论,有学者结合实验法和问卷法,得出"创业教育通过影响行为态度与知觉行为控制,显著影响创业意向及创业行为,创业意向在创业教育与创业行为间起了中介作用"的结论。[3] 但有研究认为,创业教育对创业意向的直接影响并不显著,这种影响

---

① Bae T J,Qian S,Miao C,et al. The relationship between entrepreneurship education and entrepreneurial intentions:A meta-analytic review[J]. Entrepreneurship Theory and Practice,2014,38(2):217-254.

② Bae T J,Qian S,Miao C,et al. The relationship between entrepreneurship education and entrepreneurial intentions:A meta-analytic review[J]. Entrepreneurship Theory and Practice,2014,38(2):217-254.

③ Rauch A,Hulsink W. Putting entrepreneurship education where the intention to act lies:An investigation into the impact of entrepreneurship education on entrepreneurial behavior[J]. Academy of Management Learning and Education,2015,14(2):187-204.

受到不同类型变量的调节,如受到学生创业意向初始水平及先前创业经历的调节。①

(三)创业教育对大学生创业意向的影响受多类变量调节

很多研究关注影响创业教育与创业意向之间关系的调节变量。由前文分析可知,区域差异、人格特点、性别差异、性别刻板印象等聚类标签或高频关键词,更多的是作为创业教育影响创业意向的调节变量而受到关注。本章将调节变量划分为不同类型,其效用研究可细分为如下方面。

先前的创业经历。先前的创业经历较少或缺乏时,创业教育对学生的主观规范与知觉行为控制的影响更大;而先前有过较多创业经历的学生,可能会受到创业教育的负面影响。但其在创业教育与创业意向之间的作用可能并不显著。②③

初始创业意向水平。呈显著负相关,即初始创业意向水平越高,创业教育对创业意向的影响越弱(或初始创业意向水平高的学生在接受创业教育后,创业意向反而降低了)。④

创业课程类型(选修课/必修课)。创业教育对创业意向的影响在选修课中显著,在必修课中不显著。⑤

---

① Fayolle A,Gailly B. The impact of entrepreneurship education on entrepreneurial attitudes and intention:Hysteresis and persistence[J]. Journal of Small Business Management,2015,53(1):75-93.

② Fayolle A,Gailly B. The impact of entrepreneurship education on entrepreneurial attitudes and intention:Hysteresis and persistence[J]. Journal of Small Business Management,2015,53(1):75-93.

③ Bae T J,Qian S,Miao C,et al. The relationship between entrepreneurship education and entrepreneurial intentions:A meta-analytic review[J]. Entrepreneurship Theory and Practice,2014,38(2):217-254.

④ Fayolle A,Gailly B. The impact of entrepreneurship education on entrepreneurial attitudes and intention:Hysteresis and persistence[J]. Journal of Small Business Management,2015,53(1):75-93.

⑤ Karimi S,Biemans H J A,Lans T,et al. The impact of entrepreneurship education:A study of Iranian students' entrepreneurial intentions and opportunity identification[J]. Journal of Small Business Management,2016,54(1):187-209.

创业课程类型(理论课/实践课)。 创业课程类型在创业自我效能影响创业意向中起调节作用。对于创业理论课程,创业自我效能越高,创业意向越低;对于创业实践类课程,创业自我效能越高,创业意向越高。[①]

创业课程类型(学期形式/工作坊形式)。 无显著影响。[②]

创业课程内容(新企业创立/创业计划)。 无显著影响。[③]

创业教育测量。 创业教育作为连续测量变量的影响要强于作为二分变量的影响。[④]

文化背景。 在高集体主义、低性别平等、低不确定性回避三种文化背景下,创业教育对创业意向的影响更显著。[⑤]

有些变量则直接调节了创业意向的强度,阐述如下:

性别与性别刻板印象。 有学者证明了性别对创业意向的影响[⑥],相较于女性,男性在一般情况下的创业意向更强。性别刻板印象在这一过程中也起作用,在中性特征条件下,创业意向并不存在性别差异。[⑦]

---

① Piperopoulos P, Dimov D. Burst bubbles or build steam? Entrepreneurship education, entrepreneurial self-efficacy, and entrepreneurial intentions[J]. Journal of Small Business Management, 2015. 53(4), 970-985.

② Bae T J, Qian S, Miao C, et al. The relationship between entrepreneurship education and entrepreneurial intentions: A meta-analytic review[J]. Entrepreneurship Theory and Practice, 2014, 38(2): 217-254.

③ Bae T J, Qian S, Miao C, et al. The relationship between entrepreneurship education and entrepreneurial intentions: A meta-analytic review[J]. Entrepreneurship Theory and Practice, 2014, 38(2): 217-254.

④ Bae T J, Qian S, Miao C, et al. The relationship between entrepreneurship education and entrepreneurial intentions: A meta-analytic review[J]. Entrepreneurship Theory and Practice, 2014, 38(2): 217-254.

⑤ Bae T J, Qian S, Miao C, et al. The relationship between entrepreneurship education and entrepreneurial intentions: A meta-analytic review[J]. Entrepreneurship Theory and Practice, 2014, 38(2): 217-254.

⑥ Díaz-García M C, Jiménez-Moreno J. Entrepreneurial intention: The role of gender [J]. International Entrepreneurship and Management Journal, 2010, 6(3): 261-283.

⑦ Gupta V K, Turban D B, Bhawe N M. The effect of gender stereotype activation on entrepreneurial intentions[J]. Journal of Applied Psychology. 2008, 93(5): 1053-1061.

区域经济发展水平。在区域经济发展水平较高的地区,企业家的一般社会价值更高,并对主观规范和行为控制产生积极影响;在区域经济发展水平一般的地区,创业社会价值感知的影响更显著,可以预测行为态度和主观规范。[①]

情境性动机因素。不同情境下大学生所持的价值观念存在差异。以马来西亚和印度尼西亚的大学生为例,影响其创业意向的更多的是面对改变持开放态度的动机;对于中国大学生来说,影响其创业意向的情境性动机因素更多的是成就动机。[②]

创业类型差异。有研究区分了成长型企业和个人型企业,前者对社会效益有更多贡献的意愿,而后者没有。有学者以泰国 100 多名 MBA 二年级学生为被试展开探讨,结果表明:创业自我效能与成长导向的创业意向呈显著正相关,工作乐趣偏好与成长导向的创业意向呈显著负相关;风险承担意愿与个人导向的创业意向呈负相关。[③]

(四)大学生创业意向研究领域的其他热点

依据关键词聚类信息,大学生创业意向研究的热点领域至少还包括以下方面。

1.人格特质对大学生创业意向的影响作用持续受到关注

关键词聚类♯3 中有多篇代表性施引文献探讨大学生个人特质对创业意向的影响。如孙(Sun)等以工程专业学生为研究对象,发现创新性和风险承担意愿直接影响大学生的创业意向,成就需要和控制源间接影响创业意向。[④] 李

① Liñán F,Urbano D,Guerrero M. Regional variations in entrepreneurial cognitions: Start-up intentions of university students in Spain[J]. Entrepreneurship and Regional Development,2011,23(3-4):187-215.

② Looi K H. Contextual motivations for undergraduates' entrepreneurial intentions in emerging Asian economies[J]. The Journal of Entrepreneurship,2020,29(1):53-87.

③ Douglas E J. Reconstructing entrepreneurial intentions to identify predisposition for growth[J]. Journal of Business Venturing,2013,28(5):633-651.

④ Sun H,Ni W,Teh P L,et al. The systematic impact of personal characteristics on entrepreneurial intentions of engineering students[J]. Frontiers in Psychology,2020(11):1072.

(Li)等以江苏省部分大学生为样本,探索了创业机警性在创业激情影响创业意向和创业行为的过程中的作用。[①] 赛义德(Syed)等的研究则关注创业激情、创新性和好奇心在大学生创业意向激发中的作用。[②] 人格特质是较早受关注的创业意向影响因素,虽然这种影响存在不确定性,但其仍然是大学生创业意向研究领域关注的重点之一。

2. 几类资本理论共同构成大学生创业意向的研究基础

资本理论经历了经济资本、人力资本、社会资本和心理资本的发展历程。这几类资本与创业启动、创业团队构建、创业企业绩效及创业成败等均存在相关性。心理资本概念的外延则更加丰富,包括创业者的自我效能、乐观、希望与韧性、幸福和社会性能力等。在关键词聚类♯4中,有多篇代表性施引文献探讨大学生创业意向研究的各类资本理论,如图鲁贾(Turulja)等的研究表明非正式支持即来自家人和朋友等的支持与创业意向呈正相关,且家人和朋友的支持减弱了失败恐惧与创业意向之间的负相关[③];赵(Zhao)等的研究关注大学生心理资本对创业意向的影响,以1914名大学生为样本,表明心理资本通过传统的经济资本、人力资本和社会资本对大学生创业意向产生显著的间接影响。[④]

3. 大学生社会创业意向受到更多的关注

过去10年,社会创业的重要性逐渐提升。社会创业是社会使命(social mission)和创业行为(entrepreneurial action)的结合,或者说是通过商业领域的

---

① Li C,Murad M,Shahzad F,et al. Entrepreneurial passion to entrepreneurial behavior:Role of entrepreneurial alertness,entrepreneurial self-efficacy and proactive personality [J]. Frontiers in Psychology,2020(11):1611.

② Syed I,Butler J C,Smith R M,et al. From entrepreneurial passion to entrepreneurial intentions:The role of entrepreneurial passion,innovativeness,and curiosity in driving entrepreneurial intentions[J]. Personality and Individual Differences,2020(157):109758.

③ Turulja L,Veselinovic L,Agic E,et al. Entrepreneurial intention of students in Bosnia and Herzegovina:What type of support matters? [J]. Economic Research-Ekonomska Istraživanja,2020,33(1):2713-2732.

④ Zhao J,Wei G,Chen K H,et al. Psychological capital and university students' entrepreneurial intention in China:Mediation effect of entrepreneurial capitals[J]. Frontiers in Psychology,2020(10):2984.

创业经营收入来处理社会问题。① 在聚类♯5的8篇代表性施引文献中,有4篇关注大学生社会创业。伊格威(Igwe)等以自我效能和主观规范为调节变量,探索了网络能力对社会创业意向的影响,发现网络能力对社会创业意向影响的主效应显著。② 阿科特(Akhter)等以孟加拉国一所公立大学的231名学生为研究对象,探索了自我效能、社会支持和教育支持对大学生社会创业意向的影响。③ 也有研究基于计划行为理论和社会认知职业理论,探索结果期待与社会创业意向之间的关系。④ 刘(Liu)等则检验了同理心、自我效能、感知社会支持、道德义务和社会问题的先前经验对社会创业意向的影响,共有1930名被试参与随后的五项调查研究;结果显示:人格特质和社会问题的先前经验对社会创业意向的预测是通过创业创造力和上述四个因素的中介作用来实现的。⑤

4. 量化研究方法,特别是问卷调查法是大学生创业意向研究的主要研究方法

本研究采用编码的方式,对454篇文献的主要研究方法进行了初步分类。在主要研究方法上,问卷调查法占了约70%,只有不到10%的研究采用质性研究或混合研究等方法。可见问卷调查法是大学生创业意向研究的主要方法。在大学生创业意向研究高被引的10篇文献中,有6篇采用问卷调查法,3篇综合采用实验法和问卷法,1篇以面板数据分析为主,均采用量化研究方法。虽然从整体上看量化研究方法是大学生创业意向研究的主要方法,但共被引分析中被引频次较高的13篇文献,有4篇为元分析或综述性文献。这也说明,综述

---

① Pärenson, T. The criteria for a solid impact evaluation in social entrepreneurship [J]. Society and Business Review, 2011, 6(1):39-48.

② Igwe A, Ogbo A, Agbaeze E, et al. Self-efficacy and subjective norms as moderators in the networking competence-social entrepreneurial intentions link[J]. SAGE Open, 2020, 10(3).

③ Akhter A, Hossain M U, Asheq A A. Influential factors of social entrepreneurial intention in Bangladesh[J]. The Journal of Asian Finance, Economics, and Business, 2020, 7(8):645-651.

④ Luc P T. Outcome expectations and social entrepreneurial intention: Integration of planned behavior and social cognitive career theory[J]. The Journal of Asian Finance, Economics, and Business, 2020, 7(6):399-407.

⑤ Liu H-C, Liang C, Chang C-C, et al. Optimizing personality traits and entrepreneurial creativity to boost the precursors of social entrepreneurial intentions: Five studies in Taiwan[J]. Journal of Social Service Research, 2021, 47(1):10-32.

性文献为之后的研究提供了可信且较为完善的知识基础。

二、研究前沿

科学领域内的研究前沿是由学者最近成果中的引用文献体现的。[①]"突现"通过考察相关内容频次的时间分布来确定研究前沿与趋势。[②] 在本研究中,保留突现性大于 8 的 11 篇文献,通过对突现文献(burst article)的分析,探究大学生创业意向研究的前沿主题。表 3-8 呈现的是文献共被引网络中突现节点文献的信息。

从突现性来看,排在前三位的分别是施莱格(Schlaegel)的《创业意向的决定因素:一项元分析检验与竞争模型整合》(16.52)、裴(Bae)的《创业教育与创业意向的关系:一项元分析》(15.29)(突现时间均为 2016—2020 年),以及考托宁(Kautonen)的《预测创业行为:对计划行为理论的检验》(12.18)(突现时间为 2015—2018 年)。较新形成的三篇共被引突现节点文献分别是利尼亚(Liñán)的《创业意向的一项系统文献综述:引文、主题分析和研究议程》(11.83),突现时间为 2017—2020 年,以及考托宁(Kautonen)的《计划行为理论预测创业意向与行动的稳健性》(8.71)、马雷施(Maresch)的《创业教育对工科和商科大学生创业意向的影响差异》(8.67),两篇文献的突现时间均为 2018—2020 年。

---

① 陈超美,陈悦,侯剑华,等.CiteSpace Ⅱ:科学文献中新趋势与新动态的识别与可视化[J].情报学报,2009(3):401-421.

② 赵蓉英,许丽敏.文献计量学发展演进与研究前沿的知识图谱探析[J].中国图书馆学报,2010(5):60-68.

表 3-8　文献共被引网络中突现节点文献信息列表

序号	作者	突现性	突现年份	文献名称与发表时间
1	Liñán 等	8.06	2011—2014	Development and cross-cultural application of a specific instrument to measure entrepreneurial intentions（《创业意向特定测量工具的开发和跨文化应用》，2009）
2	Liñán 等	9.91	2013—2016	Regional variations in entrepreneurial cognitions：Start-up intentions of university students in Spain（《创业认知的区域差异：西班牙大学生的创业意向》，2011）
3	Shinnar 等	8.22	2014—2017	Entrepreneurial perceptions and intentions：The role of gender and culture（《创业感知与意向：性别与文化的作用》，2012）
4	Fayolle 等	8.96	2015—2020	The future of research on entrepreneurial intentions（《创业意向研究的未来》，2014）
5	Kautonen 等	12.18	2015—2018	Predicting entrepreneurial behaviour：A test of the Theory of Planned Behaviour（《预测创业行为：对计划行为理论的检验》，2013）
6	Schlaegel 等	16.52	2016—2020	Determinants of entrepreneurial intent：A meta-analytic test and integration of competing models（《创业意向的决定因素：一项元分析检验与竞争模型整合》，2014）
7	Bae 等	15.29	2016—2020	The relationship between entrepreneurship education and entrepreneurial intentions：A meta-analytic review（《创业教育与创业意向的关系：一项元分析》，2014）
8	Zhang 等	8.09	2016—2018	The role of entrepreneurship education as a predictor of university students' entrepreneurial intention（《创业教育对大学生创业意向的预测作用》，2014）

序号	作者	突现性	突现年份	文献名称与发表时间
9	Liñán 等	11.83	2017—2020	A systematic literature review on entrepreneurial intentions：Citation, thematic analyses, and research agenda（《创业意向的一项系统文献综述：引文、主题分析和研究议程》，2015）
10	Kautonen 等	8.71	2018—2020	Robustness of the Theory of Planned Behavior in predicting entrepreneurial intentions and actions（《计划行为理论预测创业意向与行动的稳健性》，2015）
11	Maresch 等	8.67	2018—2020	The impact of entrepreneurship education on the entrepreneurial intention of students in science and engineering versus business studies university programs（《创业教育对工科和商科大学生创业意向的影响差异》，2016）

依据整体共被引突现节点文献信息，大学生创业意向的研究前沿经历了创业意向测量探索（2011—2014 年）、创业认知因素关注（2013—2017 年）、系统梳理创业意向研究成就及未来趋势（2015 年至今）、计划行为理论支撑分析（2015 年至今）及创业教育对意向的影响（2016 年至今）等研究问题的变化。这里主要依据较新形成的几篇共被引突现节点文献，对领域前沿进行梳理。

第一，系统梳理创业意向研究的成就与问题，研判未来的研究趋势。几篇较新形成的突现文献，有 4 篇是综述类或元分析类型的论文，表明对研究领域进行系统梳理，并在此基础上提出对未来研究的展望一直是该领域研究关注的重点。其中法约尔（Fayolle）和利尼亚（Liñán）提出创业意向研究的新视角包括：（1）关注核心创业意向模型，主要是对理论认识的进一步细化，以及对方法论问题的分析；（2）关注个人层面的因素在预测创业意向中的作用；（3）关注创业教育与创业意向的关系；（4）关注背景和机构等因素在创业意向中的作用；

(5)关注创业过程,以及创业意向与创业行为之间的关联。①

第二,对计划行为理论的持续关注。基于计划行为理论开展创业意向研究有漫长的历史,从突现信息来看,大学生创业意向研究领域始终关注计划行为理论。

第三,创业教育对创业意向的差异化影响。创业教育对创业意向的影响既是热点,也是前沿,但从突现信息来看,除了关注创业教育对意向的整体影响外,近期更关注这种影响关系的差异化表现,如对不同专业学生的不同影响。

第四节　研究思考与展望

一、研究思考

(一)理论的固化与泛化

综观大学生创业意向研究的理论基础,被讨论最多的是计划行为理论,这一理论支撑了约40%的相关研究,其他的包括创业事件、自我效能、人格模型等,但整体上理论较为固化。这里隐含着两层意思:一是对创业意向概念理解的泛化。阿耶兹的计划行为理论对意向与行为具有普遍的解释力,但是创业与一般行为的差异在于其高创新性,高创新性决定了其影响过程的复杂性。二是创业类型的固化。不同创业类型,如商业创业与社会创业、成长性创业与个体性创业等,其主要预测因素应该存在差异,这些差异在以往研究中没有充分体现。

(二)方法的单一化

方法的单一化主要表现为研究手段、研究样本、数据形式等方面的单一。

---

① Fayolle A,Liñán F. The future of research on entrepreneurial intentions[J]. Journal of Business Research,2014,67(5):663-666.

初步编码结果表明,问卷调查法是大学生创业意向研究领域的主要方法。问卷调查法的主要优点在于能够在短期内收集到较多的样本数据,并获得相关的研究结论,但其缺点也很明显,即研究深度不够,一些差异化的探索在问卷调查中也会被忽视。在研究样本上,大学生样本较多把大学生作为一个整体进行取样,而对专业构成、知识储备、区域、经济、学校、文化等因素的差异考虑不足。事实上,学生内部的各种差异足以影响创业意向。例如,随着"海归"高校毕业生人数逐年递增,应该增加对"新生代海归"创业意向的关注,目前创业意向研究文献中针对这一群体的寥寥可数。最后,在数据形式上,纵向长期追踪数据和实验数据较少。

(三)创业教育理解与测量的浅表化

高校创业教育最早出现在 20 世纪 40 年代的美国和英国,最初主要依托商学院,在概念上经历了创业教育、创业学习等的变化;在教学内容上,知识、技能、态度、精神等均受到不同程度的关注;在教学方法上,理论与实践并重,教学目标也渐趋多元化。[1][2] 创业教育的目标可以分为三类:(1)深入理解创业及创业精神,特别是要理解创业者在经济发展中所扮演的角色。(2)让整个生活、工作和学习变得具有"创业性"。(3)知道如何成为一个创业者。[3] 霍佩(Hoppe)等将创业教育概括为 For、In、Through、About(FITA)四类,包括创业技能、实践、基础等不同模块内容的教育。[4] 应该说,不管是创业教育概念本身,还是由

---

[1]　Hoppe M,Westerberg M,Leffler E. Educational approaches to entrepreneurship in higher education:A view from the Swedish horizon[J]. Education & Training,2017,59(7-8):751-767.

[2]　Hytti U,O'Gorman C. What is "enterprise education?" An analysis of the objectives and methods of enterprise education programmes in four European countries[J]. Education & Training,2004,46(1):11-23.

[3]　Hytti U,O'Gorman C. What is "enterprise education?" An analysis of the objectives and methods of enterprise education programmes in four European countries[J]. Education & Training,2004,46(1):11-23.

[4]　Hoppe M,Westerberg M,Leffler E. Educational approaches to entrepreneurship in higher education:A view from the Swedish horizon[J]. Education & Training,2017,59(7-8):751-767.

此拓展的教育内容、目标、方法等，都是非常多样化的，但以往的研究对创业教育的理解与测量均较为浅显，很多研究仅仅将其作为"二分变量"来测量。这可能也是不同研究中有关创业教育对创业意向影响的结果存在矛盾的原因之一。

二、研究展望

通过上述分析可知，创业教育对创业意向影响的研究仍然是关注的重点，并且在未来会持续受到关注，而在实践中，创业教育的落实难以避免存在问题。高校作为培养创新创业人才的主力军，应从理论与实践方面提升创业教育的效用，激发创业人才活力。从创业教育的视角来看，在未来的研究中，大学生创业意向首先可以梳理以下几组关系。

第一，创业教育与创业学习的关系。教与学的关系经历了不断变化的过程，在终身学习的时代背景下，应该更关注大学生创业学习对创业意向的影响。创业学习被认为是"在新企业创立过程中发生的学习"[①]，"高效的企业家是卓越的学习者。他们从一切事物中学习，向一切人学习。他们从经验、实践中学习，向客户、竞争对手、同事等学习。他们从有用的东西中学习，更从无用的东西中学习"[②]。科普(Cope)提出创业学习的系统模型，包括动态时间阶段、相互联系阶段以及学习特征、学习任务等模块。[③] 创业学习是极其复杂的过程，未来的大学生创业意向研究可以更多从"学"的视角进行探索。

第二，创业知识与创业能力的关系。知识掌握与能力发展是互相联系的，能力形成以一定的知识为基础，在大学生创业意向研究领域，应该关注创业知识和创业能力对创业意向的差异化影响。一般认为，创业能力包括三个维度：

① Pittaway L, Cope J. Simulating entrepreneurial learning：Integrating experiential and collaborative approaches to learning[J]. Management Learning, 2007, 38(2)：211-233.

② Pittaway L, Cope J. Simulating entrepreneurial learning：Integrating experiential and collaborative approaches to learning[J]. Management Learning, 2007, 38(2)：211-233.

③ Pittaway L, Thorpe R. A framework for entrepreneurial learning：A tribute to Jason Cope[J]. Entrepreneurship and Regional Development, 2012, 24(9-10)：837-859.

一是个人特质;二是技能和能力;三是知识和经验。① 但事实上,人格、能力、知识在概念内涵上存在本质差异,受创业教育的影响程度不同,对创业意向的影响机制也应该存在差异。创业能力既可以包括显性的能力,如认知能力、社会能力(团队合作能力、沟通能力等)和情绪能力(面对失败的自我情绪管理能力)等,也包括隐性能力,如动机、意志等。

第三,创业教育与社会的关系。创业不是象牙塔内的行为,而是要与社会紧密对接;同时,创业的目的之一是回应与解决社会问题,也就是社会创业。近几年,大学生创业意向研究领域逐渐关注大学生社会创业意向,但这种关注还远远不够。社会创业是与社会价值创造相联系的创新活动。大学生社会创业意向的提升不仅是创业企业价值或个人价值的体现,更是高度社会责任感和社会价值的彰显。如何提升大学生的创业意愿,引导他们走出高校、走向社会,关注社会真实问题、回应社会真实需求,让更多的弱势群体受益,是未来大学生创业意向研究的趋势之一。

总之,未来的大学生创业意向研究,应重视理论的精细化、本土适切性和方法的多样化,从反思高校创业教育有效性视角,重点关注创业学习、创业能力、创业教学的有效性和社会创业意向,关注创业教育对大学生创业意向的深度影响和差异化影响,回应社会真实需求,推动社会发展。此外,也应该把研究视角拓展至其他学生群体,特别是"新生代海归"群体。

---

① RezaeiZadeh M, Hogan M, O'Reilly J, et al. Core entrepreneurial competencies and their interdependencies: Insights from a study of Irish and Iranian entrepreneurs, university students and academics[J]. International Entrepreneurship and Management Journal, 2017, 13(1):35-73.

第四章 "新生代海归"创业意向影响因素研究及政策回顾

前文对创业意向研究的理论基础及影响因素进行了系统回顾,本章将聚焦于梳理海归群体,特别是"新生代海归"群体创业意向的影响因素,为后续的扎根理论研究及问卷调查研究提供理论与框架支撑。本章同时对海归及"新生代海归"创业的现有相关政策进行梳理、分析与归纳,为政府制定更有效的"新生代海归"创业政策提供依据。本章包括两节内容:"新生代海归"创业意向影响因素的研究回顾、"新生代海归"创业政策回顾。

第一节 "新生代海归"创业意向影响因素的研究回顾

海归群体曾在海外高校深造,深入新经济时代,部分海归也曾在海外上市公司工作,持有风险资本,与全球数一数二的跨国公司有合作经历,对现今我国经济全球化进程有极大的影响。① 相关研究指出,海归与从未有过国外生活学习经验的群体相比,的确更有可能成为创业者。②③ 相对特殊的学习经历,使得海归群体创业意向的影响因素具有一定的独特性。

一、"新生代海归"群体创业研究的重要性

梳理近 20 年海归创业相关文献,发现不同阶段有不同的热点或重点研究主题。1999—2004 年,海归创业研究重点关注人,即海归人员,包括区域招才引智的政策、海归创业的人物传记及海归人才本土化等;2005—2007 年,海归人才创业园是该领域重点关注的主题,包括创业园如何建设及其功能定位等;2009—2015 年,海外高层次人才涌现,相关研究聚焦于智力回流对国内技术创新及企业绩效的影响;2013—2020 年,相关研究主要关注海归创业政策、创业模式和创业绩效。④ 相应地,我国的海归创业研究也可以分为四个阶段:吸引人才为主的萌芽阶段(1999—2003)、留住人才为主的探索阶段(2004—2009)、开发人才为主的深入阶段(2010—2013)、用好人才为主的成熟阶段(2014—2020)。⑤ 研究表明,这一群体总体上充满正能量,但是群体潜力尚未充分开发,并且面临再本土化、职业发展及社会角色认知等方面的挑战。⑥

相关研究普遍认为,海归群体的创业优势包括国际视野、先进技术、跨文化沟通能力、外语能力、海外社会网络等;从二元性的视角看,海归群体的创业优

---

① Li H,Zhang Y,Li Y,et al. Returnees versus locals:Who perform better in China's technology entrepreneurship[J]. Strategic Entrepreneurship Journal,2012,6(3):257-272.

② Wahba J,Zenou Y. Out of sight,out of mind:Migration,entrepreneurship and social capital[J]. Regional Science and Urban Economics,2012,42(5):890-903.

③ 苗琦,鲍越,刘鹰.人力资本与技术资本对我国海归创业意向影响[J].科学学研究,2015(7):1035-1042.

④ 朱金生,陈丽丝,蒋武.基于知识图谱的国内海归创业研究进展综述[J].管理现代化,2021(4):116-120.

⑤ 朱金生,陈丽丝,蒋武.基于知识图谱的国内海归创业研究进展综述[J].管理现代化,2021(4):116-120.

⑥ 冯丹,陈思宇,荀怡.新时期青年归国留学人员群体基本情况与思想动态调查[J].中国人事科学,2020(7):43-54.

势包括二元文化、二元网络、二元语言等。应该说,海归创业的优势是非常明显的。有研究以海归继承人为对象,阐述了其创业的优势:家族海归继承人接触并内化了两种文化,是"双文化"者,因此在创造性水平上具有优势,如"顿悟学习""远隔联想"和"观念产生"。①

以往很多研究探讨了海外留学人员回国就业和创业的劣势,其中被提及最多的是:回国之后,海归将面对一个看似熟悉但事实上已经不同的环境。在他们出国期间,母国的社会、文化和制度发生了变化,他们回国后对国内市场、社会可能不能形成准确且全面的认识。因为社会环境和文化的差异,海归在国外的学习或者工作经历并不能很好地帮助他们在本国创业。

海归创业的优劣势也存在转换,有些优势会随着时间流逝而变得不明显。有研究表明,具有前沿技术和管理技能等优势的海归人员,在相关政策的支持下能很快显现竞争优势。海归新创科技企业的生存率在初期高于本土同类企业,但是因为替代性商业机会出现、本土情境再嵌入、团队冲突等,这种优势会逐渐消失;海归创业企业甚至还会因为本土创业及商业环境的复杂多变而陷入困境。②

二、人格特质与"新生代海归"的创业意向

创业者人格特质是较早被关注也是较受关注的创业意向影响因素。人格特质对创业意向的影响在不同群体中已经被证明是显著存在的。在海归创业意向研究中,有研究考虑到互联网、IT 和通信等高科技领域创业成功的海归占70%以上,高科技领域是海归的主要创业领域,因此以"中国海归科技创业者100 人"榜单中的 100 位科技创业者为研究对象,基于大五人格理论,对高科技创业者进行评价,五项人格特质的得分从高到低依次为:经验开放性、责任心、

---

① 王扬眉,梁果,李爱君,等.家族企业海归继承人创业学习过程研究:基于文化框架转换的多案例分析[J].管理世界,2020(3):120-142.

② 李德辉,潘丽君.海归劣势、持续创新能力与新创科技企业生存:基于企业事件史的分析[J].科研管理,2022(5):76-85.

外倾性、宜人性、情绪稳定性。① 此外,研究者结合研究对象的性别、学历等人口学特征及相应的创业行为,概括出海归创业者的群体画像:男性居多、高学历、35 岁以下开始创业居多、经验开放性高、硕博士毕业于国际著名高校。②

三、资本理论与"新生代海归"的创业意向

"新生代海归"大部分相继在国内与留学国家长期生活,从文化资本层面分析,沉浸于不同的文化氛围,使其可能同时具备两种文化的特点;从社会资本层面分析,接触不同的人群,使其可能发展出国内和国外两个社会网络,进而有机会得到这两个社会网络中其他个人或群体的认可,获得和使用其中的资源;从人力资本的角度分析,在两地接受了不同的教育,可能使其知识水平和技能获得提升。总之,"新生代海归"的海外留学背景使其可能拥有独特的文化资本、社会资本和人力资本。资本对于创业的重要性不言而喻。因此,本部分借用资本理论的框架对"新生代海归"群体的创业特点进行分析,分别从文化资本、社会资本和人力资本角度切入,探究二元文化、二元网络、创业能力、双语能力、文化适应和创业教育对"新生代海归"创业意向的影响。

(一)二元文化及其与"新生代海归"的创业意向

二元文化指中国文化和留学国家文化,将其作为概念提出,是为了强调"新生代海归"群体深受东西方文化的双重影响。"新生代海归"早年因为在国内学习或者家庭教育的影响而受中国传统文化的熏陶,后来又因为出国留学而接受西方文化的熏陶,文化上的二元性在他们身上有显著的体现。

1. 二元文化对创业者创业认知的影响

东西方文化对创业者有不同影响,关于海归企业家和本土企业家的系列对比研究为此提供了支持。刘(Liu)等认为,创业与组织间关系的不确定性紧密

---

① 温明盛,蒋莹.高科技海归创业者人格特质与创业行为研究[J].科技创业月刊,2021(4):9-12.

② 温明盛,蒋莹.高科技海归创业者人格特质与创业行为研究[J].科技创业月刊,2021(4):9-12.

相关,而文化差异是影响企业家看待、分析和处理组织间不确定性的关键因素,置身于国际环境的企业家有必要更好地理解不确定性的各个方面,并在处理组织关系时考虑这些方面如何受文化差异的影响。通过对海归企业家与本土企业家的案例进行对比分析,他们发现:在环境感知方面,受西方文化影响的企业家倾向于将不确定性状态视为一个焦点变化事件并更多关注其本身,而受东方文化影响的企业家更多地结合环境考虑其他因素;在关系敏感性方面,受西方文化影响的企业家倾向于在工作环境中通过分析因果关系来限制不确定性的影响,而受东方文化影响的企业家更倾向于在工作之外观察不确定性的影响;在推理逻辑方面,受西方文化影响的企业家往往通过因果分析思维来应对感知到的不确定性,而受东方文化影响的企业家更有可能运用综合思维整体考虑和应对不确定性。①

2. 二元文化对创业者规范认知的影响

林(Lin)等比较了海归创业者和本土创业者在正式规范(formality)和非正式规范(informality)上的差异,发现在创业的早期阶段,海归创业者更强调正式规范,而本土创业者更强调非正式规范;随着时间的推移,海归创业者更加重视非正式规范(但仍然认同正式规范的主导地位),而本土创业者逐渐从重视非正式规范转向重视正式规范。②林(Lin)等在顾客关系(customer relationship)、公共关系(public relationship)、研发合作关系(R&D collaborative relationship)三个领域考察了海归创业者、本土创业者如何平衡正式规范和非正式规范。西方的管理范式主要依据法律合同和明确的规则(正式规范),而东方的管理传统强调社会关系和隐含的规则(非正式规范)。

3. 二元文化对创业意向形成的影响

东西方文化差异影响创业意向的形成。有研究认为,文化和个人层面的价

---

① Liu Y, Almor T. How culture influences the way entrepreneurs deal with uncertainty in inter-organizational relationships: The case of returnee versus local entrepreneurs in China[J]. International Business Review, 2016, 25(1):4-14.

② Lin D, Lu J, Li P P, et al. Balancing formality and informality in business exchanges as a duality: A comparative case study of returnee and local entrepreneurs in China[J]. Management and Organization Review, 2015, 11(2):315-342.

值观与创业意向的形成有关,且二者之间的相互作用值得注意;另外,个人主义的价值取向,如成就感、快乐和自我导向等,在文化和个人层面都与创业意向及创业活动有关。研究者对2069名持有大学文凭的成年人进行调查,验证了文化差异对创业意向的双重影响:个人主义文化传统浓厚的区域有更多个体表现出更高的创业意向;个人主义倾向更强烈的个体会表现出更高的创业意向。总之,个人主义价值观和创业意向之间的关系不是单一的,而是随着文化环境而变化的。①

此外,丰富的定性研究文献表明,经历过并内化了不止一种文化类型的个体,对两种文化之间的紧张关系的主观感受是不同的,有些人认为两种文化身份是相容和互补的,但另一些人倾向于把它们描述为对立和矛盾的,贝内-马丁内斯(Benet-Martínez)等称之为二元文化认同整合。② 二元文化认同整合包含文化兼容和文化距离两个方面。在本书中,文化兼容是指"新生代海归"对中国文化与留学国家文化的和谐性与冲突性的认知,文化兼容评分越高,代表被调查者认为两种文化越和谐;文化距离是指"新生代海归"对中国文化与留学国家文化的相似性与区别性的认知,文化距离评分越高,代表被调查者认为两种文化之间的界限越分明。③④

(二)二元网络及其与"新生代海归"的创业意向

以往关于海归的研究更关注哪些群体基于哪些因素最容易成为海归群体,近几年,研究者开始关注海归带来的组织效应。他们发现,与本土群体相比,海

---

① Liñán F, Moriano J A, Jaén I. Individualism and entrepreneurship: Does the pattern depend on the social context? [J]. International Small Business Journal, 2016, 34(6): 760-776.

② Benet-Martínez V, Leu J, Lee F, et al. Negotiating biculturalism: Cultural frame switching in biculturals with oppositional versus compatible cultural identities[J]. Journal of Cross-Cultural Psychology, 2002, 33(5): 492-516.

③ Benet-Martínez V, Haritatos J. Bicultural identity integration(BII): Components and psychosocial antecedents[J]. Journal of Personality, 2005, 73(4): 1015-1050.

④ Huynh Q L, Nguyen A M D, Benet-Martínez V. Bicultural Identity Integration. In Handbook of Identity Theory and Research[M]. New York: Springer, 2011.

归群体在一定程度上能取得更好的创新绩效。[①] 这一角度的研究主要基于海归群体所具有的优势展开。与本土创业者相比,海归创业者通常在技术领域具有较优越的知识和技能。毫无疑问,绝大部分的海归创业者具有本科以上学历。在中国居于领先地位的互联网公司的创建者主要为海归,而他们所创建的公司一定程度上与他们的海外经历有关。[②] 因此,技术资本和海外经历所带来的海外资源是海归创业的优势所在。海归创业的优势是其可以通过二元网络获得资源,国内社会关系网络一方面指与供应商、顾客、竞争者构成的网络,另一方面指政府网络,国外社会网络一般指创业者个人层面的社会网络,如可获得创业建议的社会网络。[③]

1."新生代海归"二元网络的特点

二元网络也称双重网络,是指国内社会关系网络和国外社会关系网络。本书将其作为概念提出,是为了强调"新生代海归"群体同时具备这两种社会关系网络。"新生代海归"群体早年因为家庭纽带或者在国内学习的经历而拥有由国内的亲属、同学和朋友等发展而来的国内社会关系网络,后来又因为出国留学而拥有由国外导师、同学和朋友等发展而来的国外社会关系网络,社会关系网络上的二元性在他们身上有显著的体现。中国与西方社会文化差异明显,中国是集体主义社会,西方是个人主义社会,文化的差异部分影响了社会网络的差异。中国人的信任建立在血缘共同体的基础上,是一种难以普遍化的特殊信任,其会使圈内人变得更加凝聚,但会降低创业机会感知的可能性;西方社会的信任更多的是一种普遍信任,这种信任会减少不同圈子之间的冲突,增进合作,从而有利于创业机会的发现和利用。[④] 二元社会网络是海归群体的独特优势。

---

① Li H,Zhang Y,Li Y,et al. Returnees versus locals:Who perform better in China's technology entrepreneurship?[J]. Strategic Entrepreneurship Journal,2012,6(3):257-272.

② Li H,Zhang Y,Li Y,et al. Returnees versus locals:Who perform better in China's technology entrepreneurship?[J]. Strategic Entrepreneurship Journal,2012,6(3):257-272.

③ 张枢盛,陈继祥.中国海归企业发展研究:技术创新中的二元网络与组织学习[J].科学学研究,2013(11):1744-1751.

④ 张枢盛,陈继祥.基于文化视角的中国海归创业二元网络研究[J].现代管理科学,2012(12):14-17.

2."新生代海归"二元网络对创业的影响

社会网络对海归创业存在影响,且国外和国内社会关系网络对创业的影响存在差异。传统的观点将海归创业视为个体独立决策,有研究则从社会影响的视角考察了大学宿舍舍友和海外侨会等对创业的影响。该研究对印度一所大学的海外校友进行了调查,发现大学学习阶段形成的同伴关系,对大学生毕业后的职业选择和创业有重要影响。[①] 国内外的人脉资源可能发展为创业者的供应商、竞争对手和客户,也可能存在于某些情况下对创业者而言至关重要的政府机构和科研单位,这种情形被称为二元网络嵌入。戴(Dai)和刘(Liu)以知识为基础,以网络为视角,探讨了知识、网络与企业绩效之间的关系。他们收集了北京中关村 353 家和 358 家分别由海归创业者和本土创业者创立的中小企业的数据并进行对比分析,发现国际网络对高科技产业的企业绩效有正向影响。[②] 何会涛和袁勇志从网络性质角度将跨国创业企业的当地网络分为制度网络和商业网络,指出其主要影响当地资源获取,如非公开的宏观政策信息和当地运营知识等;从经济功能角度将跨国创业企业的海外网络分为技术网络和市场网络,指出其主要影响国际知识学习,如外部先进技术和国际商机警觉等。[③] 袁勇志和肖方鑫通过实证分析,发现社会网络影响跨国创业企业绩效,在企业创建阶段,本地网络对新创企业绩效影响更显著,海外网络的影响不明显;而随着企业进入成长期,海外网络的影响逐渐凸显,本地网络的影响不再显著。[④] 张枢盛和陈继祥对 4 家海归企业进行了案例研究,发现国外和国内社会关系网络通过组织学习影响海归企业的技术创新和绩效,国外社会关系网络是

① Qin F,Estrin S. Does social influence span time and space? Evidence from Indian returnee entrepreneurs[J]. Strategic Entrepreneurship Journal,2015,9(3):226-242.

② Dai O,Liu X. Returnee entrepreneurs and firm performance in Chinese high-technology industries[J]. International Business Review,2009,18(4):373-386.

③ 何会涛,袁勇志.海外人才跨国创业研究现状探析与未来展望:基于双重网络嵌入视角[J].外国经济与管理,2012(6):1-8.

④ 袁勇志,肖方鑫.双重网络嵌入对海外人才跨国创业的影响研究:基于创业阶段视角[J].工业技术经济,2013(11):45-53.

海归企业独特的竞争优势。① 赵文等应用模糊集的定性比较分析方法对 77 家大型医药行业的海归创业企业的国内外社会网络和企业创新绩效进行了分析，发现国外社会关系网络的丰富性是大型海归企业以较低成本取得较高创新绩效的关键，而国内社会关系网络过于丰富则会提高研发成本。② 此外，对当下具有跨国背景和处于制度变迁中的海归创业者而言，在正式规范和非正式规范之间取得平衡至关重要。而正式规范与非正式规范认知的冲突与融合，也很有可能影响"新生代海归"创业意向的形成。③

(三)创业能力及其与"新生代海归"的创业意向

在分析海归创业案例时，会发现即使有很好的项目，即使创业者付出了较多的心血，创业失败率仍然很高。当然，创业失败率高的现象不只存在于海归群体中，其他群体的创业也有相似的情况。有很多原因可以解释海归创业失败率高这个现象，但是海归创业者的能力构成和个性特质是其中较关键的原因。目前的研究对创业项目的科技含量、创新性和市场前景等因素的评估关注较多，忽略了对海归创业者能力的评估。创业能力是指创业者胜任工作角色的全部能力。一项研究对来自伊朗和爱尔兰的学生、学术人员和企业家进行了对比，发现学生的核心创业能力包括创造性思维、动机、人际交往能力和领导力。④

范(Fan)等采用样本分析法、内容分析法和聚类分析法等方法，以江苏省43 名海归创业者为研究对象，获得高绩效表现的海归创业者相比于低绩效表

① 张枢盛,陈继祥.中国海归企业基于二元网络的组织学习与技术创新:一个跨案例研究[J].科学学与科学技术管理,2014(1):117-125.

② 赵文,李文霞,孙国强.二元社会网络与海归企业创新绩效:基于模糊集的定性比较分析[J].华东经济管理,2017(6):113-118.

③ Lin D,Lu J,Li P P,et al. Balancing formality and informality in business exchanges as a duality:A comparative case study of returnee and local entrepreneurs in China[J]. Management and Organization Review,2015,11(2):315-342.

④ RezaeiZadeh M,Hogan M,O' Reilly J,et al. Core entrepreneurial competencies and their interdependencies:Insights from a study of Irish and Iranian entrepreneurs, university students and academics[J]. International Entrepreneurship and Management Journal,2017, 13(1):35-73.

现的海归创业者在下述能力上得分较高的结论:(1)帮助和服务(assistance and service)能力,市场导向、人际沟通和信任构建;(2)成就和行动(achievement and action)能力,成就导向、首创精神;(3)碰撞和影响(impact and influence)能力,碰撞与影响、组织确认、资源整合;(4)团队管理(managerial group)能力,人才培养、小组构建与领导、计划与监控;(5)认知(cognition)能力,自省能力、识别和善用人才;(6)个人效力(personal efficiency),创业承诺、灵活性和适应性、开放性和研究性。①

创业能力对创业意向存在影响。有学者利用496名德国科学家的横向样本研究了创业人格、控制信念和青少年早期创业能力对两种创业意图的影响路径模型,发现创业能力和创业意向正相关。②

(四)双语能力及其与"新生代海归"的创业意向

双语能力是指母语能力和外语能力。"新生代海归"的母语能力即汉语使用能力,是指其对早年在国内生活时主要使用的语言以及在留学期间为与国内社会关系网络保持联系而主要使用的语言的掌握能力。"新生代海归"的外语能力主要指英语使用能力,对于留学日本、韩国、俄罗斯等国家的海归而言,也可能是指日语、韩语、俄语等的使用能力;它是留学生对在留学期间及留学前后为与留学国家社会关系网络保持联系而主要使用的语言的掌握能力。

双语能力是影响创业意向的潜在因素。虽然没有文献直接支持双语能力对创业意向的影响,但有研究分析了海归创业的优势与劣势,认为海归创业的优势包括科研水平和认知观念、"两种资源"与"两个市场"、双语能力与双文化背景等方面。若要发挥"两种资源"与"两个市场"等优势,双语能力不可或缺。③

---

① Fan W, Zhao N, Cai X, et al. Overseas returnees' entrepreneurial competency and personality research[J]. Canadian Social Science, 2012, 8(6): 186-194.

② Obschonka M, Silbereisen R K, Schmitt-Rodermund E. Entrepreneurial intention as developmental outcome[J]. Journal of Vocational Behavior, 2010, 77(1): 63-72.

③ 冉红霞,吴园一. 对"海归"人才创业潮的理性思考[J]. 商场现代化, 2007(6): 319-320.

（五）文化适应及其与"新生代海归"的创业意向

"文化适应"是指来自不同文化背景的社会成员在相互接触时所发生的原有文化模式改变的过程。① 根据"跨文化适应模型"，文化适应可以分为 4 种类型：(1)融合，新旧文化共同生存和共同发展；(2)分离，新旧文化不相容；(3)同化，个体改变自己去适应新的环境；(4)边缘化，同时背离新旧两种文化。②

文化适应理论被较多地应用于外语教学研究，近年来有不少学者将文化适应理论的研究重点由外语教育领域转向创业领域，探索文化适应对创业意向及创业成功等的影响。本书主要探索文化适应的不同情况对"新生代海归"群体创业意向及行动的影响。

有研究假设，对祖国文化和居住地国家的文化均有认同感的个体，相较于认同单一文化的个体，能表现出更强的创新意识。该研究给出的结论是，与被一种文化同化的个体或者背离原有文化的个体相比，接受双重文化的人的确能在居住国社会中获得更高的提拔率与更积极的声誉。③ 迪尔（Dheer）在"跨文化适应模型"基础上研究文化适应理论对移民者创业意向的影响，指出采取积极行动来融合主流文化的移民者会表现出更高的创业意向。④ 马丁（Martin）与诺维切维奇（Novicevic）力图研究社会创业、奉献、领导力与文化适应在减少肯尼亚贫困问题方面的作用，并采用质性研究的方法访问了来自美国的一名社会创业者。这名社会创业者在肯尼亚尝试提升当地居民的生活质量，但他遭遇了文化适应方面的挑战。双方的访谈表明，只有在文化适应问题被有效处理

① Martin J S，Novicevic M. Social entrepreneurship among Kenyan farmers：A case example of acculturation challenges and program successes[J]. International Journal of Intercultural Relations，2010，34(5)：482-492.

② 孙进. 文化适应问题研究：西方的理论与模型[J]. 北京师范大学学报（社会科学版），2010(5)：45-52.

③ Tadmor C T，Galinsky A D，Maddux W W. Getting the most out of living abroad：Biculturalism and integrative complexity as key drivers of creative and professional success[J]. Journal of Personality and Social Psychology，2012，103(3)：520-542.

④ Dheer R J S. Cognitive implications of acculturation：Impact on entrepreneurial intentions[C]. Academy of Management Annual Meeting Proceedings，2014.

后,社会创业才能逐渐取得成功。[①]

(六)创业教育及其与"新生代海归"的创业意向

"新生代海归"接受的创业教育既包括在国内接受的创业教育,也包括在国外接受的创业教育。目前较少有研究讨论"新生代海归"所接受的创业教育对其创业意向的影响,但是创业教育对创业意向的影响在其他学生群体中已经被广泛证明,特别是在大学生群体中。有学者通过准实验设计对西班牙一所大学的 863 名学生进行研究,发现 403 名参加创业教育项目的学生比 460 名没有参加创业教育项目的对照组学生有更高的创业意向。[②] 一项元分析研究对 73 项研究共涉及 37285 个样本的调查结果进行分析,发现创业教育与创业意向之间具有显著但是较小的相关关系。[③] 张(Zhang)等通过对 10 所大学 494 名大学生的问卷调查,发现创业教育对创业意向有显著的正向影响。[④]

综上所述,"新生代海归"由于其海外留学背景而具有独特的文化资本、社会资本和人力资本,这可能对其创业意向有影响。具体而言,在本书中,独特的文化资本是指二元文化,独特的社会资本是指二元网络,独特的人力资本则是指创业能力、双语能力及其所接受的创业教育,这些都是影响"新生代海归"创业意向的潜在因素。总的来看,以往关于海归创业的研究主要有两个特点:(1)关注人群的"高层次性"。高层次海归的创业研究一直是研究和政策关注的重点。(2)对"新生代海归"的关注点是"就业性"而非"创业性"。对这一群体的研究较多地集中于就业(传统的"找工作")研究,创业研究还停留于起步阶段。

---

① Martin J S,Novicevic M. Social entrepreneurship among Kenyan farmers:A case example of acculturation challenges and program successes[J]. International Journal of Intercultural Relations,2010,34(5):482-492.

② Sánchez J C. University training for entrepreneurial competencies:Its impact on intention of venture creation[J]. International Entrepreneurship and Management Journal,2011,7(2):239-254.

③ Bae T J,Qian S,Miao C,et al. The relationship between entrepreneurship education and entrepreneurial intentions:A meta-analytic review[J]. Entrepreneurship Theory and Practice,2014,38(2):217-254.

④ Zhang Y,Duysters G M,Cloodt M. The role of entrepreneurship education as a predictor of university students' entrepreneurial intention[J]. International Entrepreneurship and Management Journal,2014,10(3):623-641.

虽然海归创业已不是一个新颖的研究话题,但是"新生代海归"的创业行为值得研究者进一步关注。"新生代海归"与高层次人才相比,具有自己的特点。他们有海外学习的优势,但与高层次人才相比,这种优势又不够明显;他们受西方文化的影响虽然不深,但是也有几年的海外生活经历,回到本国后不可避免地要面对文化适应问题。这些特点势必对他们的创业行为产生影响。以往相关研究表明,海归对本国文化和环境的适应性,海外学习过程中所拥有的人力资本、文化资本和社会资本等均有可能对其创业行为产生影响。因此,基于人力资本理论、社会资本理论和文化资本理论对这一群体的创业意向和行为进行研究,能够丰富人力资本理论、社会资本理论和文化适应理论在创业研究领域的内容。

第二节 "新生代海归"创业政策回顾

《国际人才蓝皮书:中国留学发展报告(2020—2021)》显示,海归群体由2000年的13万人增至2019年的423.17万人,海归返乡发展热情高涨。[①] 为提高海外人才回国就业创业的积极性,各级政府不断完善政策支持体系,相继出台各类人才政策鼓励留学人员回国创新创业。本节选取国内部分省市的海归创新创业政策进行介绍(具体见表4-1)。

罗斯维尔(Rothwell)等将激励"新生代海归"创业的政策体系涉及的基本政策工具分为供给型政策工具、环境型政策工具及需求型政策工具。[②] 同时,根据霍尔特(Holt)的生命周期理论,创业过程包括创业前阶段、创业阶段、早期成长阶段、晚期成长阶段等4个阶段,政策与创业所处阶段相适应,才能更好地

[①] 国际人才蓝皮书公布 海归返乡发展热情高涨[EB/OL].(2021-03-07)[2021-12-30].http://www.chinahwrc.com/haigui/2021/0307/9818.html.

[②] 白彬,张再生.基于政策工具视角的以创业拉动就业政策分析:基于政策文本的内容分析和定量分析[J].科学学与科学技术管理,2016(12):92-100.

促进"新生代海归"创新创业。本节借助海外高层次人才创业政策二维分析框架①②(见图 4-1),对我国数量众多的海归创业政策进行梳理。

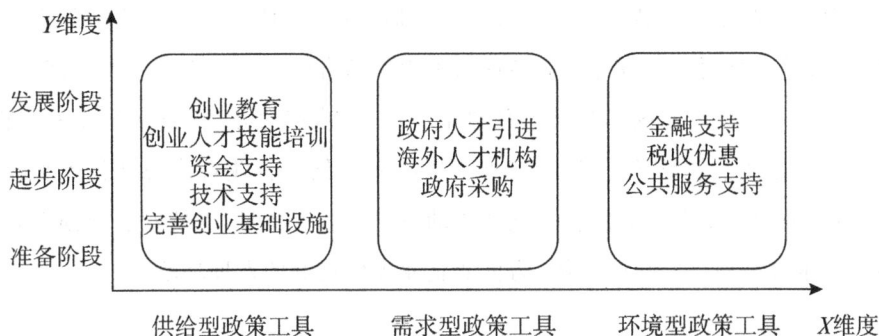

图 4-1 海外高层次人才创业政策二维分析框架

一、供给型政策工具

供给型政策工具主要指政府通过开展创业教育、组织培训、提供资金与技术支持、完善创业基础设施等推动海归创新创业。资金支持几乎在各个创业政策中都有体现,如《鼓励留学人员来上海工作和创业的若干规定》明确规定提供创业资金支持,《关于杭州市高层次人才、创新创业人才及团队引进培养工作的若干意见》《合肥市留学回国人员创新创业扶持实施细则》《海南省引进海外高层次人才实施办法》等文件均有关于资金支持的相关规定,前两个文件还规定了对留学人员创业园进行扶持和培育。

在创业教育与相关培训的提供方面,如《杭向未来·大学生创业创新三年行动计划(2020—2022 年)实施细则》鼓励社会力量开展大学生创业培训,根据评选结果予以奖励;《银川市关于激发人才活力服务创新驱动发展的若干意见》提出支持社会力量参与青年"双创"人才培养工作。完善创业基础设施主要涉

---

① 白彬,张再生.基于政策工具视角的以创业拉动就业政策分析:基于政策文本的内容分析和定量分析[J].科学学与科学技术管理,2016(12):92-100.

② 程华,娄夕冉.海外高层次人才创新创业政策研究:政策工具与创新创业过程视角[J].科技进步与对策,2019 (21):141-147.

及园区平台建设等方面的内容,部分城市的海外高层次人才创业政策包括资助留学人员创业园、鼓励形成产业联盟并给予相应资助等。例如,《鼓励留学人员来上海工作和创业的若干规定》要求相关部门加强对留学人员创业园的指导、扶持,留学人员创业园应为企业各项需求提供综合服务;《关于实施海外高层次留学人才来杭州高新区(滨江)创新创业"5050 计划"的办法》鼓励企业发起设立新兴产业技术创新联盟,鼓励海外高层次人才创业企业自建公共技术平台;《银川市关于激发人才活力服务创新驱动发展的若干意见》支持发展众创空间、"双创"示范基地等"双创"载体,为创业企业提供良好的发展环境。

二、需求型政策工具

需求型政策工具指通过人才引进、设立海外人才机构、实施政府采购等持续拉动创业企业良性发展。如《关于实施海外高层次留学人才来杭州高新区(滨江)创新创业"5050 计划"的办法》要求激励社会引才顾问及机构的引才工作,建立评审专家资源库、监督考核制度等,确保海外引才工作的长期有效开展;《鼓励留学人员来上海工作和创业的若干规定》提出,鼓励和支持有条件的创业园为园区内企业在吸引国际创业投资和争取上市等方面创造条件;《中关村国家自主创新示范区海归人才创业支持专项资金管理办法》提出,鼓励海归人才创业服务机构发挥引才作用,向中关村管委会推荐海外高层次人才,支持其开展海外人才延揽、中关村人才政策海外宣讲等专项服务活动,同时对海外创业服务机构在人才引进、海外服务等方面的工作予以支持。总体上看,需求型政策工具的使用主要集中于人才引进及海外人才机构设立等方面,且这些内容在政策文本中通常不够详细,整体上也尚未形成较为集中的政策内容。

三、环境型政策工具

环境型政策工具指政府通过金融支持、税收优惠、公共服务支持等优化创业环境,推动创新创业发展。① 在金融支持及税收优惠方面,如《鼓励留学人员来上海工作和创业的若干规定》支持各类金融机构、民间资本等按照国家和上海市的有关规定设立留学人员风险投资资金并强调保护知识产权,为产业研发提供保障;《关于实施海外高层次留学人才来杭州高新区(滨江)创新创业"5050计划"的办法》规定经评审入选的项目可以享受银行贷款贴息;《银川市关于激发人才活力服务创新驱动发展的若干意见》提出给予创业项目贷款担保等多元化的金融支持。

应该说,在政策工具方面,供给型政策工具与环境型政策工具被较多地采用,而需求型政策工具使用不足,且三种政策工具的内部运用均不够充分。海外高层次人才创新创业政策基本包含对创业项目的资金支持,一般是基于对项目的评定给予相应的资助,或者针对特殊人才采取"一事一议"的举措。除此之外,相关政策一般会涉及对海外高层次人才新创企业的金融支持或税收优惠。以上两点虽然分别属于供给型政策工具与环境型政策工具,但目标都是降低创业企业的初期成本。相关人才政策均关注海外留学人才的生活配套服务,主要涉及住房、医疗、交通、配偶安置、子女就学等方面的优待。

"新生代海归"在跨文化沟通、国际化视野等方面具有优势,同时,他们的国内社会关系网络可能存在部分断裂;另外,在中国高等教育国际化水平逐年提升的背景下,他们相较于本土高校毕业生的创业优势减弱。因此,研究"新生代海归"创业的现状与问题,创业意向与行动的影响机制,以及有效创业政策的形成等,有其迫切性与必要性。这些研究探索在理论上有助于更好地解释与掌握"新生代海归"的创业行为规律,在实践上有助于出台更有针对性的创业政策。

---

① 程华,娄夕冉.海外高层次人才创新创业政策研究:政策工具与创新创业过程视角[J].科技进步与对策,2019(21):141-147.

表 4-1 我国部分海归创业政策汇总

地区	年份及政策名称	人才要求	资金支持	社保等配套措施	园区平台建设	实施流程
上海	2020年《上海市浦江人才计划管理办法》(修订)	浦江计划按照A（科研开发类）、B（企业创业类）、C（社会急需类）、D（特殊急需类）四种类型项目进行申报和资助。创业类：1. 具有学士（含）以上学位；2. 以留学身份在国（境）外连续学习或进修1年（含）以上；3. 申请者为所创办企业的第一大股东，或担任法定代表人并持有个人股权不低于30%；4. 所创企业为本市有关部门颁发或核准的工商业执照。	浦江计划资助资金来源于市财政拨款。资助经费一次核定，根据使用需要一次或分批拨付。			1. 浦江计划通过"上海科技"网和市人力资源和社会保障局门户网站发布相关申报指南。2. 申请者可根据年度申请指南，在规定时间内办理资格认定。3. 对管理和考核有具体规定。
	2021年《鼓励留学人员来上海工作和创业的若干规定》	1. 公派或自费出国（境）学习，并获得国（境）外学士及以上学位的人员。2. 在国内获得大学本科及以上学历或中级及以上专业技术职务任职资格，并到国（境）外高等院校、科研机构进修一年或担任访问学者或进修人员，除该条件外，还对申请人先前的工作或学术水平有一定要求。	对符合要求的创业企业及其他经济实体提供基金支持与政策优惠。	主要涉及人才住房、医疗、交通、子女就学、职称评定等方面的优惠政策。	1. 相关部门加强对留学人员创业园的指导、支持，定期对创业园进行考察评估；2. 规定留学人员创业园为企业各项需求提供综合服务；3. 鼓励和支持有条件的创业园为园区内企业在国际化创业投资等方面创造条件；4. 支持各类金融机构、民间资本等按照国家和本市有关规定，设立留学人员风险投资资金；5. 在知识产权保护、创业担保贷款等方面有具体规定。	1. 市人力资源和社会保障局是本市留学人员工作的主管部门，负责制定和组织实施本市引进留学人员的政策、规划，建设上海留学人员来沪创新创业平台。2. 建立上海市联席会议制度，主要研究解决留学人员工作中的重大问题。

续表

地区	年份及政策名称	人才要求	资金支持	社保等配套措施	园区平台建设	实施流程
杭州	2021年《杭州未来·大学生创业创新三年行动计划(2020—2022年)实施细则》	1. 在国(境)外学习并获得硕士及以上学位(研究生学历)的公派、自费出国留学生(已合法获得外国国籍或居住国永久居留权,留学回国再入境资格者可参照执行);创业类项目申报人的学历要求可放宽至学士学位(本科学历)。2. 在国内已取得学士以上学位(本科以上学历)或具有中级以上专业技术职务任职资格,并到国(境)外高等院校、科研机构、公司工作或学习一年(累计360天)以上,取得一定成果的博士后、访问学者和高级研究学者。	1. 高层次留学回国人员在杭创业创新项目,可申请项目资助;2. 特别项目可采取"一事一议"的办法,最高给予500万元的资助;3. 杭州市海外高层次人才创新创业大赛,对获得合条件的获奖落地项目给予相应资助。		鼓励社会力量开展大学生创业培训,根据评选结果予以奖励。	1. 申报人上传申报材料;2. 相关部门审查;3. 评审,确定资助额度;4. 公示。

续表

地区	年份及政策名称	人才要求	资金支持	社保等配套措施	园区平台建设	实施流程
海南	2015年《海南省引进海外高层次人才实施办法》	引进的海外高层次人才一般应取得博士学位,年龄不超过55周岁,无不良职业道德记录,引进后每年在省内工作时间不少于6个月。特殊专才可适当放宽条件。引进的海外高层次人才应符合下列条件之一: 1.在国(境)外著名高校、科研院所或医疗机构担任相当于副教授以上职务的专家、学者; 2.在世界500强企业或国际知名金融机构、国际组织中担任高级职务的专业技术人才或经营管理人才; 3.较高的科技创新能力、研发水平、科研成果为同行公认,达到国内一流水平的领军型人才; 4.拥有海南省重点发展产业、行业、领域所需的自主知识产权或核心技术,并在海南省各类园区创办科技型企业的创业人才; 5.其他海南省紧缺的海外高层次人才。	1.对引进带项目、带资金的科技型创业领军人才,以及引进的其他高层次人才,补助相应的项目启动经费。 2.对引进的人才可采取技术作价、技术入股和股权以及期权激励、基金中长期激励方式。	对引进的海外高层次人才,根据海南省实际,在经济待遇、落户、居留与出入境、医疗、住房、税收、编制、岗位与职称评聘、配偶安置、子女就学等方面,实行优惠政策。		1.牵头单位组织专家对申报人员的学位、学历、专业水平、创新能力以及科研成果进行评审,提出意见建议,报送省专项办; 2.符合条件的海外高层次人才也可以通过自荐的方式、第三方推荐的方式,直接向省专项办申报。由省有关部门向用人单位推荐或直接向牵头单位推荐人才参加评审; 3.报省人才工作领导小组批准。

第五章 "新生代海归"创业意向与行动选择影响因素的扎根研究

前文对创业及"新生代海归"创业就业的理论与文献进行了回顾,本章开始进入实证研究,对"新生代海归"创业意向与行动的现状及影响机制进行探索。依据前述理论与文献回顾,本章采用扎根理论法,以 22 名"新生代海归"为被试,探讨如下内容:"新生代海归"选择出国深造的原因;"新生代海归"对自身优劣势的判断,影响"新生代海归"归国后做出就业或创业选择的因素;海外留学背景对"新生代海归"的创业意向及行动选择是否有独特影响。22 名被试中,有 11 位选择就业。本章通过就业与创业意向及行动选择的比较,来呈现"新生代海归"创业意向与行动选择影响因素的特点。本章主要包括四节内容:研究设计、研究方法、研究结果、研究结论与建议。

第一节 研究设计

一、研究目的与问题

本章旨在通过扎根理论法了解"新生代海归"的创业现状及问题,探究"新生代海归"的创业意向与行动选择的影响因素。本章拟解决的关键问题有:(1)"新生代海归"选择出国深造的原因;(2)"新生代海归"对自身优劣势的判断,影响"新生代海归"归国后做出就业或创业选择的因素。(3)海外留学背景对"新生代海归"的创业意向及行动选择是否有独特影响。

二、研究的创新性

在理论基础方面,本章从"新生代海归"的特征出发,以人力资本理论与社会资本理论为基础,对"新生代海归"的创业意向与行动选择的影响因素进行探讨,丰富了人力资本理论与社会资本理论在创业领域的研究。

在研究内容方面,"新生代海归"在海外学历背景、海外人脉与技术资源上明显区别于我国本土高校毕业生,并且日益成为我国创新创业的主力军,然而相关研究对"新生代海归"创业意向的关注度远不及本土高校毕业生,本章的研究能紧抓"新生代海归"的特征,从而部分填补目前这一研究领域的空缺。

在研究方法方面,本章通过访谈法与扎根分析,了解"新生代海归"选择出国深造与回国发展的原因,探究其对创业的态度及其选择创业或就业的影响因素。同时,访谈对象的选择注重被试特性的平衡,着重分析选择自主创业与未选择自主创业的"新生代海归"之间的差异。

在实践应用方面,我国政府相关部门出台的面向海归就业与创业的政策,主要针对高层次海归人才,而面向"新生代海归"发展的支持性政策较少。本章的研究呈现了"新生代海归"对政府政策的诉求,有助于政府完善人才服务。

第二节 研究方法

一、研究被试

依据本研究对"新生代海归"的界定,本章选取了 22 名"新生代海归"为被试,其中 11 人归国后选择自主创业、11 人选择就业(样本构成见表 5-1、表 5-2)。22 名被试中,男性 11 名,女性 11 名;样本被试的平均年龄为 27.8 岁(最大 38 岁,最小 24 岁);本科生 2 名,硕士研究生 16 名,博士研究生 4 名;留学时长 1～11 年不等,平均为 3.67 年;归国时长集中在 1 年左右;被试毕业院校包括牛津大学、剑桥大学、多伦多大学、新加坡国立大学、威斯康星大学、哥伦比亚大学等;被试所学专业包括工程类、管理类等。11 名自主创业的"新生代海归"的创业领域主要为文化教育类、金融投资类、国际贸易类等,创业时长集中在 4～6 个月。11 名选择就业的被试,就业行业主要为政府部门、高校和金融系统。选择就业的"新生代海归"被试主要是从"为什么不选择创业"的视角回答影响创业意向及行动选择的因素有哪些。

表 5-1 选择自主创业的"新生代海归"样本构成

样本	年龄	性别	学历	专业	毕业院校	留学时长	归国时长	工作领域	创业时长
1	30	女	本科	工程	多伦多大学	5 年	3 个月	文化类	5 个月
2	30	男	硕士	电子工程	多伦多大学	7 年	5 年	新能源	1 年
3	27	男	硕士	信息与通信技术	威斯康星大学	5 年	2 年	教育信息化	2 年
4	25	男	硕士	组织管理研究	蒂尔堡大学	2 年	1 年 4 个月	鲜花国际贸易	4 个月
5	25	女	硕士	人力资源管理与咨询	巴斯大学	1 年	1 年	女鞋电商	4 个月
6	24	女	硕士	高等教育	哥伦比亚大学	3 年	6 个月	教育科技	6 个月
7	24	男	本科	数学和经济	加州大学洛杉矶分校	4 年	1 年 6 个月	音乐	1 年
8	31	女	硕士	金融管理	波城高等商学院	7 年	1 年 9 个月	体育、咨询	6 个月

续表

样本	年龄	性别	学历	专业	毕业院校	留学时长	归国时长	工作领域	创业时长
9	38	男	硕士	工商管理	牛津大学	10 年	4 年	教育	4 年
10	36	男	博士	生物技术	剑桥大学	4 年	1 年 1 个月	金融投资	13 个月
11	38	男	博士	自动化与液压	坦佩雷理工大学	6 年	7 年	工程机械	7 年

表 5-2　选择就业的"新生代海归"样本构成

样本	年龄	性别	学历	专业	毕业院校	留学时长	归国时长	工作领域
12	30	女	博士	教育学	罗马第三大学	11 年	5 个月	高校
13	25	女	硕士	城市设计	新加坡国立大学	1 年	6 个月	政府部门
14	25	女	硕士	人力资源管理与咨询	巴斯大学	1 年	4 个月	政府部门
15	25	男	硕士	土木工程	南加州大学	2 年	7 个月	政府部门
16	30	女	博士	水利工程	北海道大学	3 年 6 个月	3 年	高校
17	25	男	硕士	商业数据分析	新加坡国立大学	1 年 2 个月	1 年 2 个月	互联网
18	25	男	硕士	微电子	埃因霍芬理工大学	2 年	1 年 4 个月	半导体
19	25	男	硕士	金融与会计	谢菲尔德大学	1 年 6 个月	1 年	政府部门
20	25	女	硕士	商业经济战略	帝国理工学院	1 年 2 个月	1 年 2 个月	互联网
21	25	女	硕士	供应链管理	鹿特丹伊拉斯姆斯大学	1 年	1 年	银行
22	25	女	硕士	管理科学与工程	哥伦比亚大学	1 年 6 个月	1 年	管理咨询

二、访谈提纲

围绕本章的核心研究问题,编制访谈提纲。提纲由 4 个部分构成:(1)基本人口学信息,统计被试的学历、留学与归国时长、就业或创业的选择;(2)留学经历,探究被试选择出国与回国的原因、国内外生活的适应性、海内外人脉资源的建立与维护,如"请问您当初为什么选择出国留学";(3)围绕创业意向探究被试对创业的态度,如"您是否有过想要自主创业的想法",并尝试进一步追问,如"您为什么选择创业"(创业被试)、"您为什么不选择创业"(就业被试);(4)了解"新生代海归"对我国现有海归创业政策的掌握情况与评价。在实际访谈中,根据被试的具体情况进行追问。

三、扎根理论法

扎根理论作为重要的质性研究方法最早由格拉泽(Glaser)和施特劳斯(Strauss)于1967年提出,之后,陈向明教授对其在教育研究领域的使用进行了介绍与探索。扎根理论"是一个针对现象系统地收集和分析资料,从资料中发现、发展和检验理论的过程",三步编码是其重要步骤与内容。[①] 扎根理论近年来在创业相关研究中得到广泛运用。韩力争和傅宏运用扎根理论,访谈了10名讲授创业管理相关学科的教师、17名高校创业协会的学生以及7名正在创业的学生,探究影响大学生作出创业选择、导致其创业成败的种种因素,最后建立了大学生创业自我效能感结构模型。[②] 彭伟和符正平以扎根理论为基础对高层次海归人才进行分析,梳理得出了海归创业行为过程模型。[③] 邹欣等则在对我国创业者的创业决策逻辑的研究中采用扎根理论分析访谈资料。[④] 本章首先通过访谈法收集"新生代海归"创业与就业的相关资料,然后通过扎根理论法对资料进行三步编码,即开放编码、轴心编码(主轴编码)和选择编码(核心编码),以期探索"新生代海归"创业的影响因素。

第三节 研究结果

由于访谈被试数量较多,在扎根分析中,本章借鉴了多案例研究思路。首

---

① 陈向明.扎根理论在中国教育研究中的运用探索[J].北京大学教育评价,2015(1):2-15.

② 韩力争,傅宏.大学生创业自我效能感结构的扎根理论研究[J].教育研究与实验,2014(4):88-92.

③ 彭伟,符正平.基于内容分析法的海归创业政策研究:以长三角地区为例[J].科技进步与对策,2015(15):115-119.

④ 邹欣,倪好,叶映华.中国创业者的创业决策逻辑研究[J].应用心理学,2016(1):58-66.

先,按照访谈时间先后在创业组与就业组中分别选取一名被试,开展详尽的单案例分析,在此基础上确定资料提取要点,便于对后续的研究对象的访谈文本开展更有针对性的分析;其次,在后续访谈文本的整理与分析中,及时与预设的概念、范畴或关系进行对比,直至在新获得的访谈资料中再也找不到新的概念、范畴或关系,从而达到理论饱和。

一、扎根编码

对资料进行逐级编码是扎根理论法的重点,编码一般包括开放式登录、关联式登录和核心式登录。

(一)开放式登录

在开放式登录中,研究者始终基于访谈文本,以开放的心态,悬置研究者的个人偏见和研究界的"定见",遵循"定义现象—发展概念—发掘范畴"的开放式编码流程,对资料进行细致的编码,不遗漏任何重要信息,直至码号饱和。本章的开放式登录主要分为以下四步:第一步,贴标签,将访谈文本中与"新生代海归"留学、归国、就业或创业选择有关的语句标号;第二步,定义现象,对贴上标签的语句进行初步提炼,在简化的过程中尽量采用访谈被试的原话进行编码;第三步,发展概念,根据上一步简化的定义的相似程度重新归类;第四步,发掘范畴,对概念化之后的编码再次归类。

以被试林尼(Linnie)的访谈文本为例进行开放式登录,共贴了42个标签,并且这42个标签相互独立。接着,对每个标签进行内容定义,以反映标签所表达的含义。在这一过程中,发现部分标签反映的是类似的内容,于是将其进一步整合归纳,形成26个概念。概念化过程中形成的26个概念在语义上呈现某种关联,因此根据概念词之间的相关关系、从属关系等将其进一步凝练为6个范畴。

(1)相关关系。若不同的概念词是从不同的角度表述同一个现象,则判定这些概念词之间存在相关关系。例如,"海外人脉维系""人际关系变动"是从不同角度表达人脉资源对"新生代海归"回国及创业意向的影响,二者为相关关系。

(2)从属关系,即概念词之间是包含与被包含的关系。例如,"学业深造""开阔视野""报效社会"都是"新生代海归"理想抱负中的具体规划,它们具有从属关系。

表5-3是林尼部分访谈文本的开放式登录举例。

表 5-3　被试林尼访谈文本开放式登录举例

编号	访谈文本 (贴标签)	定义内容	概念化	范畴化
1	我自己从小就比较喜欢自由。	性格喜欢自由	性格倾向	个性特质
2	我是因为自己喜欢所以才回来的,就业也不是什么大问题,关键是你做的事情自己喜不喜欢。	兴趣所在	兴趣爱好	
3	去哥大读教育,是因为我自己一直想学。	想学本专业	学业深造	
4	到了大学后就知道大学毕业是可以读研的,从大学开始就有这样的想法,就是想出去多见识一下,就想多锻炼一下。	出国增长见识、开阔视野	开阔视野	理想抱负
5	最初想法是希望好的教育资源和机会能够惠及更多的人。	想将好的教育资源与机会惠及更多人	报效社会	
6	家人都在这边,就回来了。	回国陪伴家人	亲情维系	家庭环境
7	一般是聊聊一些生活上的或者是自己最近学习什么,就是有什么事情,但是可能工作上有交集的并不多,因为国际差别太大。	国际差别影响回国后和国外朋友的联系	海外人脉维系	人脉资源
8	因为父母搬家或者工作调动,朋友圈也变了,出国留学去了太多不同的地方,关系网就特别不稳定。看上去认识了很多人,但是其实是特别不稳定……	人际关系网不稳定,甚至断裂	人际关系变动	
9	美国移民政策这块就卡得很紧,还有工作签证的问题。	国外面向留学生的政策不理想	海外政策	人才政策
10	我们班当时五十几人,出国的有十几个。我家里的情况其实没有那种出国的氛围,主要是受高中同学的影响才有这样的想法。	受周围同学出国留学的影响	留学趋势	社会发展
11	特别是之前的"大众创业、万众创新",然后是各种新闻,报道谁刚创业就赚了多少钱,融了多少资金。	国内创业氛围浓厚	就业形势/创业氛围	

除了"个性特质""理想抱负""家庭环境""人脉资源""人才政策""社会发展"等6个范畴被接受访谈的"新生代海归"广泛提及(2次及以上),本章还在其他被试的访谈资料中提取出了"海外资源""专业能力"2个范畴。通过在所有访谈资料中反复考察所得概念及其范畴,本章最终抽象出8个核心范畴。

(二)关联式登录

关联式登录的主要任务是发现和建立概念类属之间的各种联系,以呈现资料中各个部分之间的有机关联,如因果关系、时间先后关系、语义关系、情境关系、相似关系、差异关系、对等关系、结构关系、功能关系、过程关系、策略关系等。

本章以"选择出国留学—选择回国发展—决定就业或创业"为脉络归纳出核心类属,见图5-1。

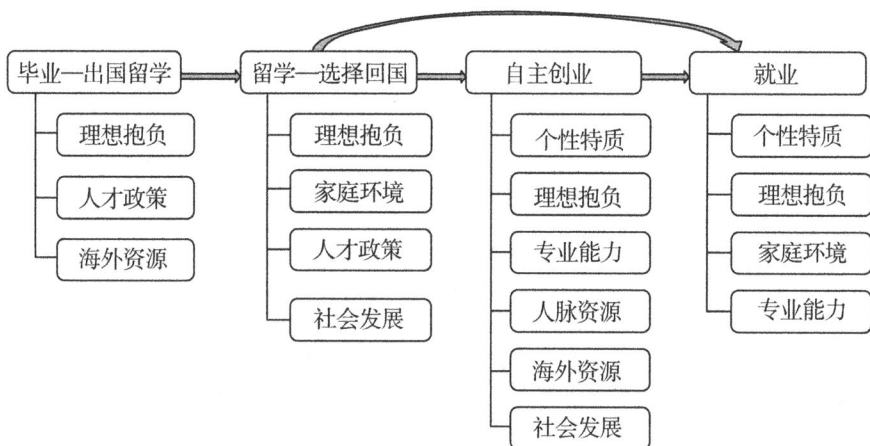

图5-1 "新生代海归"创业意向影响因素的脉络

(三)核心式登录

核心式登录是指对所有已发现的概念类属进行系统分析,然后选择一个核心类属,分析不断地集中到那些与核心类属有关的码号上面。

本章通过核心式登录,归纳了"新生代海归"创业意向影响因素作用的时间线:国外大学拥有不少优质的教育资源,访谈对象想要出国开阔视野、体验不一样的社会生活、加强原本的专业能力,加上无论是我国政府还是海外高校,都愿意提供优厚的奖学金资助留学,于是其作出了出国留学的选择。海外读书毕业后,一方面,由于国外政治环境动荡,面向中国留学生的政策紧缩,留学生难以拿到留在海外的工作签证,而国内发展日新月异,市场对创新的接受度较高,提供了不少就业或创业的机会;另一方面,"新生代海归"想要陪伴家人维系亲情,渴望报效祖国,故选择回国发展。选择创业主要和"新生代海归"自身的个性特质有关,如喜欢挑战、对创业内容有浓厚的兴趣;也有不少"新生代海归"希望通过创业为社会的发展贡献力量。国内"大众创业、万众创新"的氛围和成功创业榜样的影响,也刺激了"新生代海归"创业意向的萌生。海外留学背景使得"新生代海归"无论是在就业还是自主创业中,都能熟练运用外语与国外人士沟通、收集与分析国外先进的技术资料,但"新生代海归"也面临不少困难,如回国后国内人脉链不稳定,网络不畅通使得海外的人脉难以长久维系,政府面向海归出台的政策不够实用等。

二、核心类属解释

本章通过扎根分析,以选择自主创业的"新生代海归"的访谈文本为主,以选择就业的"新生代海归"的访谈文本为码表的补充,最终归纳出8个核心类属:个性特质、理想抱负、专业能力、家庭环境、海外资源、人脉资源、人才政策、社会发展。其中,个体自身维度包括个性特征、专业能力、理想抱负;个体所处微观环境维度包括家庭环境、人脉资源;个体所处社会背景维度包括海外资源、人才政策、社会发展(见表5-4)。

表5-4 核心类属及其面向集合

编号	核心类属	面向集合
1	个性特质	性格倾向(6)、兴趣爱好(7)、自我认知(5)
2	理想抱负	学业深造(10)、开阔视野(8)、报效社会(3)、职业规划(4)
3	专业能力	相关经验积累(7)、专业及专业相关度(7)、创业能力(6)、外语能力(8)
4	家庭环境	家人职业(2)、家人态度(7)、亲情维系(4)
5	海外资源	教育资源(8)、管理理念(4)、产业市场(6)

编号	核心类属	面向集合
6	人脉资源	海外人脉维系(8)、国内人脉开拓(5)、人际关系变动(2)、创业团队建设(5)、创业榜样影响(2)
7	人才政策	留学奖学金(1)、海外国家面向留学生的政策(1)、国内就业/创业引才政策(1)
8	社会发展	留学趋势(1)、就业形势/创业氛围(8)、市场前景/饱和度(6)、生活便利度(2)、环境治安(0)

注:①括号中的数字表示提及相关概念的创业者人数;②上述概念中,"留学奖学金"等概念仅被创业被试提及一次或未被提及("环境治安"),但就业被试提及了一次或两次,所以予以保留。

(一)个性特质

潜在创业者的人格特质与创业活动的开展密切相关。[1] 相关研究表明,较高的成就需要、适度的冒险倾向、独立自主、创新等都是预测创业意向的重要变量。[2][3][4] 个性特质包含性格倾向、兴趣爱好、自我认知等三个概念。表 5-5 为"个性特质"方面的访谈者文本举例。

表 5-5 "个性特质"方面的访谈者文本举例

编号	访谈文本(贴标签)	定义内容	概念化	范畴化
14-WJJ	性格比较沉稳,大部分时间可能偏内向。有工作需要时可以变得外向,可以灵活地调整自己的状态。性格优势是比较稳健,在做一些重要决策的时候,风险系数会低些,如我们之前做的一些活动,我一直反对,因为风险太高了,后面的事实证明我的意见是有道理的。	可以根据情形灵活调整自己的性格倾向	性格倾向	个性特质

---

① 史容. 大学生创业意向的多重诱因:创业机会感知、创业效能感与创业人格的作用[J]. 中国人力资源开发,2015(22):98-104.

② McClelland D C. The Achieving Society[M]. New York:Free Press,1961.

③ Brockhaus R H. Risk taking propensity of entrepreneurs[J]. Academy of Management Journal,1980,23(3):509-520.

④ Fatoki O. The entrepreneurial orientation of micro enterprises in the retail sector in South Africa[J]. Journal of Sociology and Social Anthropology,2014,5(2):125-129.

编号	访谈文本(贴标签)	定义内容	概念化	范畴化
18-Linnie	我自己从小就比较喜欢自由。	喜欢自由	性格倾向	
6-ZZ	感觉自己还是比较喜欢有挑战的生活,所以就回来创业。	喜欢挑战		
2-Ella	所以我就是越来越觉得自己也是比较享受和人打交道……觉得可能很多事还是想自己尝试一下。	喜欢交际;想要尝试挑战		个性特质
14-WJJ	留学专业是组织管理研究。之所以读这个专业,是因为我本科期间学的是人力资源管理,对组织行为特别感兴趣,后来就觉得要往更宏观的方向发展,才会接触比较多的组织管理方面的研究。纯粹是出于我的兴趣爱好选择了这个专业。	根据个人兴趣选择专业	兴趣爱好	
14-WJJ	自己对鲜花也挺喜欢的,因为我是一个比较热爱生活的人,喜欢打点自己的生活,我觉得鲜花可以点缀自己的生活。	自己喜爱鲜花		
17-ANN	我是自己对时尚穿衣搭配感兴趣,才想创业的。	兴趣		
18-Linnie	我是因为自己喜欢才回来的,因为就业也不是什么大问题,关键是你做的事情自己喜不喜欢。	兴趣		
6-ZZ	我个人是非常喜欢创业的。	对创业感兴趣		
6-ZZ	还是比较喜欢有挑战的生活,所以就回来创业。而且我个人是非常喜欢创业的……像我做这个行业的话在国外肯定得去硅谷拉风投,然后我自认为我口才并不能让我拉到好的风投。	对自己的能力有明确的认知	自我认知	

(二)理想抱负

理想抱负包含学业深造、开阔视野、报效社会、职业规划等四个概念。"新生代海归"既对自己的学业发展有明确的规划,也怀有对祖国繁荣发展的殷切期望。有研究指出,宏伟梦想是驱动当代海归创业者开展创业活动的重要因素之一。① 表 5-6 为"理想抱负"方面的访谈者文本举例。

---

① 彭伟,符正平.基于内容分析法的海归创业政策研究:以长三角地区为例[J].科技进步与对策,2015(15):115-119.

表5-6 "理想抱负"方面的访谈者文本举例

编号	访谈文本(贴标签)	定义内容	概念化	范畴化
18-Linnie	去哥大读教育,是自己一直想学。	一直想学本专业	学业深造	理想抱负
17-ANN	人力资源专业和我本科专业接近,学校管理也不错,专业范围较宽泛,其他类型的工作也好找。	学校和专业比较对口,利于就业		
14-WJJ	另外一个原因是自己做的一些研究,跟荷兰的学者有过邮件联系及比较多的沟通。还有是管理学研究,除了美国之外,荷兰的这个圈子是强的。	和荷兰学者沟通较多		
18-Linnie	到了大学之后就知道大学毕业是可以去读研的,然后从大学开始就有这样的想法,就是想出去多见识一下。	增长见识、开阔视野	开阔视野	
6-ZZ	出国原因挺多,主要是想出去看看,增长见识。	出国增长见识		
2-Ella	国内发展前景不明,去国外培养全球意识,取中西方思维方式之长,历练自己。	出国培养全球意识		
18-Linnie	最开始的想法就是希望这种好的教育资源和教育机会能够惠及更多的人。	想将好的教育资源与机会惠及更多人	报效社会	
2-Ella	我个人更在乎的是让团队能发展起来,所以这个大致是我的因缘。	有通过创业来帮助他人的想法		
4-Sherry	本来也就考虑过考公考事业编的。	原本有相关的职业发展规划	职业规划	

(三)专业能力

专业能力包含专业及专业相关度、相关经验积累、创业能力、外语能力等四个概念。其中"相关经验积累"包括创业相关经验积累与就业工作经验积累,"创业能力"包括市场分析、决策执行、产品营销等方面的能力。表5-7为"专业能力"方面的访谈者文本举例。

表 5-7 "专业能力"方面的访谈者文本举例

编号	访谈文本(贴标签)	定义内容	概念化	范畴化
2-Ella	主要是逻辑感比较强,发掘规律比较好,知道去哪里找资源,还有商业、经济类的基础。专业知识一方面便于对产品本身的理解和发挥,另外是嫁接一些可迁移技能。	专业知识对创业的帮助	专业相关度	专业能力
6-ZZ	创业上现在做的是教育信息化,自己学的也是信息化方面的东西。	专业相关度高		
14-WJJ	我先在杭州的一家 IT 公司工作了半年,做的是管理咨询。但是我的专业特长基本上发挥不出来,我觉得一定得好好地利用起来。	无法发挥专业和留学背景		
2-Ella	一方面就是可能国外的一些孵化器,然后可能校园内的一些学生组织,其实都是在培养我们所说的领导力。	海外实践活动经历	经验积累	
17-ANN	回国后在互联网公司做了近一年的运营,在市场方面有些理解。	相关工作经验		
2-Ella	参与校内外各种组织的活动,有些是创业类或非营利性组织。	实践活动经历		
2-Ella	研究消费者,做市场调查、分析,并且参加各种路演活动、比赛等。	进行市场调研	创业能力	
17-ANN	应该每个人都有个创业梦吧,只是之前没有具体的方向……了解到成都在做鞋方面优势比较强的时候……	对市场情形的了解		
14-WJJ	需要负责公司的大方向或者说战略上的调整,自己可能对这一块会把握得比较清楚一些,能看得更长远。	对公司战略的把握		
14-WJJ	国外留学的优势很多,如语言上的优势,鲜花贸易这一块会跟荷兰有频繁的接触,那么我就会派上大用场。	和外国工作伙伴对接交流	外语能力	

(四)家庭环境

家庭环境包含亲情维系、家人职业、家人态度等三个概念。相关实证研究表明,大学生创业意向受其所处环境的影响,有家人从商的学生的创业意向水平显著高于没有家人从商的学生。[1] 对"新生代海归"群体而言,家庭环境对其职业规划选择的影响也尤为明显,亲情维系往往是"新生代海归"选择回国的重要原因,同时,家人的职业类型、家人对子女就业领域的倾向、家人对子女创业决定的态度等家庭环境因素均对"新生代海归"的创业意向和职业发展有一定的影响。表 5-8 为"家庭环境"方面的访谈者文本举例。

表 5-8 "家庭环境"访谈者文本举例

编号	访谈文本(贴标签)	定义内容	概念化	范畴化
3-Oliver	回国的主要原因是我父母都不愿意在国外。	家人不愿意	亲情维系	家庭环境
6-ZZ	美国再好,毕竟不是自己家;然后家人都在国内,身边也缺少一个像国内这样比较好的华人的文化氛围,感觉回来会比较踏实一点,在国外的话,还有点漂泊的感觉。	重视家庭		
18-Linnie	家人也在这里,还是回来了。	陪伴家人		
6-ZZ	选择在教育领域开始创业,是因为家人都是做老师的,算书香门第吧,从小在那个地方耳濡目染长大……然后跟家庭背景教育相结合的话,能够最大地发挥我的优势。	家庭背景切合创业内容	家人职业	
5-LLY	回来考公务员,父母也是这个系统,希望我也进入这个系统,觉得女孩子做这个工作比较稳定,也不会很累。	家人职业和想法		
6-ZZ	家人和朋友都挺支持我创业的,尤其是家人。家人支持我是因为他们知道我的能力,所以还是对我非常有信心的。	家人支持	家人态度	
14-WJJ	从小到大基本上都是我自己在做决定,家人很少干涉我。	家人很少干涉		

---

① 刘志.大学生创业意向的结构、影响因素及提升对策研究[D].长春:东北师范大学,2013.

(五)海外资源

海外资源包含教育资源、管理理念、产业市场等三个概念。"新生代海归"在海外接受的教育学习、在海外的实习及工作经历,可以帮助他们掌握企业经营、市场开发所需要的方法,这些能使"新生代海归"回国后有所突破。表 5-9 为"海外资源"方面的访谈者文本举例。

表 5-9 "海外资源"方面的访谈者文本举例

编号	访谈文本(贴标签)	定义内容	概念化	范畴化
2-Ella	一是商业计划书怎么写最能符合创业项目的多变性;二是怎么从客户的角度来考虑产品、市场、运营等的定位;三是创始人和整个团队间的沟通怎么把握;四是怎么高效地管理团队;五是市场调查的方法……	海外创业方法论学习	教育资源	海外资源
17-ANN	HR 课程中有市场、战略管理,这些都是直接跟市场和品牌相关的课程,会对目前创业有些帮助。	留学所学课程		
1-MJY	意大利的人文教育方面也做得很好,所以希望在那边学习这个专业。	留学专业		
6-ZZ	大公司的管理……海外留学过的人在国内能够带来一些国外的理念,改变一下国内本土化的风貌。	理念	管理理念	
14-WJJ	我现在做的是鲜花贸易,这个创业项目其实跟荷兰这个国家有很大的渊源,荷兰做农业和鲜花等方面在全世界都较有名。	留学国家的优势产业	产业市场	

(六)人脉资源

人脉资源包含海外人脉维系、国内人脉开拓、人际关系变动、创业团队建设、创业榜样影响等五个概念。创业者的社会关系对创业意向具有正向的影响。[①] 一方面,"新生代海归"与本土毕业生相比,拥有国外积累的人脉资源;另

---

① 牛雪梅.大学生社会网络、创业自我效能感与创业意向的关系研究[D].成都:西南交通大学,2017.

一方面,国内人脉断层等问题阻碍了"新生代海归"创业意向的萌生。表 5-10 为"人脉资源"方面的访谈者文本举例。

表 5-10 "人脉资源"方面的访谈者文本举例

编号	访谈文本(贴标签)	定义内容	概念化	范畴化
6-ZZ	刚开始还有跟以前的老同事联系,后来网络限制等麻烦就没联系了,然后没有任何帮助。	联系麻烦	海外人脉资源	人脉资源
14-WJJ	在创业中碰到的问题,基本上不会去问国外的同学,因为方向不一样。班里的同学大部分继续在读博,我问的问题他们也很难给我建议。所以现在联系比较少。	发展方向不同		
17-ANN	有联系,但是不多。一两个月一次吧,距离较远,做的事情不一样,没有什么共同话题。	缺少共同话题		
18-Linnie	一般是聊聊一些生活上或者最近的学习情况,但是可能工作上有交集的并不多,因为国际差别太大。	国际差别		
2-Ella	还会参加大小创业活动积累人脉。	人脉积累	国内人脉开拓	
15-WJJ	以前的公司老板突然不做了,之前在他公司结交的一些志同道合的朋友也在这个行业里面,后来就和以前的一个同事合伙做鲜花行业。	结交了志同道合的朋友		
18-Linnie	因为父母搬家或者工作调动,朋友圈也变了,出国留学去了太多不同的地方,关系网就特别不稳定。看上去认识了很多人,但是其实是特别不稳定……	人际关系网不稳定及断裂	人际关系变动	
6-ZZ	一开始组建团队的时候,要把团队凝聚起来,挫折就是大家不确定这事究竟能不能做下去。几个人能不能凝成一团去克服困难,是创业最先要解决的问题。	创业团队凝聚力建设	创业团队建设	
14-WJJ	特别需要一个团队,有时候自己不擅长这一块,那么团队里就要有相应的人擅长这一块,来跟自己配合。	创业团队分工合作		
2-Ella	有些可能就是新媒体上的人物,一些比较有情怀的创业人。	榜样影响	创业榜样影响	

(七)人才政策

人才政策,包含留学奖学金、海外国家面向留学生的政策、国内引才政策等三个概念。随着我国社会的高速发展,我国对高素质人才的渴求也愈加迫切,尤其是海外留学人才,而大力引进海外高层次人才是在较短时间内聚集高端人才的重要途径。海归创业人才看重的不是短期的经济利益,而是创业政策为个人所创造的空间。[1] 创业政策能够为企业家从事创业活动营造良好的氛围,并以此减少初创企业面临的不确定性。[2] 有研究对浙江高校即将出国留学的学生进行了问卷调查,结果显示,对政策的了解度和满意度与留学人员的归国意愿正相关。[3] 同样地,对"新生代海归"而言,政府的引才政策对其回国就业或创业的决定也有直接或间接的影响。表 5-11 为"人才政策"方面的访谈者文本举例。

表 5-11 "人才政策"方面的访谈者文本举例

编号	访谈文本(贴标签)	定义内容	概念化	范畴化
14-WJJ	当时跟国家签了合同,因为拿国家公派留学奖学金,学成之后要回国服务两年。	国家留学基金委合同要求	留学奖学金	人才政策
1-MJY	读博拿了基金委的奖学金,学成以后需要回国工作,这是我回来的一个很大的原因。			
18-Linnie	美国移民政策这块卡得紧,还有工作签证的问题。	海外国家面向留学生的政策缩紧	海外国家面向留学生的政策	
15-LSY	英国脱欧后留英更加困难。			
2-Ella	政府补助、扶持方面国内帮得更好,国外没有那么大力的扶持。	国内创业政策扶持力度大	国内引才政策	

---

① 万玺,徐彦.重庆市海归创业人员创业现状、问题及对策研究[J].价值工程,2015(14):256-257.

② 乐国安,张艺,陈浩.当代大学生创业意向影响因素研究[J].心理学探新,2012(2):146-152.

③ 许国成.留学人员归国创业意愿为何不够强:杭州市吸引"海归"政策与"准海归"政策感知度研究[J].浙江经济,2013(11):40-41.

(八)社会发展

社会发展包含留学趋势、就业形势/创业氛围、市场前景/饱和度、生活便利度、环境治安等五个概念。表5-12为"社会发展"方面的访谈者文本举例。

表5-12 "社会发展"方面的访谈者文本举例

编号	访谈文本(贴标签)	定义内容	概念化	范畴化
18-Linnie	我们班当时五十几个人,出国的有十几个。我家里其实没有出国的氛围,主要是受高中同学的影响才有这样的想法。	受周围同学出国留学的影响	留学趋势	社会发展
18-Linnie	特别是之前的"大众创业、万众创新",然后是各种新闻,报道谁刚创业就赚了多少钱,融了多少资金。	国内创业氛围浓厚		
6-ZZ	国家鼓励创新创业,政策号召影响下,去谈业务时,别人就不会说因为我们公司是刚起步,会抗拒,他们都表示理解和支持。因为他们知道这种种子型的公司更加有潜力和爆发力。	国内创业大环境好,对种子公司的支持	就业形势/创业氛围	
3-Oliver	我在国外待在多伦多,创业氛围其实并不是特别浓,所以当时我并没有产生特别强烈的创业想法。	国外城市创业氛围不浓厚		
3-Oliver	回来以后有很多朋友,可能是从加州或硅谷回来的,那边的创业氛围会更强烈一些。如果我当时在这样的一个氛围中的话,可能我会考虑在那边先待一段时间。	回国后从周围朋友那里感受到创业氛围		
1-MJY	还有是觉得所学专业可能在国内的发展会比较好。	专业在国内前景更好		
7-LYS	政府提供的职位非常多,晋升空间也非常大。	就业形势好		

续表

编号	访谈文本(贴标签)	定义内容	概念化	范畴化
2-Ella	我之前是在加拿大,这个国家各方面是非常慢的,然后资本到位的速度也很慢……然后对于创新比较冷静和理智	海外资本运作放缓,创业市场冷静	市场前景/饱和度	社会发展
3-Oliver	可能也与国外那种环境有关,国外可能相对来说更加成熟一些,创业机会可能就会相对少一些。	国外市场成熟导致机会减少		
14-WJJ	在杭州工作期间,看到这个鲜花领域消费快速地增长。	国内相关市场发展前景好		
4-Sherry	移动支付及快递等国外还没这么发达。	国内生活便利	生活便利度	
12-ZSZ	生活上,英国日常生活的便利性在某些方面不如国内。	国外生活便利性不如国内		
1-MJY	国内自然环境在改善,环保意识也在增强,所以就决定回国了。	国内自然环境改善	环境治安	
	国内的治安环境比较好,近几年意大利治安不是很好,出现了很多留学生的意外事件,所以家人也比较担心。	国外治安较乱		

第四节 研究结论与建议

一、主要研究结论

本章就"新生代海归"从选择出国深造至学成归国发展的动机展开扎根归纳,梳理出了影响"新生代海归"萌生创业意向的 8 项因素,包括个性特质、理想抱负、专业能力、家庭环境、海外资源、人脉资源、人才政策、社会发展。本章通过对 8 项因素内部的时间、因果关系等的分析,揭示了我国"新生代海归"选择出国与回国、就业或创业的主客观原因。

(一)"新生代海归"选择出国深造的原因

"新生代海归"选择出国深造的原因可以分为主客观两个方面。

从"新生代海归"自身的主观考虑出发,本章将其总结为"理想抱负",主要是指"新生代海归"基于自身未来的职业规划,选择出国留学既能巩固自己的所学专业,也可以增长见识、开阔视野。

> 出国原因的话,挺多的,主要还是想出去看看,增长见识。
>
> ——ZZ

从"新生代海归"所处的客观环境出发,本章将其总结为"人才政策"与"海外资源",国家留学基金委的奖学金资助能够减轻留学中的经济负担,同时国外高校相关的专业教育质量也起到了关键的吸引作用。

> 意大利的人文教育方面也做得很好,所以希望在那边学习这个专业。
>
> ——MJY

(二)"新生代海归"选择回国发展的原因

"新生代海归"学成毕业后选择回国发展的原因可以分为主客观两个方面。

从"新生代海归"自身的主观因素出发,主要有"理想抱负"与"家庭环境"两点。就前者而言,"新生代海归"希望能运用国外所学,引进国外先进的管理理念或技术,助力祖国发展。

> 而且当时也一门心思想效力祖国,就这样来了。
>
> ——LYS

> 最开始的想法是希望这种好的教育资源和教育机会能够惠及更多的人。
>
> ——Linnie

就后者而言,不仅父母的态度对"新生代海归"的回国选择有一定的推动作用,"新生代海归"自身对亲情的重视也是其选择毕业回国的重要原因。

> 回国的主要原因就是我父母都不愿意在国外。
>
> ——Oliver

> 美国再好,毕竟不是自己家,然后家人都在国内,身边也缺少一个像国内这样比较好的华人的文化氛围,感觉回来会比较踏实一点,在国外的话,还有点漂泊的感觉。
>
> ——ZZ

从"新生代海归"所处的客观环境出发,主要有"社会发展"与"人才政策"两点。就前者而言,"新生代海归"着重权衡国内外的市场前景、生活的便利度以及治安情况,普遍认为国内发展日新月异。对于选择就业的"新生代海归"而言,国内适合所学专业发展,就业形势好;对于选择自主创业的"新生代海归"而言,与海外成熟冷静的市场相比,国内近年来创业氛围浓厚,有更多的创业机会。

> 移动支付及快递等国外还没这么发达,回来之后觉得祖国母亲真好。
>
> ——Sherry

> 国内的治安环境比较好,近几年意大利治安不是很好,出现了很多留学生的一些意外事件,所以家人也比较担心。
>
> ——MJY

> 国家鼓励创新创业,政策号召影响下,去谈业务时,别人就不会

说因为我们公司是刚起步,会抗拒,他们都表示理解和支持。因为他

们知道这种种子型的公司更加有潜力和爆发力。

—ZZ

就后者而言,一方面是英美国家政治环境的变动使移民政策、工作签证等与留学生息息相关的政策收紧,另一方面是国内出台政策大力引进海归人才并支持其发展。还有一个较为特殊的情况是,不少"新生代海归"出国时拿到了国家留学基金委的奖学金,学成回国服务是合同的硬性要求。

英国脱欧后留英更加困难。

—LSY

当时跟国家签了合同,因为拿国家公派留学奖学金,学成之后要

回国服务两年。

—WJJ

(三)"新生代海归"选择就业或创业的原因

"新生代海归"回国发展选择就业或者自主创业主要与个性特质、理想抱负、家庭环境、专业能力、人脉资源、海外资源以及社会发展等因素相关。

对选择就业的"新生代海归"而言,他们倾向于过安定的生活,家人、朋友的工作类型与态度也起到了一定的推力作用。

可能是因为我这个人也是那种比较容易满足吧,然后就做一点

平凡的小事情,也不是说要在那种企业里面打拼那种,比较安于现状

吧……然后回来考公务员,父母也是这个系统,希望我也进入这个系

统,觉得女孩子做这个工作比较稳定,也不会很累。

—LLY

对选择创业的"新生代海归"而言,在"个性特质"与"理想抱负"方面,他们普遍对自身能力有明确的认知,对创业有浓厚的兴趣,热衷挑战,想要突破原本的舒适生活,通过创业帮助他人、服务社会。

感觉自己还是比较喜欢这种有挑战的生活,所以就回来创业……

而且我个人是非常喜欢创业的……像我做这个行业的话在国外肯定

得去硅谷拉风投,然后我自认为我口才并不能让我拉到好的风投。

—ZZ

我个人更在乎的是让团队能发展起来,所以这个大致是我的因缘。

(追问:是指不仅是帮助自己的团队,还有包括帮助其他创业团队吗?)对的。

——Ella

在"专业能力"方面,经验的积累是影响"新生代海归"将对创业的兴趣转化为自主创业这一行为的重要因素。大部分"新生代海归"曾通过在校期间参加学生创业组织积累了创业能力,或者是在毕业后先选择就业而逐渐加深了对市场、对公司管理的理解;另外,从事技术类创业的"新生代海归"能发挥海外所学专业的优势,因此也存在这样一种情况:一些"新生代海归"在回国工作一段时间后发现难以发挥专业优势从而转向自主创业以凸显海外学习背景。

这个的确有挺多的,一方面就是可能国外的一些孵化器,然后再往前推,可能校园内的一些学生组织,其实都是在培养我们所说的领导力。

——Ella

回国后在互联网公司做了接近一年的运营,在市场这方面有了自己的理解。

——ANN

创业上,我现在做的是教育信息化,自己学的也是信息化方面的东西。

——ZZ

我先在杭州工作了半年,在一家IT公司,我做的是管理咨询。但是我自己的专业特长基本上发挥不出来,我觉得一定得好好地利用起来。

——WJJ

此外,"新生代海归"选择创业道路的原因还包括:发掘了相关人脉资源、建设了有凝聚力的创业团队、受到了社会上创业成功人士的感染、掌握了海外先进管理理念、熟悉了海外相关市场资源等。

以前的公司老板突然不做了,之前在他公司结交的一些志同道合的朋友也在这个行业里面,后来就和以前的一个同事合伙做鲜花行业。我现在做的是鲜花贸易。这个创业项目其实跟荷兰这个国家有很大的渊源,荷兰在农业和鲜花等方面在全世界都较有名。

——WJJ

有些可能就是新媒体上的人物了,一些比较有情怀的创业人。

——Ella

自己确实在里面学到一些大公司的管理……他们觉得海外留学过的人在国内能够带来一些国外的先进理念跟那个海外的基因吧,就是改变一下国内一种本土化的风貌。

——ZZ

(四)"新生代海归"回国后面临的问题

接受访谈的"新生代海归"反映,尤其是对在国外学习生活较长的"新生代海归"而言,首先是不了解国内的就业形势,在回国找工作的时候会感到迷茫无措,加上回国时间与国内校招季恰好错开,导致错过了找工作的好时机。对于国内政府提供的一些引才政策,受访者大多表示仅对落户、购买免税车等政策有所了解,但从实用性角度来说,选择自主创业的"新生代海归"认为诸如"免税车"这些政策并不具有可操作性与必要性,同时政府审批效率太低导致扶持创业者的资金难以发挥作用。

人际关系的不稳定也是"新生代海归"回国后面临的困境。从社会资本理论的角度出发,高校毕业生所掌握的社会资本主要来自个人、家庭和学校,其中个人和家庭产生的社会资本主要指父母的社会地位、家庭收入、家庭与个人人际关系网络,学校所赋予的社会资本是指学校的名声地位、学生专业在社会上的受欢迎程度、学校为学生提供的就业相关的信息。对"新生代海归"来说,国内网络技术限制导致其在国外习惯使用的社交软件难以便捷地使用,与海外学习生活中结交的师生好友的沟通联系由此变得麻烦,而国情的差异和职业发展的不同也使得"新生代海归"回国后与国外的朋友缺少共同话题,因此,"新生代海归"和国外朋友的交流变得越来越少。不仅是国外人脉难以维系,国内人脉同样难以开拓。一方面,"新生代海归"由于留学、工作,所生活的城市在变化,朋友圈也随之变化;另一方面,对自主创业的"新生代海归"而言,创业的开展离不开人脉的开拓,能结交到志同道合的朋友固然对创业是一大益处,然而创业之初能遇到合拍的合伙人、创业团队并非易事,尤其是在中国这样一个"熟人社会"中。

> 因为父母搬家或者工作调动,朋友圈也变了,出国留学去了太多不同的地方,关系网就特别不稳定。看上去认识了很多人,但是其实是特别不稳定……
>
> ——Linnie

综上,"新生代海归"面临的主要困难包括:缺乏通畅的国内就业或创业资讯,缺少面向"新生代海归"的扶持政策,国内外人际圈的不稳定甚至断裂。

二、研究建议

(一)优化创业政策环境,提升海归创业政策的完善性、普惠性与便捷性

创业环境无疑是影响个体创业意向、创业行为及创业成败的重要因素,而政策环境是其中重要的方面。随着留学归国人员数量的逐年增加,我国政府近年来颁布了不少鼓励海归创新创业的政策,但很多政策对于"新生代海归"而言不具有针对性,甚至还有一定的限制性。梳理创业氛围浓厚的北京、上海、广州、深圳和杭州等五个城市的海外人才回归和创业政策,不难发现其存在共性问题:对"新生代海归"的政策支持力度和针对性不够;注重对个体的政策倾斜,忽视团队的引进;政策规定的行政手续繁复,政府针对性服务相对滞后,增加了资源损耗。同时,也有调查研究显示,86%的杭州"新生代海归"未曾享受相关政策优惠。[①] 因此,扩大已有的面向海外人才的创业政策的受众面,让"新生代海归"无论是在资金扶持、税费优惠、办公场地租赁等方面,还是住房医保等方面,都能享受到来自政策的优待,这一点至关重要。

---

① 许国成.留学人员归国创业意愿为何不够强:杭州市吸引"海归"政策与"准海归"政策感知度研究[J].浙江经济,2013(11):40-41.

除了政策制定层面,在政策的实施中政府也应当提高办事效率,改进服务质量,如开通一站式服务窗口,简化审批程序,明确各项程序的审批反馈时长。

(二)优化创业文化环境,营造良好的"新生代海归"创业氛围

除了创业政策环境,创业文化环境对"新生代海归"的创业意向也有重要的影响。在访谈过程中,部分受访者认为与国外创业园相比,国内创业园缺乏生机与活力,很多海归创业园较为"冷清"("实际去梦想小镇那边看了之后,没有创业的感觉,那边人其实挺少的")。因此,建议海创园、创业园区、孵化器能适当放宽入园条件,定期举办创业沙龙活动,鼓励创业者之间交流,针对不熟悉国内市场或缺乏管理经验的"新生代海归"创业者,提供相应的咨询指导服务,帮助"新生代海归"重新建立国内社会关系网络,重拾国外社会资本。

(三)优化创业信息环境,搭建就业、创业信息畅通的平台

由于海外高校与国内高校在毕业时间上的差异,很多有回国就业意向的"新生代海归"反映回国后感到迷茫,一是不太了解国内的创业就业形势,二是无法参与到国内集中的"校招季",错失诸多创业就业机会。近年来已有不少企业到海外高校组织面向海外留学生的招聘专场,减轻了即将毕业归国的留学生的就业压力。建议我国政府相关部门联合更多有相应招聘需求的企业,合力做好"新生代海归"的创业就业工作。搭建国内外信息畅通的海归招聘信息发布或交流咨询平台,也是不少"新生代海归"在访谈时提出的改进政府工作的建议。在访谈中,大部分"新生代海归"表示对政府发布的海归人才政策了解甚少,因此,建议政府灵活利用社交平台,在"新生代海归"群体中及时准确地发布政策信息,提升创业政策的知晓率;"新生代海归"也能通过平台与政府互动,反馈需求,帮助政府完善海归人才创业就业政策,提升服务质量。

第六章 "新生代海归"创业意向影响因素的调查研究

上一章采用访谈法及扎根理论法对"新生代海归"创业意向与行动选择的影响因素进行了质性的初步探索。本章主要采用问卷调查法,在更大样本范围内对"新生代海归"创业意向的影响因素进行深入分析,主要关注二元文化、二元网络、双语能力、创业教育对"新生代海归"创业意向的独特影响。本章共包括四小节:研究背景与设计、研究方法、研究结果、研究结论与建议。

第一节 研究背景与设计

一、研究背景

在高等教育国际化和教育服务全球化的影响下,留学成为日益普遍的现象。同时,随着我国经济社会的不断发展以及年轻一代就业价值观的变化,越来越多的青年留学生选择归国发展,为国家发展与建设贡献力量。因此,如何发挥"新生代海归"创新创业的积极性是一个重要问题。本章探讨"新生代海归"创业意向的影响因素,除了考虑普遍性的个体内部因素和外部环境因素,也考虑了该群体的特殊性。

本章的研究以计划行为理论为基础,以资本理论为分析框架,围绕"新生代海归"特有的文化资本、社会资本和人力资本展开,将这些资本分别具体化为二元文化、二元网络、双语能力和创业教育,作为影响"新生代海归"创业意向的特定潜在因素。

二、研究设计

(一)研究的理论框架

本章的研究以计划行为理论为基础,以资本理论为分析框架。计划行为理论在创业意向相关研究中的广泛应用证明了其适用性;资本理论则为分析"新生代海归"的特点提供了合适的框架。本章的理论框架见图 6-1。二元文化反映"新生代海归"独特的文化资本,也即对国内和国外两种文化的体验与认识;二元网络反映"新生代海归"独特的社会资本,也即国内和国外两个社会关系网络中的群体认可和潜在资源;双语能力和创业教育反映"新生代海归"独特的人力资本,也即通过接受两个体系的教育所积累的知识与技能。这些因素都有可能影响"新生代海归"对创业的态度(即行为态度或个人态度)、主观规范与知觉行为控制,进而影响其创业意向。

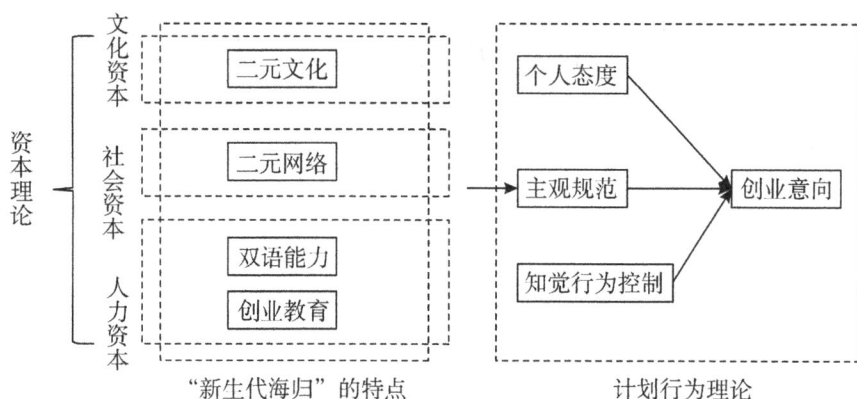

图 6-1 研究的理论框架

(二)研究假设与问题

本章的研究假设是:二元文化、二元网络、双语能力和创业教育对"新生代海归"的创业意向有显著影响,并且这种影响是通过影响其对创业的态度、主观规范和知觉行为控制而实现的。具体而言,本章聚焦于以下 3 个问题:

第一,"新生代海归"的创业意向如何? 是否具有人口统计学差异?

第二,二元文化、二元网络、双语能力和创业教育这 4 个特定因素是否影响"新生代海归"的创业意向?

第三,上述 4 个因素是如何对创业意向产生影响的? 具体而言,个人态度、主观规范和知觉行为控制是否在"新生代海归"创业意向及其特定影响因素的关系中起中介作用?

本章的研究假设包括:

H1:海外学习经历正向影响"新生代海归"创业意向。

二元文化正向影响"新生代海归"创业意向(H1a);

二元网络正向影响"新生代海归"创业意向(H1b);

双语能力正向影响"新生代海归"创业意向(H1c);

创业教育正向影响"新生代海归"创业意向(H1d)。

H2:个人态度、主观规范、知觉行为控制正向影响"新生代海归"创业意向。

个人态度正向影响"新生代海归"创业意向(H2a);

主观规范正向影响"新生代海归"创业意向(H2b);

知觉行为控制正向影响"新生代海归"创业意向(H2c)。

H3:海外学习经历正向预测个人态度、主观规范和知觉行为控制。

二元文化、二元网络、双语能力、创业教育正向影响"新生代海归"个人态度(H3a);

二元文化、二元网络、双语能力、创业教育正向影响"新生代海归"主观规范(H3b);

二元文化、二元网络、双语能力、创业教育正向影响"新生代海归"知觉行为控制(H3c)。

H4:个人态度、主观规范、知觉行为控制在海外学习经历影响创业意向的过程中起中介作用。

个人态度、主观规范、知觉行为控制在二元文化与"新生代海归"创业意向

的关系中起中介作用(H4a);

个人态度、主观规范、知觉行为控制在二元网络与"新生代海归"创业意向的关系中起中介作用(H4b);

个人态度、主观规范、知觉行为控制在双语能力与"新生代海归"创业意向的关系中起中介作用(H4c);

个人态度、主观规范、知觉行为控制在创业教育与"新生代海归"创业意向的关系中起中介作用(H4d)。

(三)研究问卷设计

基于上述理论框架,本章采取问卷调查法对"新生代海归"创业意向的影响因素进行分析。调查问卷主要包括 7 个部分:(1)"新生代海归"的基本信息,包括出生年份、性别、家庭居住地、是否独生子女、学历等信息;(2)计划行为理论中的 3 个中介变量,即个人态度、主观规范和知觉行为控制;(3)"新生代海归"的创业意向;(4)二元文化;(5)二元网络;(6)双语能力;(7)创业教育。主要研究变量的测量工具和量表改编自他人编制的经过验证的量表,详见本章第二节的"研究变量"部分。

第二节　研究方法

一、数据收集

(一)调查对象

本章的调查对象"新生代海归",是指出生于 1980 年后,公费或自费在海外正规院校或学术机构就读,已顺利毕业并获得学士及以上学位,得到教育部留学服务中心学历学位认证的留学归国人员,不包括有海外高校联合培养和交流经历但没有取得对方学校学位的人员。

(二)抽样方法

本部分采用滚雪球抽样法,该方法又被称为裙带抽样或推荐抽样,即通过推荐与再次推荐的方式抽取样本[①],主要适用于样本较难获得的情况。[②] 在本章的研究中,我们主要通过同学、亲友、师长的推荐获得第一批样本,并通过第一批样本的推荐获得更多的样本。数据主要通过在线问卷平台收集;我们曾尝试通过海归招聘会和海归创业园平台发放纸质问卷,效果不佳。

(三)样本分布特征

自 2018 年 12 月至 2019 年 3 月,共回收问卷 255 份,其中有效问卷 211 份,有效问卷率为 82.75%。样本分布特征见表 6-1。211 份样本中,最年长的出生于 1980 年,最年轻的出生于 1997 年,出生于 1990 年及以后的共 169 人,约占 80%;女性(114 人)略多于男性(97 人);约 68% 来自城市;约 70% 为独生子女;硕士学位最多,约占 63%(132 人),其次为本科(45 人)和博士(34 人);大部分人从硕士(116 人)和本科(65 人)阶段开始留学,从博士(18 人)和高中(12 人)阶段开始留学的人相对少,平均海外生活时长为 3.27 年;留学目的地集中于欧洲和北美洲,主要的国家有美国、英国、澳大利亚等;人文与社会科学类专业 119 人,自然科学与工程技术科学类专业 87 人;有海外实习经历的 74 人,约占 35%,有实习经历者的平均实习时长为 10 个月;有海外正式工作经历的 26 人,约占 12%,有正式工作经历者平均工作时长为 2 年;家人或近亲属有创业经历的 78 人,约占 37%;本人有创业经历的为 14 人,约占 7%,还有 11 人(约占 5%)虽然没有开始创业但已经准备并打算在不久的将来开始创业,考虑过创业但没有采取任何行动的有 84 人,约占 40%,剩下将近一半的人从未考虑过创业;对创业政策非常不了解的和比较不了解的分别为 77 人和 60 人,共占约 65%,比较了解和非常了解的分别为 12 人和 2 人,共占约 7%,了解程度一般的为 60 人;有 43 人放弃回答"政策合理性"问题,剩余 168 人中,大部分人认

---

① 米子川. 并发多样本滚雪球抽样的捕获再捕获估计[J]. 统计研究,2015(6):99-104.

② Goodman L A. Snowball sampling[J]. The Annals of Mathematical Statistics,1961,32(1):148-170.

为政策合理性一般(118 人),少部分人认为比较合理(42 人),占比分别约为
56%和 20%;有 47 人放弃回答"政策可获得性"问题,剩余 164 人中,大部分人
认为政策可获得性一般(81 人),少部分人认为比较难获得(44 人),占比分别约
为 38%和 21%。

表 6-1　样本分布特征

统计特征	类别	频数	占比/%
出生年份	1980—1989 年	42	19.91
	1990—1999 年	169	80.09
性别	男	97	45.97
	女	114	54.03
家庭居住地	城市	144	68.25
	集镇	43	20.38
	农村	24	11.37
是否独生子女	是	148	70.14
	否	63	29.86
学历	本科	45	21.33
	硕士	132	62.56
	博士	34	16.11
开始留学阶段	高中	12	5.69
	本科	65	30.80
	硕士	116	54.98
	博士	18	8.53
留学目的地	亚洲	30	14.22
	欧洲	91	43.13
	北美洲	73	34.60
	大洋洲	17	8.05

续表

统计特征	类别	频数	占比/%
专业类别	自然科学类	25	11.85
	农业科学类	0	0
	医药科学类	4	1.90
	工程与技术科学类	62	29.38
	人文与社会科学类	119	56.40
	缺失	1	0.47
海外实习经历	有	74	35.07
	无	137	64.93
海外正式工作经历	有	26	12.32
	无	185	87.68
近亲属创业经历	有	78	36.97
	无	133	63.03
创业状态	没有考虑过创业	102	48.34
	考虑过但没有采取任何行动	84	39.81
	没有开始创业,但已经开始准备,并打算在不久的将来开始创业	11	5.21
	处于创业过程中	8	3.79
	曾经创业,目前已结束	6	2.84
政策了解程度	非常不了解	77	36.49
	比较不了解	60	28.44
	一般	60	28.44
	比较了解	12	5.68
	非常了解	2	0.95
政策合理性	非常不合理	2	0.95
	比较不合理	5	2.37
	一般	118	55.92
	比较合理	42	19.91

续表

统计特征	类别	频数	占比/%
政策合理性	非常合理	1	0.47
	（弃全）	43	20.38
政策可获得性	非常难获得	9	4.27
	比较难获得	44	20.85
	一般	81	38.39
	比较容易	29	13.74
	非常容易	1	0.47
	（弃全）	47	22.27

注：$N=211$。

二、研究变量

（一）因变量：创业意向

创业意向的测量采用利尼亚（Liñán）等编制的创业意向量表。[①] 该量表包含6道测题，依据简洁性及因子载荷等，保留4道测题，如"我准备好做任何事来成为一个创业者"等。该量表使用7点计分法，"1"代表"完全不同意"，"7"代表"完全同意"。

（二）自变量：资本理论中的三种资本的具体表现

1. 二元文化

本部分采用胡恩（Huynh）等编制的二元文化认同整合量表Ⅱ。[②] 该量表包含19个测题以及文化兼容、文化距离两个因子。在编译的过程中，考虑到措

① Liñán F，Chen Y W. Development and cross-cultural application of a specific instrument to measure entrepreneurial intentions[J]. Entrepreneurship Theory and Practice，2009，33(3)：593-617.

② Huynh Q L，Nguyen A M D，Benet-Martínez V. Bicultural Identity Integration. In Handbook of Identity Theory and Research[M]. New York：Springer，2011.

辞的合适性及问卷的简洁性,文化兼容、文化距离因子各保留了 3 个测题,如
"我很少对中国文化和留学国家/地区的文化感到冲突""我不混淆中国文化和
留学国家/地区的文化"。该量表采用 5 点计分法,"1"代表"完全不同意","5"
代表"完全同意"。

2. 二元网络

本部分的量表改编自跨国创业网络问卷[①],包含 11 道测题,包括本土社会
网络和海外社会网络两个因子,每个因子各 6 道测题。测题如"获取本土销售
商相关信息并与之建立联系""获取海外科研院所相关信息并与之建立联系"
等。该量表计分方式与二元文化量表相同。

3. 双语能力

本部分改编自贝内特-马丁内斯(Benet-Martínez)等编制的汉语和英语能
力与使用量表。[②] 改编后的量表包含 8 道测题,涉及母语能力和外语能力两个
因子,每个因子各 4 道测题,如"请评估您用母语和朋友交流的频率"和"请评估
您用外语和朋友交流的频率"等。该量表采用 6 点计分法,"1"代表"非常低",
"6"代表"非常频繁"。

4. 创业教育

本部分采用徐(Xu)等编制的创业教育量表。[③] 该量表包含 4 道测题,如
"你有没有接受过创业理论课程"等。本章对被试的国内创业教育和国外创业
教育情况分别进行了测量,因此共有 8 道测题。该量表采用 3 点计分法,"1"代
表"没有","2"代表"不清楚","3"代表"有"。

[①] 袁勇志,肖方鑫. 双重网络嵌入对海外人才跨国创业的影响研究:基于创业阶段视
角[J]. 工业技术经济,2013,32(11):45-53.

[②] Benet-Martínez V, Haritatos J. Bicultural identity integration(BII):Components and
psychosocial antecedents[J]. Journal of personality,2005,73(4):1015-1050.

[③] Xu X,Ni H,Ye Y. Factors influencing entrepreneurial intentions of Chinese seconda-
ry school students:An empirical study[J]. Asia Pacific Education Review,2016,17(4):625-635.

(三)中介变量：个人态度、主观规范、知觉行为控制

中介变量的测量也采用了利尼亚(Liñán)等编制的量表。[①] 个人态度量表包含5道测题，如"将创业作为一项事业对我而言是有吸引力的"；主观规范量表包含3道测题，如"如果你决定开办一个企业，你最亲近的家人会同意你的决定吗"；知觉行为控制量表包含6道测题，如"我能控制好一家企业的创办过程"。该量表的计分方式与创业意向相同。

(四)信效度及共同方法偏差检验

一般认为，当克朗巴赫系数(Cronbach alpha)大于0.7，平均方差抽取量(average variance extracted)大于0.5，组合信度(composite reliability)大于0.7时，量表信度在内部一致性方面是可以接受的。[②] 如表6-2所示，各量表在3个指标上的值具有可接受的信度。

表6-2　克朗巴赫系数、平均方差抽取量和组合信度

变量		克朗巴赫系数	平均方差抽取量	组合信度
创业意向		0.93	0.78	0.93
二元文化	文化兼容	0.82	0.61	0.82
	文化距离	0.79	0.57	0.79
二元网络	本土商业网络	0.88	0.71	0.88
	本土制度网络	0.88	0.72	0.89
	海外市场网络	0.9	0.76	0.91
	海外技术网络	0.91	0.78	0.92
双语能力	外语能力	0.81	0.52	0.81
	母语能力	0.79	0.52	0.81

[①]　Liñán F, Chen Y W. Development and cross-cultural application of a specific instrument to measure entrepreneurial intentions[J]. Entrepreneurship Theory and Practice, 2009, 33(3):593-617.

[②]　杨根福. MOOC用户持续使用行为影响因素研究[J]. 开放教育研究, 2016(1):100-111.

续表

变量		克朗巴赫系数	平均方差抽取量	组合信度
创业教育	国内创业教育	0.81	0.58	0.84
	国外创业教育	0.84	0.61	0.85
计划行为理论	个人态度	0.93	0.72	0.93
	主观规范	0.83	0.66	0.85
	知觉行为控制	0.94	0.72	0.94

同时,表 6-2 中各量表的平均方差抽取量和组合信度的值都分别大于 0.5 和 0.7,表明各量表具有较好的收敛效度[1]。各量表的验证性因素分析模型拟合度如表 6-3 所示。χ^2/df 小于 3,GFI、AGFI、NFI、IFI 大于 0.9,RMSEA 小于 0.08,代表验证性因素分析模型拟合度可接受。[2] 各项指标显示各量表具有可接受的结构效度。

表 6-3　验证性因素分析模型拟合度指标

变量	χ^2/df	GFI	AGFI	NFI	IFI	RMSEA
创业意向	1.983	0.991	0.954	0.994	0.997	0.068
二元文化	1.773	0.980	0.946	0.969	0.986	0.061
二元网络	2.568	0.900	0.851	0.946	0.966	0.086
双语能力	1.289	0.973	0.948	0.957	0.990	0.037
创业教育	2.539	0.948	0.901	0.945	0.966	0.086
计划行为理论	3.073	0.855	0.794	0.910	0.938	0.099

各主要变量均采用自我报告量表,可能会导致共同方法偏差。因此,采用 Harman 单因子法来检验共同方法偏差。[3] 探索性因子分析结果表明,共有 12 个因子在未旋转时特征值大于 1,第一个公因子解释的方差量为 25.79%,小于临界值 40%。因此,本章的研究不存在严重的共同方法偏差。

---

① 杨根福.MOOC 用户持续使用行为影响因素研究[J].开放教育研究,2016(1):100-111.
② 吴明隆.结构方程模型:AMOS 的操作与应用[M].重庆:重庆大学出版社,2010:5-52.
③ 汤丹丹,温忠麟.共同方法偏差检验:问题与建议[J].心理科学,2020(1):215-223.

三、数据分析

本章的数据处理和分析采用 SPSS 20.0 和 AMOS 21.0 进行。首先,应用 SPSS 20.0 进行分析,报告各变量的描述性统计结果(平均值和标准差)以了解"新生代海归创业意向"及其他变量的水平,并计算各变量之间的皮尔逊相关性对数据进行初步了解。然后,采用独立样本 t 检验和单因素方差分析(F 检验)对各变量的人口学差异进行显著性检验。方差分析中各组两两比较时,若方差齐性则采用 Bonferroni 法进行比较,若方差不齐性则采用 Games-Howell 法进行比较。最后,应用 AMOS 21.0 进行结构方程建模,进一步分析个人态度、主观规范和知觉行为控制对自变量与创业意向的中介作用。中介效应分析采用了系数乘积法。系数乘积法直接检验自变量对中介变量影响与中介变量对因变量影响的两个系数乘积的显著性。本章采用的是含偏差矫正的非参数 Bootstrap 方法,Bootstrap 的样本数设置为 5000,置信区间设置为 95%,如果 0 不在 95% 置信区间内,则中介效应显著,否则中介效应不显著。

第三节　研究结果

本节包含描述性统计与相关性分析、人口学差异分析和中介效应分析三个部分的结果。前两个部分主要对应前述第一个研究问题,第三部分对应前述第二个与第三个研究问题。

一、描述性统计与相关性分析结果

表 6-4 呈现了各变量的平均值、标准差和相关系数。"新生代海归"报告的创业意向($M=3.70$,7 点计分)和知觉行为控制(平均值 3.12,7 点计分)得分较低,对创业的个人态度($M=4.60$,7 点计分)和主观规范($M=4.97$,7 点计分)较为积极。相关性分析表明,创业意向几乎与所有变量都呈正相关。

表 6-4 各研究变量的平均值、标准差及相关系数

变量	平均值	标准差	二元文化	二元网络	双语能力	创业教育	个人态度	主观规范	知觉行为控制	创业意向
二元文化	3.64	0.65	1							
二元网络	3.58	0.84	0.33**	1						
双语能力	4.44	0.72	0.38**	0.28**	1					
创业教育	1.88	0.60	0.16*	0.09	0.10	1				
个人态度	4.60	1.40	0.20**	0.28**	0.14*	0.28**	1			
主观规范	4.97	1.25	0.32**	0.32**	0.30**	0.16*	0.56**	1		
知觉行为控制	3.12	1.43	0.27**	0.27**	0.13	0.46**	0.58**	0.45**	1	
创业意向	3.70	1.67	0.27**	0.27**	0.19**	0.38**	0.74**	0.51**	0.75**	1

注：$N = 211$；* $p < 0.05$，** $p < 0.01$，*** $p < 0.001$。

二、人口学差异分析结果

表 6-5 呈现了各变量的人口学差异。如表 6-5 所示,创业经历较多、对相关扶持政策了解较多、近亲属有创业经历的"新生代海归",在创业意向、个人态度、主观规范和知觉行为控制方面得分较高。男性在二元文化、创业意向、个人态度、主观规范和知觉行为控制方面得分更高。拥有学士学位的人较之拥有硕士或博士学位的人在创业教育和知觉行为控制方面得分更高,也有更高的创业意向。出生年份、开始海外教育的年份和海外实习经历没有在表 6-5 中显示,因为它们只在某一个变量上显示出差异。20 世纪 90 年代出生的参与者报告的创业教育得分高于 20 世纪 80 年代出生的受访者;与从高中开始留学的受访者相比,本科开始留学的受访者在创业教育方面得分更高;有实习经验的人在双语能力方面得分更高。此外,各研究变量在家庭居住地、是否独生子女、留学目的地和是否拥有海外正式工作经历上均无显著差异,故未在表 6-5 中显示。

表 6-5 各研究变量的人口统计学差异

变量	性别	学历	专业类别	近亲属创业经历	自身创业经历	政策了解程度
二元文化	男>女*	无差异	无差异	有>无*	无差异	无差异
二元网络	无差异	无差异	无差异	无差异	无差异	无差异
双语能力	无差异	无差异	人文社科>医药科学*	有>无*	无差异	无差异
创业教育	无差异	本科>博士*	其他>医药科学*	无差异	无差异	非常不了解<一般***
个人态度	男>女*	无差异	无差异	有>无*	"没考虑过创业"最低	"非常不了解"最低
主观规范	男>女*	无差异	无差异	有>无**	"没考虑过创业"最低	"非常不了解"最低

续表

变量	性别	学历	专业类别	近亲属创业经历	自身创业经历	政策了解程度
知觉行为控制	男＞女**	本科＞硕士**、博士**	无差异	有＞无**	"没考虑过创业"最低	"非常不了解"最低
创业意向	男＞女*	本科＞博士*	无差异	有＞无***	"没考虑过创业"最低	"非常不了解"最低

注:$N=211$;* $p<0.05$,** $p<0.01$,*** $p<0.001$。

三、中介效应分析结果

本章构建了4个中介模型来检验个人态度、主观规范和知觉行为控制在4个自变量(二元文化、二元网络、双语能力、创业教育)影响因变量"新生代海归"创业意向过程中的中介作用。4个模型见图6-2,4个自变量对创业意向的总效应、直接效应和间接效应见表6-6。

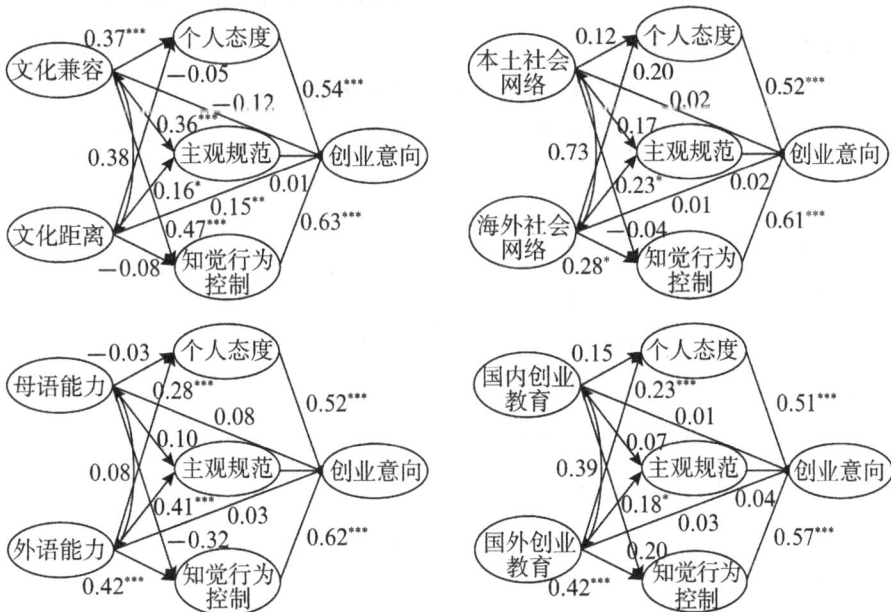

图6-2 检验个人态度、主观规范和知觉行为控制中介效应的4个模型

表 6-6　4 个自变量对创业意向的总效应、直接效应和间接效应

效应	二元文化		二元网络		双语能力		创业教育	
	文化兼容	文化距离	本土社会网络	海外社会网络	母语能力	外语能力	国内创业教育	国外创业教育
总效应	0.38**	0.07	0.06	0.29**	−0.14	0.44**	0.20	0.40***
直接效应	−0.12	0.15	0.02	0.01	0.08	0.03	0.01	0.03
间接效应	0.49**	−0.08	0.05	0.28*	−0.21*	0.41**	0.20*	0.37***

注:* $p < 0.05$,** $p < 0.01$,*** $p < 0.001$。

根据图 6-2 和表 6-6,国外创业教育、外语能力、文化兼容和海外社会网络对"新生代海归"创业意向有显著的总效应,国内创业教育、母语能力、文化距离和本土社会网络则没有。而如果把这 3 个中介变量作为一个整体来看,除了文化距离和本土社会网络对"新生代海归"创业意向没有显著的中介作用,它们在其他路径上都是显著的。各中介路径的系数和显著性如表 6-7 所示。主观规范在任何中介路径中都不显著。4 个中介模型的拟合度指标如表 6-8 所示,各指标均在可接受的范围内。

表 6-7　各中介路径的系数和显著性

中介路径	系数	95% 置信区间	p 值
二元文化			
文化距离→知觉行为控制→创业意向	−0.13	[−1.03,0.18]	$p > 0.05$
文化距离→主观规范→创业意向	0.002	[−0.07,0.09]	$p > 0.05$
文化距离→个人态度→创业意向	−0.07	[−0.89,0.26]	$p > 0.05$
文化兼容→知觉行为控制→创业意向	0.47	[0.24,2.12]	$p < 0.01$
文化兼容→主观规范→创业意向	0.003	[−0.09,0.21]	$p > 0.05$
文化兼容→个人态度→创业意向	0.32	[0.10,2.12]	$p < 0.01$
二元网络			
海外社会网络→知觉行为控制→创业意向	0.26	[0.01,0.57]	$p < 0.05$
海外社会网络→主观规范→创业意向	0.01	[−0.04,0.08]	$p > 0.05$

续表

中介路径	系数	95%置信区间	p 值
海外社会网络→个人态度→创业意向	0.16	$[-0.05, 0.44]$	$p>0.05$
本土社会网络→知觉行为控制→创业意向	-0.03	$[-0.27, 0.19]$	$p>0.05$
本土社会网络→主观规范→创业意向	0.01	$[-0.02, 0.08]$	$p>0.05$
本土社会网络→个人态度→创业意向	0.09	$[-0.15, 0.34]$	$p>0.05$
双语能力			
外语能力→知觉行为控制→创业意向	0.33	$[0.16, 0.60]$	$p<0.001$
外语能力→主观规范→创业意向	0.003	$[-0.07, 0.07]$	$p>0.05$
外语能力→个人态度→创业意向	0.18	$[0.05, 0.39]$	$p<0.01$
母语能力→知觉行为控制→创业意向	-0.37	$[-0.77, -0.18]$	$p<0.001$
母语能力→主观规范→创业意向	0.001	$[-0.03, 0.05]$	$p>0.05$
母语能力→个人态度→创业意向	-0.03	$[-0.31, 0.19]$	$p>0.05$
创业教育			
国外创业教育→知觉行为控制→创业意向	0.79	$[0.47, 1.32]$	$p<0.001$
国外创业教育→主观规范→创业意向	0.03	$[-0.04, 0.14]$	$p>0.05$
国外创业教育→个人态度→创业意向	0.38	$[0.10, 0.76]$	$p<0.01$
国内创业教育→知觉行为控制→创业意向	0.44	$[0.06, 1.01]$	$p<0.05$
国内创业教育→主观规范→创业意向	0.01	$[-0.02, 0.13]$	$p>0.05$
国内创业教育→个人态度→创业意向	0.30	$[-0.03, 0.77]$	$p>0.05$

注:此表中的系数为未标准化系数。

表 6-8 各中介模型的拟合度指标

中介模型	χ^2/df	IFI	CFI	RMSEA
二元文化→个人态度、主观规范、知觉行为控制→创业意向	2.61	0.90	0.90	0.09
二元网络→个人态度、主观规范、知觉行为控制→创业意向	2.70	0.89	0.89	0.09
双语能力→个人态度、主观规范、知觉行为控制→创业意向	2.47	0.90	0.90	0.08
创业教育→个人态度、主观规范、知觉行为控制→创业意向	2.48	0.91	0.90	0.08

结合本章的研究假设,对自变量对因变量(H1)的总效应、中介变量对因变量(H2)的预测结果、自变量对中介变量(H3)的预测结果进行梳理和汇总,见

表 6-9(不包括 H4 中介效应的结果,另见表 6-8)。

表 6-9 假设检验结果汇总

变量		创业意向	个人态度	主观规范	知觉行为控制
二元文化	文化兼容	√	√	√	√
	文化距离	×	×	√	×
二元网络	本土社会网络	×	×	×	×
	海外社会网络	√	×	√	√
双语能力	母语能力	×	×	×	×
	外语能力	√	√	×	√
创业教育	国外创业教育	√	√	√	√
	国内创业教育	×	×	×	×
个人态度		√	/	/	/
主观规范		×	/	/	/
知觉行为控制		√	/	/	/

注:"√"代表变量间预测效应显著,"×"代表变量间预测效应不显著,"/"代表路径不存在;纵列的变量为自变量,横列的变量为因变量。

第四节 研究结论与建议

一、研究结论

(一)"新生代海归"创业意向及"新生代海归"对相关政策的了解程度

1."新生代海归"的创业意向不高

"新生代海归"创业意向不高(平均值 3.70,在 7 点计分中小于中值 4)。相比之下,徐(Xu)等[1]以及倪(Ni)等[2]使用相同的量表分别调查了我国 1034 名和 730 名中学生的创业意向,平均值分别为 3.75 和 4.69,均低于我国本科生的创业意向平均值。尽管这是一个粗略的比较,也不能排除不同时间社会环境对创业意向的影响,但它说明在鼓励更多的"新生代海归"创业方面,整个社会还需作出更多努力。频数分析结果表明,在 211 个有效样本中,102 人没有考虑过创业,84 人考虑过创业但没有采取行动,已着手准备创业的有 11 人,处于创业中的有 8 人,曾经创业但目前已结束创业的有 6 人,可见有过创业经历或者正在创业的"新生代海归"所占比例非常低。

2."新生代海归"对海归创业相关政策了解不多

这一群体对海归创业相关支持政策的了解水平不高,倾向于认为政策是合理的但是可获得性不足。在本章的调查中,关于海归创业相关支持政策的了解程度,选择"非常了解"和"比较了解"的人数占比不到 7%,选择"比较不了解"和"非常不了解"的人数占比将近 65%;关于海归创业相关支持政策的合理性和可获得性,大部分人认为合理程度一般(约 56%)、可获得性一般(约 38%),这与国内现有研究基本一致。许国成对杭州市留学回国人才就业创业吸引政策和即将出国留学的"准海归"的政策感知度进行了调查,发现拟出国大学生对就业创业政策的了解程度较低,76% 的人未曾获得过相关宣传信息。[3] 彭伟等基于对若干城市相关政策的分析和对海归群体的调查得出如下结论:已有的海

---

① Xu X,Ni H,Ye Y. Factors influencing entrepreneurial intentions of Chinese secondary school students:An empirical study[J]. Asia Pacific Education Review,2016,17(4):625-635.

② Ni H,Ye Y. Entrepreneurship education matters:Exploring secondary vocational school students' entrepreneurial intention in China[J]. The Asia-Pacific Education Researcher,2018,27(5):409-418.

③ 许国成.杭州市吸引"海归"政策与"准海归"政策感知度研究[J].中国外资,2013(10):190-191.

归创业支持政策偏重于高层次人才而难以惠及普通的"新生代海归"。[1][2]

(二)各研究变量的人口学差异检验结果

各研究变量主要在性别、学历、近亲属有无创业经历、自身创业经历、对创业政策的了解程度上存在差异。

性别：男性在二元文化、计划行为理论3个预测变量（个人态度、主观规范和知觉行为控制）及创业意向上的得分均显著高于女性。

学历：本科学历的"新生代海归"在创业教育、知觉行为控制和创业意向上的得分均显著高于博士学位的"新生代海归"。

近亲属有无创业经历：除了在二元网络和创业教育上没有表现出明显的差异，在其他各研究变量上均存在显著差异。

自身创业经历：没有考虑过创业的"新生代海归"在计划行为理论3个预测变量及创业意向上的得分均最低。

对创业政策的了解程度：对创业政策"非常不了解"的"新生代海归"在创业教育、计划行为理论3个预测变量及创业意向上的得分均最低。

(三)资本理论作为分析框架的可行性

研究结果表明，资本理论为分析"新生代海归"特征提供了可行的分析框架。在这一框架指导下，本章选取了4个变量作为"新生代海归"创业意向的潜在预测因子。其中，国外创业教育、外语能力、文化兼容和海外社会网络4个因子对"新生代海归"创业意向具有显著的总效应。

1.文本资本(二元文化)的影响作用

在文化资本方面，二元文化认同整合中的文化兼容对创业意向具有显著的总效应，文化距离则没有。文化兼容代表了"新生代海归"对中国文化和国外文化之间的兼容性或矛盾的主观感受。这个结果意味着，如果"新生代海归"对两

---

① 彭伟,符正平.基于内容分析法的海归创业政策研究:以长三角地区为例[J].科技进步与对策,2015(15):115-119.

② 钟云华.新生代海归创业难的归因与对策[J].华东师范大学学报(教育科学版),2016(3):52-60.

种文化的兼容性越好,则他们的创业意向就越高。现有研究缺乏从文化认同整合的角度探索和检验二元文化与创业意向关系的文献。基于对二元文化和多元文化的优势的大量研究①②③④,本章假设二元文化对"新生代海归"创业意向存在正向影响,并通过经验数据提供了部分支持,但该结果仍需要更多研究的验证。

2. 社会资本(二元网络)的影响作用

在社会资本方面,二元网络中的海外社会网络对创业意向具有显著的总效应,本土社会网络则没有。已有研究发现,本土关系和网络对于海归创业者来说很重要⑤,而海外社会网络是海归创业者的特殊优势⑥。本章假设二元网络对"新生代海归"创业意向存在正向影响,并通过经验数据提供了部分支持,但该结果仍需要更多研究的验证。

3. 人力资本(双语能力和创业教育)的影响作用

在人力资本方面,外语能力和国外创业教育对创业意向具有显著的总效应。已有研究很少涉及外语能力与创业意向的关系。这可能是当前的创业教育所忽视的一个环节。国外创业教育的积极影响证实了海外创业教育对提升创业意向的有效性。

---

① Benet-Martínez V, Leu J, Lee F, et al. Negotiating biculturalism: Cultural frame switching in biculturals with oppositional versus compatible cultural identities[J]. Journal of Cross-Cultural Psychology, 2002, 33(5): 492-516.

② Chen S X, Benet-Martínez V, Harris B M. Bicultural identity, bilingualism, and psychological adjustment in multicultural societies: Immigration-based and globalization-based acculturation[J]. Journal of Personality, 2008, 76(4): 803-838.

③ Leung A K Y, Maddux W W, Galinsky A D, et al. Multicultural experience enhances creativity: The when and how[J]. American Psychologist, 2008, 63(3): 169-181.

④ Tadmor C T, Tetlock P E, Peng K. Acculturation strategies and integrative complexity: The cognitive implications of biculturalism[J]. Journal of Cross-Cultural Psychology, 2009, 40(1): 105-139.

⑤ Pruthi S. Social ties and venture creation by returnee entrepreneurs[J]. International Business Review, 2014, 23(6): 1139-1152.

⑥ Qin F, Estrin S. Does social influence span time and space? Evidence from Indian returnee entrepreneurs[J]. Strategic Entrepreneurship Journal, 2015, 9(3): 226-242.

综上,在资本理论框架的指导下,本章假设并验证了"新生代海归"创业意向的一些特定的影响因素,即国外创业教育、外语能力、文化兼容和海外社会网络。

(四)计划行为理论的适用性

本章的研究为计划行为理论提供了部分支持。自变量对创业意向的显著影响总是通过个人态度、主观规范、知觉行为控制这 3 个中介变量中的至少 1 个产生。更准确地说,大部分中介效应都是通过个人态度和知觉行为控制产生的,主观规范未在任何中介路径中表现出显著影响。这表明,其他人的意见和态度并不影响"新生代海归"的创业意向。这一结论与卡莱西亚(Ceresia)等的发现一致。[①] 事实上,一些研究表明,计划行为理论的 3 个预测因子对创业意向有不同的影响。与主观规范相比,个人态度和知觉行为控制对创业意向的影响更显著。[②]

个人态度在国外创业教育、文化兼容和外语能力影响创业意向的过程中具有显著的中介效应,知觉行为控制在国外创业教育、国内创业教育、文化兼容、外语能力、母语能力和海外社会网络影响创业意向的过程中具有显著的中介效应。这或许是因为,全球化使商业活动在全球范围内变得高度相关,接受更多的创业教育、能够兼容中外文化、外语能力更好的人,对创业持更积极的态度,且更加自信。[③] 这些结果也表明,创业教育类课程和培训应该致力于培养学生的全球视野和跨文化沟通能力,注重多元文化教学,聘请具有国际教育背景的

---

① Ceresia F, Mendola C. Am I an entrepreneur? Entrepreneurial self-identity as an antecedent of entrepreneurial intention[J]. Administrative Sciences,2020,10(3):1-14.

② Liñán F, Rodríguez-Cohard J C, Rueda-Cantuche J M. Factors affecting entrepreneurial intention levels:A role for education[J]. International Entrepreneurship and Management Journal,2011,7(2):195-218.

③ Johnstone L, Monteiro M P, Ferreira I, et al. Language ability and entrepreneurship education:Necessary skills for Europe's start-ups? [J]. Journal of International Entrepreneurship,2018,16(3):369-397.

教师,等等。①②③

(五)研究的贡献及局限性

本章通过考察一个日渐壮大但还未得到充分研究的群体——"新生代海归",引入资本理论来分析潜在的预测因素,并结合计划行为理论来探讨每个预测因素如何产生作用,从而丰富了创业意向研究。引入资本理论的贡献在于补充了新的预测因素并验证了其作用。计划行为理论是创业意向研究中最重要的理论之一,本章再次验证了主观规范的中介作用弱于个人态度和知觉行为控制。本章的研究表明,出国留学经历会对创业意向产生独特影响。

然而,为了模型的简洁性,本章没有考虑主观规范对创业意向的间接影响,而之前的研究证明这种间接影响是可能的。④ 主观规范的中介作用之所以不显著,可能是因为其作用是通过个人态度和知觉行为控制产生的,也即个人态度和知觉行为控制可能在主观规范和创业意向的关系中起中介作用。这是本章的研究局限之一。本章的第二个研究局限是样本的范围有限,这是由于很难找到一个"新生代海归"聚集的场所进行招募。因此,研究结论的可推广性尚待验证。本章的研究具有探索性,前人很少将本章的自变量如二元文化、二元网络和双语能力与创业意向联系在一起,而本章得出了一些有趣的显著关系。未来的研究可以通过在不同的国家和地区进行探讨或者招募更多相似的被试的形式拓展本章的研究结论。本章的第三个研究局限是没有将环境和政策作为关键预测变量。个体的创业意向往往会随着时间而变化。伯恩霍夫(Bern-

① Bell J, Callaghan I, Demick D, et al. Internationalising entrepreneurship education [J]. Journal of International Entrepreneurship, 2004, 2(1-2):109-124.

② Elenurm T. Applying cross-cultural student teams for supporting international networking of Estonian enterprises[J]. Baltic Journal of Management, 2008, 3(2):145-158.

③ Wu Y, Martin J. Incorporating a short-term study abroad service trip for educating international entrepreneurship in the BOP market[J]. Journal of Teaching in International Business, 2018, 29(3):213-248.

④ Liñán F, Chen Y W. Development and cross-cultural application of a specific instrument to measure entrepreneurial intentions[J]. Entrepreneurship Theory and Practice, 2009, 33(3):593-617.

hofer)和李(Li)调查了中国 16 所大学 800 多名学生的创业意向,发现他们毕业时的创业意向最低,而工作 5 年之后,创业又成为首选。[1]格林哈根(Gruen-hagen)发现,制度环境的稳定性和政策支持的可用性对海归的创业意向产生积极影响。[2] 本章的研究表明,“新生代海归”普遍不熟悉现有的创业支持政策并具有相对较低的创业意向,因此,加强“新生代海归”对相关政策的了解并跟踪其创业意向变化也可以作为未来的一个研究方向。

二、研究建议

(一)制定有针对性的创业支持政策,并确保目标群体对政策有较多的了解

本章发现“新生代海归”的创业意向和对相关支持政策的了解程度都不高,并且创业意向在政策了解程度上有显著差异,政策了解程度高的“新生代海归”,创业意向也更高。这意味着加强政策宣传,是提升“新生代海归”创业意向的有效手段之一。同时,调查也发现“新生代海归”普遍认为现有海归创业支持政策的可获得性不足,这意味着现有政策的适用性和针对性不强。

近年来,我国各级政府出台了不少鼓励和引导海归创业的政策。但是,一方面,海归群体由于回国前长期生活在国外,与本土社会网络与信息资讯脱节,可能导致其对相关政策缺乏了解。[3] 另一方面,即使有些“新生代海归”主动去了解相关政策,其也可能遗憾地发现自己并不符合条件。彭伟和符正平对长三角地区的海归创业政策作了内容分析,发现由于存在年龄、学历、专业、经验、成

---

① Bernhofer B L, Li J. Understanding the entrepreneurial intention of Chinese students: The preliminary findings of the China project of "Global University Entrepreneurial Spirits Students Survey"(GUESSS)[J]. Journal of Entrepreneurship in Emerging Economies, 2014, 6(1):21-37.

② Gruenhagen J H. Returnee entrepreneurship: How home-country institutions, estrangement and support influence entrepreneurial intentions[J]. Journal of Entrepreneurship in Emerging Economies, 2021, 13(5):945-966.

③ 钟云华. 新生代海归创业难的归因与对策[J]. 华东师范大学学报(教育科学版), 2016(3):52-60.

果等方面的高要求,资历尚浅的"新生代海归"要享受相应的政策待遇并不容易。[①]

因此,从研究结论出发,结合实际情况,本章对政府政策制定的建议是:制定有针对性的创业支持政策,并确保目标群体对政策有较多的了解。可能的具体实施途径包括:在制定政策前先对"新生代海归"群体的需求进行调研,使之更具有针对性和适用性;拓宽"新生代海归"创业支持政策的宣传渠道,除了在国内宣传,也可以在"准海归"和在读海归聚集的社交媒体及论坛上进行宣传。

(二)提升创业教育国际化水平,培养学生的跨文化沟通与理解能力

本章发现二元文化中的文化兼容因子、国外创业教育和双语能力中的外语能力因子通过个人态度和知觉行为控制显著影响"新生代海归"创业意向。这意味着"新生代海归"的文化兼容性越好、外语水平越高、在国外接受的创业教育越多,其对创业的态度越积极、对创业越有信心、创业意向越高。

国际理解教育是中国学生发展核心素养的基本点之一,母语交流能力、外语交流能力、跨文化沟通与理解能力更是欧盟核心素养框架下的八大核心素养的三个核心素养,跨文化沟通与理解能力的重要性毋庸赘言。在全球化的背景下,世界各地的经济活动互相联系,商业活动的范围越来越广。创业教育的课程培养目标和人才培养目标应该是使学生具有国际化的视野和参与国际交流与合作的能力。不少国家在创新创业教育国际化方面已经取得一定成果,例如,新加坡南洋理工大学南洋科技创业中心就以多元文化教学资源和具有国际化背景的师资力量著称。我国创业创新教育发展相对落后,国际化水平比较低,多语言和多文化背景的教学资源投入均显不足。[②]

因此,从研究结论出发,结合实际情况,本章对本土高校创业教育的建议是:设立培养具有国际视野的创新型人才的目标,提升创业教育国际化水平,注重提升学生的跨文化沟通与理解能力。可能的具体实施途径包括:搭建与海外

[①] 彭伟,符正平.基于内容分析法的海归创业政策研究:以长三角地区为例[J].科技进步与对策,2015(15):115-119.

[②] 田峰,丛聪,李大鹏,等.面向国际化的高校创新创业人才培养探索与实践[J].教育教学论坛,2018(52):87-88.

高校交流与合作的创新创业教育平台;借鉴国外创业教育教材和教学方式,引入具有多元文化特征的教学资源;加强具有国际化背景的创业创新师资队伍的建设,实现双语教学。

(三)鼓励学生形成对创业的积极认知,提升学生的创业信心

基于个人态度和知觉行为控制对创业意向的显著影响,社会和教育部门应当引导学生形成对创业的积极态度,增强创业信心。可以从两个方面进行激励:一方面,提升创业政策的"友好性"。较低的创业成功率使很多学生较难看到创业成功的希望,因此,其创业意向很难萌生,创业自信心也很难被激发。创业政策的"友好"既指政策的针对性,也指政策的可及性。另一方面,完善创业教育的教学方式。合理的创业课程体系和教学方式对于"新生代海归"提升创业自信心非常重要。隋姗姗等通过与国外创业教育的对比,发现我国创业教育存在"理念趋功利化,认同度低""目标偏重技能,倾向实用""课程不成体系,设置单调"等问题。[①] 因此,建议通过完善创业教育课程设置和教学方式引导学生形成对创业的积极认知。可能的具体实施途径包括:完善课程设置体系,将理论课程、实务课程与实习实践课程有机结合,注重在专业课程中渗透创业内容;丰富教学方式,如案例学习、讨论与辩论、榜样交流、项目体验等。

---

① 隋姗姗,钱凤欢,王树恩.我国创新创业人才培养路径探析:基于国外经验比较与创新创业教育生态系统构建的角度[J].科学管理研究,2018(5):105-108.

第七章 "新生代海归"就业质量
影响因素的调查研究

上一章对"新生代海归"创业意向的影响因素进行了调查,本章将对其就业意向的影响因素进行探讨,以期发现两者在影响机制上的差异,为更好地促进"新生代海归"创业意向的提升提供依据。本章以 203 名"新生代海归"为研究对象,探讨社会人口学背景、海外教育经历、国内求职活动 3 个方面对其客观和主观就业质量的影响。本章首先运用有序 Logistic 回归模型确定"新生代海归"就业质量的影响因素,发现回国时间、留学形式、留学区域、留学年限、学历、求职频率、面试次数、就业区域和单位类型影响客观层面的就业质量,即平均月薪;而是否独生子女、回国时间、留学形式、逆文化适应、第一份工作寻找时间、面试次数、offer 数量、就业区域和单位类型等影响主观层面的就业质量,即工作契合度、工作满意度和离职意向;同时,客观就业质量能够影响主观就业质量。根据上述发现,本章节使用 ISM 模型建立影响因素之间的关联关系与层次结构,发现社会人口学因素和部分海外教育经历因素在"新生代海归"的就业质量模型中发挥深层根源性作用,海外教育结果(如学历、逆文化适应等)是中间连接因素,国内求职活动是影响就业质量的直接因素。基于上述分析,本章最后提出了促进"新生代海归"高质量就业的建议。本章包括以下四节内容:研究背景与设计、研究方法、研究结果、研究结论与建议。

第一节　研究背景与设计

"新生代海归"作为一个独特群体,其就业质量的影响因素既和其他就业群体具有共通性,也有自身的独特性。本节首先分析了"新生代海归"就业质量的研究缘起,然后从理论角度分析了"新生代海归"就业质量的影响因素。

一、研究缘起

随着我国综合实力的持续增强和经济的快速发展,越来越多的中国留学生毕业后选择回国工作。"新生代海归"拥有较充足的人力资本以及丰富的海外求学与生活经历,是我国当下乃至今后就业大军的重要组成部分。但以往很多海归就业相关研究并未区分"新生代海归",而是把海归作为一个整体,对其就业现状及影响因素等进行探索,得出海归就业"困境与优势并存"的结论。如有研究表明,随着国内就业竞争日趋激烈,海归的光环效应逐渐淡化,海归回国后找工作时存在"水土不服",部分海归变"海待"[1][2];新闻标题中也时常充斥着"心理落差大""几百万学费白花了"等字眼,可见海归就业压力之大。然而,《2018中国海归就业创业调查报告》指出,虽然海归回国后的薪资水平与其期望值存在较大差距,但是"超过40％的海归依然能够在回国的1个月以内找到工作;40％的海归能够在1～3个月内找到工作"[3]。另外,研究生海归的年收入和小时收入均显著高于本土研究生,并且更容易晋升。[4] 海归的就业状况并

①　刘红霞,石晓艳,付苗."海归"就业何以难:精英情结与社会排斥之间的匹配博弈[J].中国青年研究,2017(1):50-56.

②　Jie H, Welch A. A tale of sea turtles:Job-seeking experiences of Hai Gui(high-skilled returnees) in China[J]. Higher Education Policy,2012,25(2):243-260.

③　闻文.2018年中国海归就业创业调查报告:国内吸引人才力度大 近三成留学生学成归国[J].中国对外贸易,2018(10):28-30.

④　孙榆婷,杜在超,赵国昌,等.出国镀金,回国高薪?[J].金融研究,2016(11):174-190.

不像预期的那样不尽如人意。[①]

本章主要关注"新生代海归"的就业质量及其影响因素,首先采用文献法和理论分析法,剖析海归就业质量的潜在影响因素;然后,采用问卷法和统计法,重点探讨以下两个问题:(1)社会人口学背景、海外教育经历、国内求职活动等因素对"新生代海归"的主观和客观就业质量是否存在预测作用?(2)这些因素如何相互地、层级性地对就业质量产生作用?本章试图建立"新生代海归"就业质量的影响机制模型,以期为就业质量的理论模型的建立做出贡献;同时,通过对研究结果的深入讨论,提出促进"新生代海归"高质量就业的合理建议。

二、研究述评

本部分对就业质量的概念及其模型进行明晰的界定,进而分析海外留学经历、国内求职活动、社会人口学背景与就业质量之间的相关性。

(一)就业质量

1. 测量指标

关于毕业生就业质量的测量指标,国内外均有较多研究成果。萨克斯(Saks)与阿什弗斯(Ashforth)认为,大学毕业生的就业质量可以从工作满意度、组织承诺、组织认同和离职意向等4个层面来测量[②];另有研究认为,可以通过薪酬、层级、纵向契合和横向契合以及工作满意度等5个指标来测量[③]。麦可思研究院从就业满意度、职业期待吻合度、薪资、工作与专业的相关度以及半年内的离职率等5个维度建立了大学生就业质量测评体系。[④] 刘敏等通过就业率、

① Zweig D, Han D. "Sea turtles" or "seaweed"? The employment of overseas returnees in China[C]. Paris: The fourth dialogue between France and the ILO on the social dimension of globalization, "The Internationalization of Labour Markets", 2008.

② Saks A M, Ashforth B E. Is job search related to employment quality? It all depends on the fit[J]. Journal of Applied Psychology, 2002, 87(4): 646-654.

③ González-Romá V, Gamboa J P, Peiró J M. University graduates' employability, employment status, and job quality[J]. Journal of Career Development, 2018, 45(2): 132-149.

④ 郭娇,麦可思研究院,王伯庆.就业蓝皮书:2015年中国本科生就业报告[M].北京:社会科学文献出版社,2015:64-66.

离职率、收入水平、专业匹配度、就业满意度等 5 个指标建构了大学毕业生就业质量指数评价体系。[①]

就业质量可以从客观和主观两个方面来评价。[②] 柯羽将薪金水平、就业地区流向、就业单位性质归为客观指标,将就业满意度、人职匹配度、职业发展前景归为主观指标,并以此为依据分析了浙江省高校毕业生的就业质量。[③] 朱钧陶认为,大学生就业质量评价体系的客观指标包括就业率、毕业生半年内的离职率、毕业一年后的非失业率等,主观指标包括就业现状满意度、职业指导满意度等。[④] 本章从主客观相结合的角度,建立"新生代海归"就业质量的综合性概念框架,将"平均月薪"作为客观指标,主观指标则采用相关文献中出现频率较高的 3 个因素,即"工作契合度"(工作是否符合个人的期望和需求)、"工作满意度"(工作产生积极主观体验的水平)和"离职意向"(个人考虑辞职的轻重程度)。一般而言,薪资越高,对工作的满意度也越高。[⑤]

2. 影响因素模型及 ISM 模型

学者基于不同的视角,对就业质量的理论模型进行了研究。第一类是从组织行为学和管理学的视角出发,探究工作环境、人际关系、任务挑战等对就业质

① 刘敏,陆根书,潘炳超,等.陕西高校本科专业毕业生就业质量指数评价研究[J].复旦教育论坛,2018(5):70-75.

② Ng T W H,Eby L T,Sorensen K L,et al. Predictors of objective and subjective career success:A meta-analysis[J]. Personnel Psychology,2005,58(2):367-408.

③ 柯羽.大学毕业生就业质量现状调查及趋势分析:以浙江省为例[J].黑龙江高教研究,2010(7):106-108.

④ 朱钧陶.大学生就业质量评价体系的实证研究:以华南农业大学为例[J].高教探索,2015(5):109-112.

⑤ 岳昌君,夏洁,邱文琪.2019 年全国高校毕业生就业状况实证研究[J].华东师范大学学报(教育科学版),2020(4):1-17.

量的影响。例如,基于公平理论①、差异理论②和工作特征模型③等,归纳得出薪酬满意度的主要影响因素有实际工资和工资增长水平、社会比较、薪酬体系特征、工作特征和工作输入等。④⑤ 另如工作需求控制支持模型⑥,可以用来解释员工对组织的态度与信念(如工作满意度、离职倾向、组织承诺和心理承诺等)产生的影响。⑦ 第二类是以求职者的个人特征为出发点,关注个体的禀赋、资本以及努力。富盖特(Fugate)等提出就业力模型,它涵盖职业认同、个体适应性、社会和人力资本,可能对求职活动、职业选择和求职结果产生影响。⑧ 而求职行为是动态的自我调节过程,受求职目标的指引,个人通常会采取各种方式、利用各种资源(如时间、精力、社会资源)来获得就业成功。⑨ 考虑到"新生代海归"自身的特征更受本章关注,因此本章从第二类视角切入,主要探讨社会人口学背景、海外教育经历、国内求职活动3个方面对其客观与主观就业质量的影响。

从实证角度来看,大部分研究是在相关理论的基础上平铺式地探索就业质

---

① Adams J S. Toward an understanding of inequity[J]. Journal of Abnormal and Social Psychology,1963,67(5):422-436.

② Lawler E E. Pay and Organizational Effectiveness:A Psychological View[M]. New York:McGraw-Hill,1971.

③ Hackman J R,Lawler E E. Employee reactions to job characteristics[J]. Journal of Applied Psychology,1971,55(3):259-286.

④ 于海波,郑晓明.薪酬满意度的测量、影响因素和作用[J].科学管理研究,2008(1):82-85.

⑤ Williams M L,Mcdaniel M A,Nguyen N T. A meta-analysis of the antecedents and consequences of pay level satisfaction[J]. Journal of Applied Psychology,2006,91(2):392-413.

⑥ Karasek R A. Job demands,job decision latitude,and mental strain:Implications for job redesign[J]. Adeministrative Science Quarterly,1979,24(2):285-308.

⑦ 史茜,舒晓兵,罗玉越.工作需求控制支持压力模型及实证研究评析[J].心理科学进展,2010(4):655-663.

⑧ Fugate M,Kinicki A J,Ashforth B E. Employability:A psycho-social construct,its dimensions,and applications[J]. Journal of Vocational Behavior,2004,65(1):14-38.

⑨ Kanfer R,Wanberg C R,Kantrowitz T M. Job search and employment:A personality-motivational analysis and meta-analytic review[J]. Journal of Applied Psychology,2011,86(5):837-855.

量的影响因素。由于月薪等级、是否就业等结果变量往往涉及分类变量,回归分析中的 Logistic 模型等被广泛用来分析毕业生的个体特征、求职状况、人力资本、社会资本、职业认同、个体适应等变量对毕业生就业质量的影响。[1][2][3]但是此类研究偏重于影响因素的发掘和列举,缺少对诸多因素的关联性探讨。而 ISM 模型正好可以弥补这方面的不足。ISM 模型是沃菲尔德(Warfield)于1974 年首次提出的一种分析复杂关系的有效方法。[4] 其原理是利用人们的实践经验和知识,通过模型元素间相互影响关系的辨识,将复杂模型分解成多级递阶结构形式,最后借助专家的实践经验、知识以及计算机,构造出一个多层次的有向结构模型。[5][6] 作为系统结构模型化技术的一种,它既可以使众多影响因素之间的关系层次化、条理化、系统化[7],同时,由于定性的专家咨询法的介入,可以做到将定性与定量分析相结合。[8] 以往的研究大多只关注就业质量影响因素的具体内容,本章突破这一局限,兼顾对各个影响因素之间相互关系和层级结构的探索,因此运用有序 Logistic—ISM 模型对"新生代海归"就业质量影响因素进行系统的实证研究。

① 林欣,林素絮.人力资本和社会资本对高职学生就业的异质性影响研究:基于广东省 42 所高职院校的实证分析[J].高教探索,2019(8):53-61.

② 岳昌君,夏洁,邱文琪.2019 年全国高校毕业生就业状况实证研究[J].华东师范大学学报(教育科学版),2020(4):1-17.

③ González-Romá V,Gamboa J P,Peiró J M. University graduates' employability,employment status,and job quality[J]. Journal of Career Development,2018,45(2):132-149.

④ Warfield J N. Developing interconnected matrices in structural modelling[J]. IEEE Transactions on Systems,Man,and Cybernetics,1974,4(1):81-87.

⑤ Attri R,Dev N,Sharma V. Interpretive structural modelling(ISM) approach:An overview[J]. Research Journal of Management Sciences,2013,2(2):3-8.

⑥ Warfield J N. Developing interconnected matrices in structural modelling[J]. IEEE Transactions on Systems,Man,and Cybernetics,1974,4(1):81-87.

⑦ 孔令夷.基于解释结构模型的博士学位论文质量关键影响因素分析[J].中国高教研究,2012(4):51-55.

⑧ 宋雪雁,王少卿,邓君.数字时代档案文献编纂成果质量影响因素解释结构模型分析[J].图书情报工作,2020(3):4-11.

(二)社会人口学背景与就业质量

社会人口学背景如性别、年龄、母语和居住地等因素被研究者用来预测芬兰海归与本地居民的就业水平差异。[1] 虽然有研究表明求职成功与否同性别无关[2],但是也有研究表明,不同性别在收入上是有差异的,且往往表现为女性低于男性[3]。吴瑞君将归国年限纳入海归职业发展的研究模型,发现归国年限越长,失业率越低。[4] 同时,海归如果具备一定的劳动力市场经验,职业发展会更顺利。[5][6] 苏颂兴指出,独生子女的职业适应较之非独生子女相对较差。[7] 可能是对职业适应这一概念的理解存在差异,在风笑天和王小璐的研究中,独生子女与非独生子女在职业适应上并不存在显著差异。[8] 在"新生代海归"群体的就业质量研究中,学者较少关注独生子女与非独生子女的差异。综合以上讨论,本章关注的"新生代海归"就业质量模型中的社会人口学背景包括性别、年龄、工作经历和回国时间等经常被讨论的变量和"是否独生子女"这一较少被讨论的变量。

---

① Saarela J,Finnäs F. Return migrant status and employment in Finland[J]. International Journal of Manpower,2009,30(5):489-506.

② Van Hooft E A J,Born M P,Taris T W,et al. Predictors and outcomes of job search behavior:The moderating effects of gender and family situation[J]. Journal of Vocational Behavior,2005,67(2):133-152.

③ Zweig D,Changgui C,Rosen S. Globalization and transnational human capital:Overseas and returnee scholars to China[J]. China Quarterly,2004(179):735-757.

④ 吴瑞君. 海外归国人员就业状况及其影响因素:基于 2011 年上海基本侨情调查的分析[J]. 社会科学,2015(5):59-68.

⑤ 魏华颖,曾湘泉. 海外留学归国人员就业的微观影响因素的实证研究[J]. 中国行政管理,2014(10):84-86.

⑥ 许家云,刘廷华,李平. 海外留学经历是否提高了个人收入?[J]. 经济科学,2014(1):90-101.

⑦ 苏颂兴. 上海独生子女的社会适应问题[J]. 上海社会科学院学术季刊,1997(2):141-149.

⑧ 风笑天,王小璐. 城市青年的职业适应:独生子女与非独生子女的比较研究[J]. 江苏社会科学,2003(4):18-23.

(三)国内求职活动与就业质量

国内求职活动指的是海归回国后在求职过程中的个人努力、选择和收获等。首先,人的主观意识和实践活动对客观世界有能动作用,个人必须付出相应的实际行动才能获得工作。① 对于不同的求职者,求职行为都可以被用来预测个体的就业质量。②③ 研究人员普遍认为,求职频率的增加有助于获得更多的面试机会和工作机会,求职者从而可以从较多的录用结果中选择一个更适合自己或更符合个人期待的职位。④⑤

就业区域及单位类型对海归就业也存在影响。例如在我国,区域经济发展水平存在差异,主要表现在东、中、西部差异较大⑥;同时,不同类型单位之间的收入差距也较为明显⑦。海归在就业时,往往以北上广为目标城市。⑧ 在东部地区,海归的薪资明显高于无出国留学经历的群体,但是在中西部地区,海归的

① da Motta Veiga S P, Turban D B. Insight into job search self-regulation: Effects of employment self-efficacy and perceived progress on job search intensity[J]. Journal of Vocational Behavior, 2018(108):57-66.

② Fort I, Jacquet F, Leroy N. Self-efficacy, goals, and job search behaviors[J]. Career Development International, 2011, 16(5):469-481.

③ Wang L, Xu H, Zhang X, et al. The relationship between emotion regulation strategies and job search behavior among fourth-year university students[J]. Journal of Adolescence, 2017, 59(1):139-147.

④ Brown D J, Cober R T, Kane K, et al. Proactive personality and the successful job search: A field investigation with college graduates[J]. Journal of Applied Psychology, 2006, 91(3):717-726.

⑤ Liu S, Wang M, Liao H, et al. Self-regulation during job search: The opposing effects of employment self-efficacy and job search behavior self-efficacy[J]. Journal of Applied Psychology, 2014, 99(6):1159-1172.

⑥ 夏万军,余功菊. 我国区域经济发展不平衡性研究[J]. 安徽师范大学学报(人文社会科学版), 2018(4):111-121.

⑦ Démurger S, Li S, Yang J. Earnings differentials between the public and private sectors in China: Exploring changes for urban local residents in the 2000s[J]. China Economic Review, 2012, 23(1):138-153.

⑧ 闻文. 2018年中国海归就业创业调查报告:国内吸引人才力度大 近三成留学生学成归国[J]. 中国对外贸易, 2018(10):28-30.

薪资与无出国留学经历的群体相比无显著差异。① 此外,海归研究生收入显著高于本土研究生,这可能与海归研究生更倾向于进入技术类、商业类等职业领域而获得较高收入有关。②

基于以上讨论,本章拟探究"新生代海归"回国后的求职活动对就业质量的影响。比如,主观和客观就业质量可能与他们在求职过程中花费的时间、面试的次数和收到的 offer 数量有关;同时,在不同的区域和不同类型的单位,其就业质量也可能存在差异。

(四)海外留学经历与就业质量

根据人力资本理论,增加对教育或者职业培训的投资可以提高劳动者在劳动力市场上的竞争力。在乌干达,拥有大学学位和职业资格证书的海归更容易就业。③ 海外留学生由于获得"跨国人力资本",在经济建设和社会发展中能发挥举足轻重的作用。④ 整体而言,海外留学经历可以在中国获得较高的经济回报⑤;最高学历、专业、回国时间、大学类型和学历类型对海归的就业率或职位晋升有显著影响⑥⑦。然而,也有研究指出,在挪威,海外留学生比国内毕业生

---

① 许家云,刘廷华,李平.海外留学经历是否提高了个人收入?[J].经济科学,2014(1):90-101.

② 孙榆婷,杜在超,赵国昌,等.出国镀金,回国高薪?[J].金融研究,2016(11):177-190.

③ Thomas K J A. Return migration in Africa and the relationship between educational attainment and labor market success: Evidence from Uganda[J]. International migration review,2008,42(3):652-674.

④ Zweig D,Changgui C,Rosen S. Globalization and transnational human capital:Overseas and returnee scholars to China[J]. China Quarterly,2004(179):735-757.

⑤ 许家云,刘廷华,李平.海外留学经历是否提高了个人收入?[J].经济科学,2014(1):90-101.

⑥ 魏华颖,曾湘泉.海外留学归国人员就业的微观影响因素的实证研究[J].中国行政管理,2014(10):84-86.

⑦ 吴瑞君.海外归国人员就业状况及其影响因素:基于 2011 年上海基本侨情调查的分析[J].社会科学,2015(5):59-68.

有更高的失业率①；当然，类似的研究结论并不多见。同时，长期的海外学习生活可能导致留学生归国后出现"水土不服"②，即逆文化适应可能会带来消极影响。因此，本章拟探讨中国的就业市场对不同形式的海外学习的认可程度，以及逆文化适应在"新生代海归"职业认同感的形成中所发挥的作用。本章的理论模型见图 7-1。

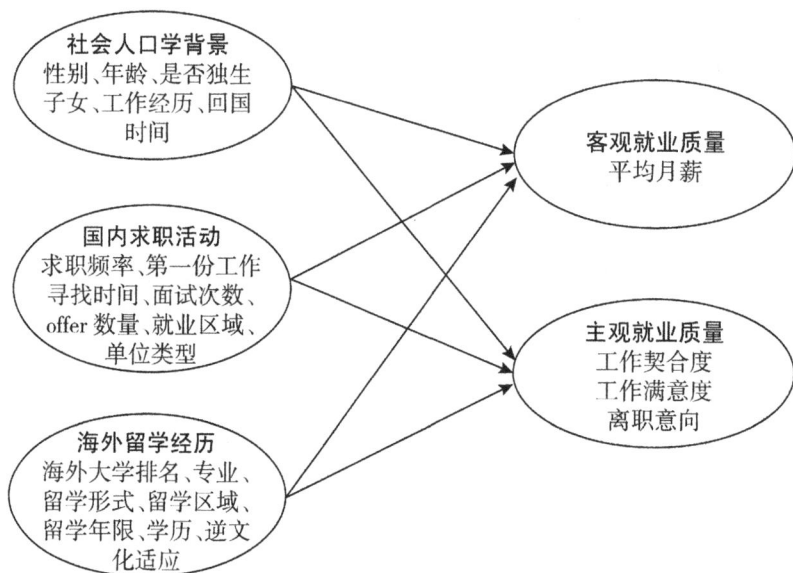

图 7-1　本章的理论模型

---

①　Støren L A，Wiers-Jenssen J. Foreign diploma versus immigrant background：Determinants of labour market success or failure? ［J］. Journal of Studies in International Education，2010，14（1）：29-49.

②　Dettweiler U，Ünlü A，Lauterbach G，et al. Alien at home：Adjustment strategies of students returning from a six-months over-sea's educational programme［J］. International Journal of Intercultural Relations，2015（44）：72-87.

第二节　研究方法

本节主要采用问卷调查法,在研究述评的基础上,确定了社会人口学背景、海外教育经历、国内求职活动和就业质量等变量及具体内容。在数据分析方法上,结合有序 Logistic 回归模型和 ISM 模型,综合分析 203 名"新生代海归"就业质量的影响因素。

一、数据来源

数据收集主要基于问卷调查法,样本抽取主要采用分层抽样法和滚雪球抽样法。采取两种形式发放问卷:第一种,针对非学术型就业导向的"新生代海归",前往校园招聘会、海归专场招聘会、海归创业园等场所,邀请有意愿且符合调研要求的海归在现场填写纸质问卷;第二种,针对学术型就业导向的"新生代海归",将问卷题项导入"问卷星"软件,生成问卷链接,在特定的海归微信群发放,如××大学的"××计划研究员",之后由这些人再进行推荐,在线填写问卷。

数据收集时间为 2018 年 11 月至 2019 年 3 月,符合研究要求的"新生代海归"单独、自愿、匿名参与了调查。获得的完整样本共有 244 个,剔除了 41 个样本[被调查者处于失业状态、正在找工作或填答质量不合格(如逻辑题答案前后矛盾、填答时间过短等)],最终确定 203 个(83.2%)有效样本用于"新生代海归"就业质量影响因素的研究。样本的人口学特征如表 7-1 所示,从中可知,被调查者基本是在 2015—2018 年回国,极少数是 2014 年回国,他们在年龄、留学区域、回国时间、是否独生子女、专业等特征上分布合理、均匀,具有良好的代表性。

表 7-1　样本的人口学特征

特征		数量/人	占比/%
性别	男	114	56.2
	女	89	43.8
年龄	25 岁以下	56	27.6
	25～30 岁	98	48.3
	30～35 岁	37	18.2
	35 岁及以上	12	5.9
留学区域	北美洲	57	28.1
	欧洲	91	44.8
	大洋洲	25	12.3
	亚洲	30	14.8
回国时间	2018 年	53	26.1
	2017 年	54	26.6
	2016 年	37	18.2
	2015 年	39	19.2
	2014 年	20	9.9
是否独生子女	是	104	51.2
	否	99	48.8
专业	理工类	127	62.6
	经管类	41	20.2
	社科与艺术类	25	12.3
	其他	10	4.9

二、变量设计

本节共有 4 类研究变量,每类变量包含的题项如下。

(一)社会人口学背景

此变量包括 5 个因素:F1—性别(1=男,2=女);F2—年龄(1=25 岁以下,

2＝25～30岁,3＝30～35岁,4＝35岁及以上);F3—是否独生子女(1＝是,2＝否);F4—工作经历(1＝无,2＝1年及以内,3＝1年以上);F5—回国时间(1＝2018年,2＝2017年,3＝2016年,4＝2015年,5＝2014年)。

(二)海外教育经历

此变量包括7个因素:F6—海外大学排名(1＝500名及以后,2＝200～500名,3＝200名以内);F7—专业(1＝人文社科类,2＝经管类,3＝理工类);F8—留学形式(1＝自费,2＝国外奖学金,3＝政府项目资助);F9—留学区域(1＝北美洲,2＝欧洲,3＝大洋洲,4＝亚洲);F10—留学年限(1＝3年及以内,2＝4～6年,3＝6年以上);F11—学历(1＝海外本科,2＝海外本科＋海外硕士,3＝国内普通院校本科＋海外硕士,4＝国内研究型院校本科＋海外硕士,5＝国内本科与硕士(均是国内普通高校)＋海外博士,6＝国内本科与硕士(至少一个国内研究型高校)＋海外博士);F12—逆文化适应,采用逆文化冲击量表中的5道测题[1][2],采用5点计分法,1＝非常不同意,5＝非常同意,题项如"从国外回来后,我难适应家乡的文化",得分越高,表示回国后的适应情况越差。本节中Cronbach's $\alpha＝0.686$,验证性因子分析结果为:$\chi^2/df＝1.441$,GFI＝0.985,AGFI＝0.956,IFI＝0.987,CFI＝0.986,RMSEA＝0.047。

(三)国内求职活动

此变量包括6个因素:F13—求职频率,采用主动求职频率量表中的7道测

---

① Presbitero A. Culture shock and reverse culture shock: The moderating role of cultural intelligence in international students' adaptation[J]. International Journal of Intercultural Relations, 2016(53): 28-38.

② Seiter J S, Waddell D. The intercultural reentry process: Reentry shock, locus of control, satisfaction, and interpersonal uses of communication[C]. Washington: The annual meeting of the Western Speech Communication Association, 1989.

题[①②],采用 4 点计分法,1＝很少,4＝非常频繁,题项如"访问单位的招聘网站",本节中 Cronbach's α＝0.859,验证性因子分析结果为:χ^2/df＝3.119,GFI＝0.943,AGFI＝0.886,IFI＝0.952,CFI＝0.952,RMSEA＝0.102。F14—第一份工作寻找时间(1＝12 个月及以上,2＝6～12 个月,3＝3～6 个月,4＝3 个月以内);F15—面试次数(1＝3 次及以下,2＝4～5 次,3＝6 次及以上);F16—offer 数量(1＝1 个,2＝2～3 个,3＝4 个及以上);F17—就业区域(1＝西部,2＝中部,3＝东部,4＝北上广深);F18—单位类型(1＝自由职业,2＝民营企业,3＝外资企业,4＝国有企业,5＝其他事业单位,6＝大学或者科研机构,7＝政府行政机构)。

(四)就业质量

此变量包含 2 个因素:F19—客观就业质量用平均月薪(1＝5000 元以下,2＝5000～10000 元,3＝10000～15000 元,4＝15000～20000 元,5＝20000 元及以上)测量。F20—主观就业质量,包括 3 个维度,即工作契合度[③④]、工作满意度和离职意向[⑤],均采用 5 点计分法,1＝非常不同意,5＝非常同意,题项如"我目前所做的工作几乎能满足我对工作的所有要求""这份工作很有意思,我不觉得无聊""如果我继续在这个单位工作,我的未来将不会有希望"。本节对 3 个子维度中的反向计分题进行了数据转换(离职意向的两个题项均为反向计分

---

① Blau G. Further exploring the relationship between job search and voluntary individual turnover[J]. Personnel Psychology,1993,46(2):313-330.

② Brown D J,Cober R T,Kane K,et al. Proactive personality and the successful job search:A field investigation with college graduates[J]. Journal of Applied Psychology,2006,91(3):717-726.

③ Cable D M,DeRue D S. The convergent and discriminant validity of subjective fit perceptions[J]. Journal of Applied Psychology,2002,87(5):875-884.

④ Guan Y,Deng H,Sun J,et al. Career adaptability,job search self-efficacy and outcomes:A three-wave investigation among Chinese university graduates[J]. Journal of Vocational Behavior,2013,83(3):561-570.

⑤ Guan Y,Deng H,Bond M H,et al. Person-job fit and work-related attitudes among Chinese employees:Need for cognitive closure as moderator[J]. Basic and Applied Social Psychology,2010,32(3):250-260.

题),转换后得分越高,表明离职意向越低,工作满意度和契合度越高。计算结果如下:(1)工作契合度(8 题),Cronbach's $\alpha=0.758$,验证性因子分析结果为:$\chi^2/df=2.765$,GFI$=0.939$,AGFI$=0.890$,IFI$=0.914$,CFI$=0.913$,RMSEA$=0.093$。(2)工作满意度(7 题),由探索性和验证性因子分析可得出两个因子,Cronbach's $\alpha=0.734$,验证性因子分析结果为:$\chi^2/df=2.139$,GFI$=0.961$,AGFI$=0.915$,IFI$=0.972$,CFI$=0.971$,RMSEA$=0.075$。(3)离职意向 Cronbach's $\alpha=0.776$,由于只含 2 个题项,不适合进行验证性因子分析。

通过 K 均值聚类算法,可以将主观就业质量分为 3 类,聚类结果如表 7-2 所示,其中第一类、第二类和第三类分别有海归 88 人、82 人和 33 人。据此,将第一类命名为"满意工作",因为此类海归在 3 个维度获得的均分最高;依次类推,将第二类命名为"一般满意工作",将第三类命名为"不太满意工作"。

表 7-2 K 均值聚类结果

维度	第一类	第二类	第三类
工作契合度	3.91	3.38	3.17
工作满意度	3.88	3.21	2.88
离职意向	4.51	3.44	1.94

注:表中所有数值都是各个维度的均值。

三、数据分析

在已有研究成果的基础上,本节将有序 Logistic 回归模型和 ISM 模型相结合,综合分析"新生代海归"就业质量的影响因素,以及各影响因素之间的相互关系和层次结构。本节使用的数据分析软件有 SPSS 22.0,AMOS 22.0 和 MATLAB 7.0。具体而言,AMOS 22.0 主要用于对连续测量变量进行验证性因子分析。SPSS 22.0 主要用于 3 个方面:(1)采用 K 均值聚类对主观就业质量进行分类;(2)对就业现状进行描述性统计;(3)使用有序 Logistic 回归模型探索显著影响就业质量的各个因素(由于因变量客观就业质量和主观就业质量均为有序分类变量,故采用此方法)。MATLAB 7.0 用于构建 ISM 模型,以计算因素间的可达矩阵和实现层级分解。

第三节　研究结果

　　基于有序 Logistic 回归模型和 ISM 模型对 203 名海归调查数据的分析，本节从就业现状、客观就业质量的影响因素、主观就业质量的影响因素等方面详细地呈现研究结果。

一、就业现状描述

　　表 7-3 为研究样本的就业现状，通过它计算出"新生代海归"的平均月薪为12426 元，其中海归本科 8929 元，海归硕士 11722 元，海归博士 15093 元。与2019 年全国高校毕业生的平均起薪（本科生为 5417 元，硕士生为 8778 元，博士生为 13849 元）①相比，分别高出 3512 元、2944 元、1244 元。尽管本节的"新生代海归"是取得学位后约 3 年内回国的 80 后、90 后人员，其已具备一定的工作经验与能力，但是相对较高的平均月薪也在一定程度上反映了海外教育经历的优势。此外，主观就业质量的平均得分为 3.56 分，与满分 5 分相比，处于"相对满意"的水平。

表 7-3　就业现状描述

	平均月薪				
	5000 元以下	5000～10000 元	10000～15000 元	15000～20000 元	20000 元及以上
人数/人	5	72	67	39	20
占比/%	2.5	35.4	33.0	19.2	9.9

　　注：计算平均月薪时，5000 元以下按照 2500 元计算，5000～10000 元按照 7500 元计算，依次类推，20000 元及以上按照 22500 元计算。

---

　　① 岳昌君，夏洁，邱文琪. 2019 年全国高校毕业生就业状况实证研究[J]. 华东师范大学学报（教育科学版），2020(4)：1-17.

二、有序 Logistic 回归模型

(一)客观就业质量的影响因素分析

这里的客观就业质量(即平均月薪)是 5 个程度递增的类别,因此采用有序 Logistic 回归法进行分析。平均月薪的取值从低到高分别为 5000 元以下、5000～10000 元、10000～15000 元、15000～20000 元和 20000 元及以上,相对应的取值水平概率为 P_1、P_2、P_3、P_4、P_5。以最高月薪(20000 元及以上)为参照组,则此时前 4 个变量进行的 Logit 变换依次为 P_1,P_1+P_2,$P_1+P_2+P_3$,$P_1+P_2+P_3+P_4$,即客观就业质量有序取值水平的累积概率。18 个自变量的计量模型如式(7.1)、式(7.2)、式(7.3)和式(7.4)所示:

$$\text{Logit}\frac{P_1}{1-P_1}=\text{Logit}\frac{P_1}{P_2+P_3+P_4+P_5}=-\alpha_1+\beta_1F_1+\cdots\beta_{18}F_{18} \qquad \text{式}(7.1)$$

$$\text{Logit}\frac{P_1+P_2}{1-(P_1+P_2)}=\text{Logit}\frac{P_1+P_2}{P_3+P_4+P_5}=-\alpha_2+\beta_1F_1+\cdots\beta_{18}F_{18} \qquad \text{式}(7.2)$$

$$\text{Logit}\frac{P_1+P_2+P_3}{1-(P_1+P_2+P_3)}=\text{Logit}\frac{P_1+P_2+P_3}{P_4+P_5}=-\alpha_3+\beta_1F_1+\cdots\beta_{18}F_{18}$$

$$\text{式}(7.3)$$

$$\text{Logit}\frac{P_1+P_2+P_3+P_4}{1-(P_1+P_2+P_3+P_4)}=\text{Logit}\frac{P_1+P_2+P_3+P_4}{P_5}=-\alpha_4+\beta_1F_1+\cdots\beta_{18}F_{18}$$

$$\text{式}(7.4)$$

表 7-4　客观就业质量的影响因素

维度		因素	估计值	Wald 值	*Sig.*	OR 值
社会人口学背景	F5—回国时间	2018 年	−2.138	8.966	**0.003****	0.118
		2017 年	−2.612	12.890	**0.000*****	0.073
		2016 年	−1.120	2.553	0.110	0.326
		2015 年	−1.345	3.799	**0.051**	0.260
		2014 年	0	—	—	1

续表

维度		因素	估计值	Wald 值	*Sig.*	*OR* 值
海外教育经历	F8—留学形式	自费	−0.979	3.178	**0.075**	0.376
		国外奖学金	−0.333	0.380	0.538	0.717
		政府项目资助	0	—	—	1
	F9—留学区域	北美洲	1.168	3.612	**0.057**	3.216
		欧洲	0.269	0.225	0.635	1.309
		大洋洲	0.471	0.461	0.497	1.601
		亚洲	0	—	—	1
	F10—留学年限	3 年及以内	−2.230	5.014	**0.025***	0.108
		4~6 年	−1.273	1.657	0.198	0.280
		6 年以上	0	—	—	1
	F11—学历	海外本科	−3.935	20.075	**0.000***	0.020
		海外本科+海外硕士	−3.988	7.925	**0.005***	0.019
		国内普通院校本科+海外硕士	−1.811	8.551	**0.003***	0.164
		国内研究型院校本科+海外硕士	−0.657	0.998	0.318	0.518
		国内本科与硕士(均是国内普通高校)+海外博士	−1.408	4.589	0.032*	0.245
		国内本科与硕士(至少一个国内研究型高校)+海外博士	0	—	—	1
国内求职活动	F13—求职频率	4 点计分法;1=很少,4=非常频繁	1.182	13.495	**0.000***	3.262
	F15—面试次数	3 次及以下	−0.906	3.094	**0.079**	0.404
		4~5 次	−0.368	0.797	0.372	0.692
		6 次及以上	0	—	—	1
	F17—就业区域	西部	−2.978	9.437	**0.002***	0.051
		中部	−1.234	3.963	**0.046***	0.291
		东部	−0.299	0.587	0.444	0.741
		北上广深	0	—	—	1

续表

维度		因素	估计值	Wald 值	*Sig.*	*OR* 值
国内求职活动	F18—单位类型	自由职业	2.723	4.512	**0.034***	15.226
		民营企业	3.690	17.994	**0.000*****	40.063
		外资企业	3.826	21.463	**0.000*****	45.901
		国有企业	2.367	8.642	**0.003****	10.670
		其他事业单位	1.905	4.431	**0.035***	6.721
		大学或者科研机构	3.073	11.924	**0.001****	21.607
		政府行政机构	0	—	—	1

注：①*** $p<0.001$，** $p<0.01$，* $p<0.05$，临界显著 $p<0.1$，均已加粗；②每个自变量的最后一行为参照组，故无数值显示；③ $p>0.1$ 的自变量未在表中呈现。下同，不另注。

平行线检验 p 值 1.000＞0.05，说明各个回归方程相平行，符合有序 Logistic回归的基本要求。表 7-4 显示有序 Logistic 回归分析的结果，*OR* 值是"自变量每改变一个单位，因变量提高一个及一个以上等级的比数比"[1]。从表7-4 中可以看出，有 9 个因素显著影响"新生代海归"的客观就业质量：

首先，社会人口学背景。回国时间显著影响平均月薪，即与 2014 年之前回国的海归相比，2015—2018 年的 *OR* 值大致呈现下降趋势，如 2017 年和 2018 年回国的海归群体获得较高工资的概率分别只有 2014 年的 0.073 倍、0.118 倍，即新近回国海归的工资较低。

其次，海外留学经历与国内高校学习经历。在海外大学排名和专业上，平均月薪不存在显著差异。在国外留学期间受政府项目和国外奖学金资助的海归回国后的工资都偏高且两者无显著差异，但是自费出国的海归拥有较高工资的可能性远远低于前两者，仅是有政府资助出国留学的海归的 0.376 倍（*OR*＝0.376）。在留学区域上，相比亚洲地区，在北美地区接受教育的海归获得较高薪水的概率更大（*OR*＝3.216）。在出国留学的年限上，在国外学习的时间

---

①　张文彤，董伟. SPSS 统计分析高级教程（第 3 版）[M]. 北京：高等教育出版社，2018：181.

越长,获得更高薪水的可能性越大。研究还表明,在国外取得硕士或博士学位非常重要。同时,前置学历也很关键,无论硕士生还是博士生,如果拥有在国内研究型大学学习的经历,月薪往往更高。通过频数分布计算可知,对于硕士生海归,拥有国内研究型大学("985"和"双一流"高校)学习经历的群体(约12864元)比拥有国内普通本科院校学习经历的海归(约11100元)的平均月薪高1764元;对于博士生海归,前者(约16719元)比后者(约12727元)的平均月薪高3992元。研究甚至发现,"国内研究型院校本科+海归硕士"的平均月薪(约12864元)与"国内本科与硕士(均是国内普通高校)+海外博士"(约12727元)持平,可见出国前优秀的本科或硕士教育让海归在回国后依旧保持一定的优势。

最后,国内求职活动。求职频率是数值变量,参考水平是低分组,可见求职频率每增加一个单位,收入提升的概率相应增加($OR=3.262$)。就面试次数而言,它与平均月薪呈正比。在就业区域上,西部地区出现低工资的可能性最大($OR=0.051$),接下来是中部地区,而东部地区与北上广深的平均月薪都偏高且在统计学上并无显著差异。此外,政府行政部门的工资偏低,而外资企业和民营企业获得较高薪水的可能性最大($OR=45.901$和40.063)。

(二)主观就业质量的影响因素分析

主观就业质量是3个程度递减的类别变量,因此依旧采用有序Logistic回归法进行分析。以第三类"不太满意工作"作为参照组,平行线检验p值0.952>0.05,符合有序Logistic回归的假设条件。如表7-5所示,影响"新生代海归"主观就业质量的显著性因素有10个。

表7-5 主观就业质量的影响因素

维度	因素		估计值	Wald 值	*Sig.*	OR 值
社会人口学背景	F3—是否独生子女	是	0.741	3.671	**0.055**	2.098
		否	0	—	—	1

续表

维度		因素	估计值	Wald 值	*Sig.*	OR 值
社会人口学背景	F5—回国时间	2018 年	−0.854	1.283	0.257	0.426
		2017 年	−1.454	3.585	**0.058**	0.234
		2016 年	0.616	0.711	0.399	1.852
		2015 年	0.292*	0.167	0.682	0.746
		2014 年	0	—	—	1
海外教育经历	F8—留学形式	自费	0.739*	1.541	0.214	0.477
		国外奖学金	−1.500	6.031	**0.014***	0.223
		政府项目资助	0	—	—	1
	F12—逆文化适应	1＝非常不同意,5＝非常同意	0.985	10.215	**0.001****	2.677
国内求职活动	F14—第一份工作寻找时间	12 个月及以上	0.048	0.004	0.949	1.049
		6～12 个月	1.363	2.910	**0.088**	3.910
		3～6 个月	−0.307	0.566	0.452	0.736
		3 个月以内	0	—	—	1
	F15—面试次数	3 次及以下	1.999	11.568	**0.001****	7.381
		4～5 次	1.394	8.460	**0.004****	4.033
		6 次或以上	0	—	—	1
	F16—offer数量	1 个	−1.739	4.444	**0.035***	0.176
		2～3 个	−1.106	5.791	**0.016***	0.331
		4 个及以上	0	—	—	1
	F17—就业区域	西部	−4.004	6.315	**0.012***	0.018
		中部	−1.277	3.343	**0.067**	0.279
		东部	0.194	0.219	0.640	1.214
		北上广深	0	—	—	1
	F18—单位类型	自由职业	−1.192	0.754	0.385	0.304
		民营企业	1.878	4.262	**0.039***	6.543

续表

维度	因素		估计值	Wald 值	*Sig.*	OR 值
国内求职活动	F18—单位类型	外资企业	1.217	1.998	0.158	3.377
		国有企业	1.497	3.177	**0.075**	4.467
		其他事业单位	1.765	3.760	**0.052**	5.841
		大学或者科研机构	0.779	0.708	0.400	2.179
		政府行政机构	0	—	—	1
主观就业质量	F19—客观就业质量	5000 元以下	5.292	10.743	**0.001****	198.693
		5000～10000 元	3.908	21.238	**0.000*****	49.797
		10000～15000 元	2.946	14.403	**0.000*****	19.034
		15000～20000 元	2.781	12.131	**0.000*****	16.136
		20000 元及以上	0	—	—	1

首先,在人口学变量中,本节统计检验发现,独生子女对工作的不满意概率高于非独生子女($OR=2.098$)。研究样本中,2017 年和 2018 年尤其是 2017 年回国的海归对工作的满意度较高,其他人口学变量的影响不显著。

其次,海外教育经历中,以"国内本科与硕士(至少一个国内研究型高校)+海外博士"为参照组,发现海归硕士和本科感知到的主观就业质量与海归博士无严格的统计学意义上的显著差异(故未在表 7-5 中列出),但是整体呈现出略高于海归博士参照组的倾向($OR<1$),其中海归本科得分高的概率更大($p=0.111$,接近临界显著水平)。研究还发现,如果"新生代海归"获得国外奖学金,回国后逆文化适应情况良好(反向计分),会更倾向于认可现有工作。

最后,在国内求职活动方面,第一份工作寻找时间、面试次数、offer 数量、就业区域和单位类型是主观就业质量的显著预测因素。具体而言,在 3 个月以内找到工作比 6～12 个月才找到第一份工作的海归更喜欢自己的工作。进入面试环节的次数越多,"新生代海归"的主观就业质量得分就越高。然而,随着他们得到的 offer 增多,他们对自己工作的主观感知却越消极,如获得 1 个 offer 的"新生代海归"对工作不满意的概率只有获得 3 个以上 offer 的海归的17.6%($OR=0.176$)。在中国西部地区($OR=0.018$)就业的海归普遍有着最积极的就业体验,中部地区的满意度紧随其后,而在民营企业、国有企业等工作的海归更容易表露出消极的就业感受。此外,平均月薪也会影响主观的就业质量,薪酬越高,则满意度增高,离职意愿相应降低。

三、基于 ISM 模型的影响因素结构分析

有序 Logistic 回归虽然能计算和识别出"新生代海归"就业质量的影响因素及其影响程度,却不能有效反映模型的基础性要素和过程性要素。因此,本节接下来运用 ISM 模型来分析影响海归就业质量的各个因素之间的关联性和层次性[1],以找出影响就业质量的直接因素、中间因素和根源因素,分析的具体步骤如下。

(一)确定相关因素

依据 Logistic 回归模型的估计结果,影响"新生代海归"客观就业质量的因素有 9 个,影响其主观就业质量的因素有 10 个。通过对上述影响因素的整合,本节的就业质量 ISM 模型共有 15 个因素:F3—是否独生子女,F5—回国时间,F8—留学形式,F9—留学区域,F10—留学年限,F11—学历,F12—逆文化适应,F13—求职频率,F14—第一份工作寻找时间,F15—面试次数,F16—offer 数量,F17—就业区域,F18—单位类型,F19—客观就业质量,F20—主观就业质量。

(二)建立邻接矩阵 A

在咨询 3 名回国就业海归、对本节数据进行简单的推断统计的基础上,结合相关文献,经过深入讨论与判断,确定变量之间的逻辑关系。表 7-6 的邻接矩阵 A 描述了系统中各元素之间的关系,其中"1"表示行因素对列因素有直接或者间接影响,"0"表示无影响。

---

[1]　Attri R,Dev N,Sharma V. Interpretive structural modelling(ISM) approach:An overview[J]. Research Journal of Management Sciences,2013,2(2):3-8.

表 7-6　邻接矩阵 A

		F3	F5	F8	F9	F10	F11	F12	F13	F14	F15	F16	F17	F18	F19	F20
	F3	**1**	0	0	1	1	0	1	0	0	0	0	0	0	0	1
	F5	0	**1**	0	0	0	1	1	0	0	0	0	1	1	1	1
	F8	0	0	**1**	0	1	1	0	0	1	0	1	1	1	1	1
	F9	0	0	1	**1**	0	0	1	0	1	0	0	0	0	1	0
	F10	0	0	0	0	**1**	1	1	0	1	1	1	1	1	1	0
	F11	0	0	0	0	1	**1**	0	1	0	0	0	0	0	0	0
$A=$	F12	0	0	0	0	0	0	**1**	1	0	1	1	0	0	0	1
	F13	0	0	0	0	0	0	0	**1**	1	1	1	0	0	1	0
	F14	0	0	0	0	0	0	0	0	**1**	1	1	0	0	0	1
	F15	0	0	0	0	0	0	0	0	1	**1**	1	0	1	1	1
	F16	0	0	0	0	0	0	0	0	1	0	**1**	0	0	0	1
	F17	0	0	0	0	0	0	0	0	0	1	1	**1**	1	1	1
	F18	0	0	0	0	0	0	0	0	0	1	1	1	**1**	1	1
	F19	0	0	0	0	0	0	0	0	0	0	0	0	0	**1**	1
	F20	0	0	0	0	0	0	0	0	0	0	0	0	0	0	**1**

（三）建立可达矩阵 M

利用 MATLAB 7.0 软件,通过公式(7.5)(其中 I 表示单位矩阵,矩阵的幂运算采用布尔运算法则),得到邻接矩阵 A 的可达矩阵 M[1][2],如表 7-7 所示。

---

① 刘玮,王乐,张世钰.农村紧急医疗救援的公众满意度及影响因素分析:基于 Logistic—ISM 模型[J].调研世界,2018(9):59-65.

② 孙莉莉,王其源.城市居民社会保障满意度的影响因素研究:基于有序 Logistic—ISM 模型的实证分析[J].调研世界,2019(4):37-44.

$$M = (A+I)^{+1} = (A+I) \neq (A+I)^{-1} \neq (A+I)^2 \neq (A+I) \qquad 式(7.5)$$

表 7-7　可达矩阵 M

		F3	F5	F8	F9	F10	F11	F12	F13	F14	F15	F16	F17	F18	F19	F20
	F3	1	0	1	1	1	1	1	1	1	1	1	1	1	1	1
	F5	0	1	0	0	1	1	1	1	1	1	1	1	1	1	1
	F8	0	0	1	0	1	1	1	1	1	1	1	1	1	1	1
	F9	0	0	1	1	1	1	1	1	1	1	1	1	1	1	1
	F10	0	0	0	0	1	1	1	1	1	1	1	1	1	1	1
	F11	0	0	0	0	0	1	1	1	1	1	1	1	1	1	1
$M=$	F12	0	0	0	0	0	0	1	1	1	1	1	0	0	1	1
	F13	0	0	0	0	0	0	0	1	1	1	1	0	0	1	1
	F14	0	0	0	0	0	0	0	0	1	1	1	0	0	1	1
	F15	0	0	0	0	0	0	0	0	1	1	1	0	0	1	1
	F16	0	0	0	0	0	0	0	0	1	1	1	0	0	1	1
	F17	0	0	0	0	0	0	0	0	1	1	1	1	1	1	1
	F18	0	0	0	0	0	0	0	0	1	1	1	1	1	1	1
	F19	0	0	0	0	0	0	0	0	0	0	0	0	0	1	1
	F20	0	0	0	0	0	0	0	0	0	0	0	0	0	0	1

(四)确定因素间的层级结构

因素的层次分解和提取基于条件因素的层次分解和提取。基于条件 $R(Fi) \cap A(Fi) = R(Fi)$，$R(Fi)$ 表示可达矩阵 M 中从因素 Fi 出发可以到达的全部因素的集合，$A(Fi)$ 表示可达矩阵 M 中可以到达因素 Fi 的全部因素的集合。根据可达矩阵 M 和上述条件，各因素的可达集和先行集见表 7-8。本节通过计算，得到 $L1=\{F20\}$。抽取掉原可达矩阵 M 中有关 $F20$ 的要素，得到一个新的矩阵，依次类推进行计算，最后依次得到 $L2=\{F19\}$，$L3=\{F14,F15,F16\}$，$L4=\{F13,F17,F18\}$，$L5=\{F12\}$，$L6=\{F10,F11\}$，$L7=\{F8\}$，$L8=\{F9\}$，$L9=\{F3,F5\}$，从而实现了对可达矩阵 M 进行层级分解的目标。

表 7-8 可达集、先行集和交集

变量 Fi	可达集 $R(Fi)$	先行集 $A(Fi)$	交集
F3	3,8—20	3	3
F5	5,10—20	5	5
F8	8,10—20	3,8,9	8
F9	8—20	3,9	9
F10	10—20	3,5,8—11	10,11
F11	10—20	3,5,8—11	10,11
F12	12—16,19,20	3,5,8—12	12
F13	13—16,19,20	3,5,8—13	13
F14	14—16,19,20	3,5,8—18	14—16
F15	14—16,19,20	3,5,8—18	14—16
F16	14—16,19,20	3,5,8—18	14—16
F17	14—20	3,5,8—11,17,18	17,18
F18	14—20	3,5,8—11,17,18	17,18
F19	19,20	3,5,8—19	19
F20	20	3,5,8—20	20

(五)建立 ISM 模型

根据因素间的层级结构,同一层级的因素用相同水平位置的方框表示,根据因素间的逻辑关系,使用有向的线段将各个因素连接起来。随后将变量符号转换为对应的因素名称,得到“新生代海归”就业质量影响因素的 ISM 模型(见图 7-2)。最后的结果为:社会人口学背景和部分海外教育经历因素在“新生代海归”的就业质量模型中发挥着深层根源性作用,海外教育结果(学历和逆文化适应)是中间连接因素,国内求职活动是影响就业质量的表层直接因素。

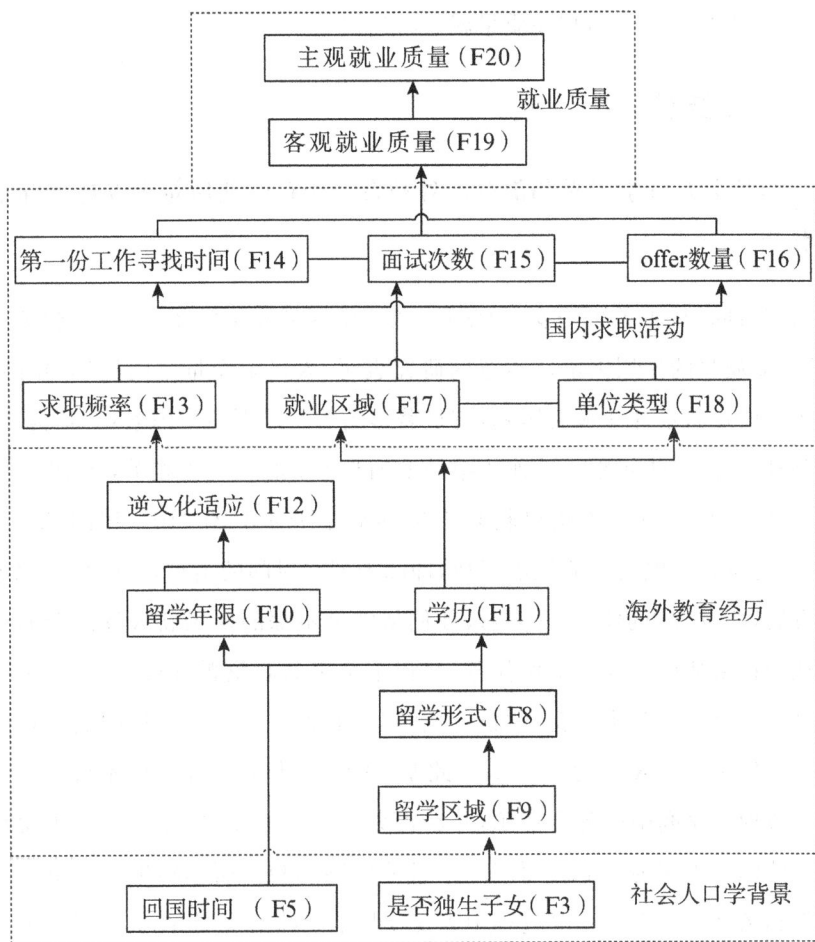

图 7-2 就业质量的 ISM 模型

第四节 研究结论与建议

本章通过实证研究发现社会人口学背景、海外教育经历、国内求职活动包含的大部分变量对"新生代海归"的客观和主观就业质量产生了显著影响。本节选取其中的重要变量进行讨论,同时从政府、用人单位和海归自身等角度出

发,提出促进"新生代海归"高质量就业的建议。

一、研究结论

（一）社会人口学因素和部分海外教育经历在就业质量中发挥着深层根源性作用

回国时间、是否独生子女、留学形式、留学区域和留学年限是影响"新生代海归"就业质量的深层因素。本章的研究表明,人口学变量中的性别、年龄、工作经历对就业质量并无显著影响,有显著影响的是以下两个因素：一是"新生代海归"回国后的工作年限。工作年限的增加与工资收入呈正相关,如 2017 年和 2018 年回国的海归群体获得较高工资的概率分别只有 2014 年的 7.3% 和 11.8%。这符合一般的职业发展规律,即随着回国时间的增加,海归见证职场变迁与发展,职场阅历逐渐丰富多彩,他们从涉世不深的职场新人逐渐转向力所能及地承担挑战性较高的工作任务,获得了更多的职位晋升机会,因此工资相应会高。二是是否独生子女。"新生代海归"非独生子女对工作的满意程度远远高于独生子女(OR 值为 2.098)。此差异的产生与家庭环境密不可分。独生子女一般独享家庭中的各类资源,并获得聚焦性的关爱,这使得独生子女在竞争激烈的职场中因为不适应而产生消极的情感体验。而非独生子女由于家庭资源得到稀释[1][2],在成长的过程中需要与兄弟姐妹共享资源,长此以往他们会习惯于各类资源的选择和分配,这有利于他们更好地理解职场环境。

同时,为鼓励学业成绩突出的中国学生出国留学,我国政府设立了专门机构,对部分优秀的高层次人才予以财政资助。本章的研究发现,由政府资助出国留学和获得国外奖学金的"新生代海归"拥有高工资水平的可能性远远超过

[1]　Blake J. Family size and the quality of children[J]. Demography, 1981, 18(4): 421-442.

[2]　Downey D B. Number of siblings and intellectual development: The resource dilution explanation[J]. American Psychologist, 2001, 56(6-7): 497-504.

自费留学的学生,这与许家云的研究结论基本一致。① 一方面,这是因为高层次人才获得来自国内政府和国外研究机构的资助的机会较多;另一方面,这表明在中国就业市场上,个人学业能力的重要性凸显。此外,在教育经历上,本章的研究表明,选择北美地区学习,更有可能获得较高薪水。

(二)海外教育结果是至关重要的中间连接因素

海外教育结果对"新生代海归"的就业质量产生显著影响。本章的研究表明,国内研究型院校的学习经历对"新生代海归"的平均月薪有积极作用。比如,在相同学历的条件下,拥有国内研究型院校本科学习经历的硕士、博士的平均月薪分别比只有国内普通院校本科学习经历的人平均高出 15.9% 和 31.4%。经过深入研究,我们将此归结为以下三点:一是知识重组理论。知识是嵌入个体的,个体的流动促进了知识的流通。丰富的海外知识,结合出国前在国内研究型院校学习的知识,有利于观点形成和创意生成。② 例如,弗兰佐尼(Franzoni)等通过对 16 个国家的 14299 名科学家的调查,发现移民科学家的学术表现优于没有国际流动经验的本土科学家。③ 这种知识重组使得海归独具优势,他们可以利用丰富或独特的知识集发掘更宽广的职业发展机会。二是就业单位类型不同。本章的样本统计数据中,"国内研究型院校本科+海外硕士"倾向于进入有高薪待遇的外资企业,而海归博士中,进入高等院校就业的人数最多,使得部分研究型硕士和博士的工资接近。三是本土研究型院校的教育优势。国内就业市场充分显示出对排名靠前的本土高校的认可。

同时,关于教育程度与主观就业质量的关系,本章的数据显示,与海归博士参照组相比,海归硕士和海归本科感知到的主观就业质量与之无严格的统计学意义上的显著差异,但是在接近临近显著水平($p=0.111$)上,海归本科依然呈

---

① 许家云,刘廷华,李平. 海外留学经历是否提高了个人收入?[J]. 经济科学,2014(1):90-101.

② Fleming L. Recombinant uncertainty in technological search[J]. Management Science,2001,47(1):117-132.

③ Franzoni C,Scellato G,Stephan P. The mover's advantage:The superior performance of migrant scientists[J]. Economics letters,2014,122(1):89-93.

现出得分高的倾向性。"新生代海归"群体中可能存在"幸福—学历之谜",即受教育程度与主观就业质量呈负相关,海归本科的主观就业质量较高,而海归博士较低。我们也可以用社会比较和心理需求来预测这种差异。从社会比较的角度来看,与教育水平类似的他人比较能有效预测个体主观心理感受。[1][2] 虽然整体上看,学历越高则收入越高,但是通过与 2019 年全国高校毕业生的平均起薪的比较发现,海归本科、海归硕士和海归博士分别高出 3512 元、2944 元、1244 元,呈下降趋势。从不同学历的海归间的这种"工资溢价"中可以看出,海归本科的相对优势更明显,因而对工作的满意度会更高。在心理需求层面,我们可以将"新生代海归"的学历看做一种投入,将回国后工作带给他们的薪资收入减掉学历,就得到了经济学上的生产者剩余[3],我们把这种剩余理解为心理满足。海归博士在教育上投入的经济和时间成本明显高于海归本科,例如近年来,英国等发达国家对博士的培养资助减少[4];在美国,获得博士学位所需时间为 5 年以上[5]。而学历越高,衡量工作时更追求精神上的心理需求,正如有研究指出的,博士生在择业过程中最看重的两个因素是行业前景和职业发展空间[6],如果就业愿望与现实满足的差距较大,就可能导致经历多年寒窗苦读的海归博士感到就业质量不尽如人意。

(三)求职活动直接关系到就业质量

求职活动直接影响主观和客观就业质量,我们可以从求职活动的积极性和选择性两个方面对此进行分析。首先,锲而不舍地争取面试机会对整体就业质

---

① 于海波,郑晓明.薪酬满意度的测量、影响因素和作用[J].科学管理研究,2008(1):82-85.

② Festinger L. A theory of social comparison processes[J]. Human Relations,1954,7(2):117-140.

③ 刘正山."幸福—学历之谜"及其解释[J].金融博览,2019(3):18-19.

④ 孙维,马永红,张乐妍.英国博士教育多样化发展趋势分析及启示:基于对 2015 年 UKCGE 报告的解读[J].北京航空航天大学学报(社会科学版),2019(1):137-141.

⑤ 张建奇,唐丽.试析美国博士生流失问题[J].比较教育研究,2013(8):14-18.

⑥ 徐贞.在哪里延续科研之路:理工科博士生就业偏好及其影响因素研究[J].高等教育研究,2018(7):31-38.

量有积极作用,如获得 5 次及以上面试机会的海归获得较高工资的概率约为面试少于 3 次的海归的 2.5 倍。但是,offer 数量与主观就业质量呈负相关,如获得 1 个 offer 的"新生代海归"对工作不满意的概率只有获得 3 个以上 offer 的海归的 17.6%。这一点可以用"短缺原理"来解释,当个体可选择的工作数量越多时,个体越不快乐,因为一旦在现有的工作中遇到挫折,个体就会想起未被选择的那份工作,怀疑自己目前的选择不是最好的。相反,当可选择的工作数量有限时,人们的心态反而会比较坦然,因为没有退路,也就更容易感到满足。

从求职地域来看,与北上广深相比,选择在西部地区就业,工资可能更低($OR=0.051$)。我国中西部和东部地区经济发展存在一定程度的不平衡,一般而言,"新生代海归"在海外留学期间普遍投入了较高的时间和经济成本,所以对自身的定位较高,在寻求工作的时候对工作区域、生活环境等都有比较高的要求,所以大多数"新生代海归"更愿意在东部地区,特别是在北上广深工作。但是与此同时,在经济欠发达地区,尤其是西部地区($OR=0.018$)就业的海归普遍有着更积极的就业体验。再者,外资企业和民营企业获得较高薪水的可能性分别是政府行政机构的 45.9 倍和 40.1 倍,可见研究生海归可以通过选择进入外资类企业等获得明显更高的收入,这与孙榆婷等人的结论一致。[①] 此外,"新生代海归"的留学专业多为新兴技术、财经金融等,加上他们普遍有较好的外语水平、较高的薪资期待,外资企业、民营企业等是部分"新生代海归"心仪的单位类型。

最后,需要说明的是,考虑到研究样本数量较少,自变量个数较多,本章对 3 类自变量分开做了检验,发现除了性别和工作经历会对客观就业质量产生影响,其他结果和全模型做出来的结果基本一致,说明结果基本不受样本量的影响,因此研究还是报告了全模型的结果。我们的样本中未存在本科、硕士和博士学位均在海外获得的海归,因此后续研究中可以考虑扩大整体海归样本,同时纳入拥有此类学历构成的海归进行对比。

---

① 孙榆婷,杜在超,赵国昌,等. 出国镀金,回国高薪?[J]. 金融研究,2016(11):177-190.

二、研究建议

(一)国家适当扩大本科生留学资助比例与规模

丰富的海外求学经历对职业发展大有裨益,例如"新生代海归"的平均月薪和满意程度都较高,这一定程度上与目前我国政府和高等院校为了搭建高层次、高质量的中外学术交流平台,设立多种形式的财政资助通道有关,但是本章中本科海归的自费留学比例(64.3%)远远高于博士海归(25.9%)。基于此,国家和政府可以适当加大对本科生,甚至是高中生出国深造的资助比例。此外,国家和各级政府可以积极探索国家、单位、个人三方按比例分担成本机制的新方式①,鼓励更多的优秀学子出国留学。

(二)各级政府积极引导海归回国就业

本章的研究表明,增加求职频率和面试次数,可以带来更高的收入。但是对于"新生代海归"而言,他们在国内求职时往往面临着不熟悉国内就业环境的问题,比如他们的毕业流程与国内招聘单位的时间不匹配,形成了"就业时差",导致求职机会减少,求职时间延长。因此各地区、各部门应该完善留学人员服务机制。例如,政府部门应该加大宣传我国有关"新生代海归"就业和创业的新政策,吸引"新生代海归"回国参与祖国建设。留学人员服务中心和工作站可以在官方网站、微博、微信公众号上面向"新生代海归"发布国内招聘岗位的信息。此外,还可以适当开展一些线上的求职技能培训和讲座等,尽早引导海归融入国内的就业文化,帮助"新生代海归"争取获得更多的求职机会和面试机会。

(三)用人单位多手段加强海归就业后的心理指导

逆文化适应在一定程度上决定了归国人员的职业认同感②,若"新生代海归"出现逆文化适应困难,在工作中存在较大的心理落差,那么其将难以实现自

---

① "出国留学财政政策研究"课题组,柯常青,黄永林,等. 我国公派出国留学人员资助政策现状研究[J]. 华中师范大学学报(人文社会科学版),2015(6):154-166.

② Andrianto S,Jianhong M,Hommey C,et al. Re-entry adjustment and job embeddedness:The mediating role of professional identity in Indonesian returnees[J]. Frontiers in Psychology,2018,9:792.

己的职业理想,用人单位的可持续发展也会受阻。本章的研究表明,海归博士的主观就业质量偏低,因此高校和科研机构要尽量为他们创造良好的科研环境,帮助他们树立职业发展信心。此外,"新生代海归"就业较集中的单位,特别是民营企业,应提供心理咨询等服务。独生子女对工作的满意程度远低于非独生子女,因此还需要重点关注独生子女的心理状态的稳定性与积极性(包括职业认同感、就业满意度等),引导他们以阳光健康、积极向上的状态投入工作。各用人单位还应该重视文化制度建设,通过完善文体活动设施,举办丰富多彩的文体活动等,营造良好的文化氛围,促进"新生代海归"和单位其他员工的彼此了解与信任。

(四)海归自身放眼于长远发展

本章的调查显示,在中西部地区就业的海归普遍拥有更积极愉快的就业体验。在就业竞争日益激烈的今天,"新生代海归"应该树立正确的就业观念,调整好心态,更看重自身的发展空间[①]、岗位的发展潜力及岗位的社会价值与意义,可以适当把目光投向中西部地区或者二、三线城市。同时,"新生代海归"可以拓宽就业视野,在一些新型知识领域从事新技术、新产品研发;还可以和国内毕业生联合创设创业平台,以更好地发挥自身在外语沟通能力、国际化视野、海外联系渠道等方面的优势[②],以及本土毕业生在国内人际关系、国内市场信息获取方面的优势。

---

① 魏华颖,张乐妍,徐欣楠.海外留学归国人员就业满意度及其影响因素研究[J].人口与经济,2018(6):34-41.

② 钟云华.新生代海归创业难的归因与对策[J].华东师范大学学报(教育科学版),2016(3):52-60.

第八章　研究结论与政策建议

在文献与理论回顾、"新生代海归"创业意向影响因素的扎根及调查研究、"新生代海归"就业质量影响因素研究的基础上,本章将对上述探索所获得的研究结论进行系统梳理与概括。之后,依据实证研究结果,提出促进"新生代海归"创业意向提升的政策建议。

第一节　研究结论

本节主要对本书前述实证研究获得的结果进行概括,包括"新生代海归"创业意向的影响因素、"新生代海归"与本土高校大学生群体创业意向影响因素的异同、"新生代海归"创业意向与就业质量影响因素的异同。

一、"新生代海归"创业意向的影响因素

本书有三个研究主要聚焦于"新生代海归"创业意向的影响因素,分别是文献回顾、扎根理论和问卷调查。结合文献回顾及两个实证研究的结果,可以概括出"新生代海归"这一群体创业意向影响因素的相对特殊性。基于计划行为理论与资本理论,本书探索获得的"新生代海归"创业意向的影响因素主要包括

以下四个方面。

(一)"二元"中的海外学习因素

虽然本书关注"新生代海归"所拥有的文化资本、社会资本和人力资本等的"二元"或"双重"特点对"新生代海归"这一群体创业意向的影响,但扎根理论研究和问卷调查结果表明,在这"二元"中,对创业意向起显著作用的是"海外学习因素"。

扎根理论研究结果表明(见表8-1),影响"新生代海归"创业意向的因素主要为个性特质、理想抱负、专业能力、人脉资源、海外资源及社会发展。其中具有独特性的影响因素是人脉资源、海外资源及社会发展,这三个因素中又有关键的两点:一是留学期间所构建的海外的人际关系网络或积累的人脉资源是否能够保留和维持;二是海外留学期间所接触的产业资源在归国后能否顺利获取。

表8-1　"新生代海归"创业意向影响因素扎根研究结果

序号	影响因素	创业	就业
1	个性特质	√	√
2	理想抱负	√	√
3	专业能力	√	√
4	家庭环境	×	√
5	海外资源	√	×
6	人脉资源	√	×
7	社会发展	√	×
8	人才政策	×	×

注:"√"代表变量间预测效应显著,"×"代表变量间预测效应不显著。

一名选择创业的海归学生谈到了其创业意向形成及付诸行动过程中的影响因素,较有代表性地体现了海外人脉资源及产业资源的重要影响(WJJ,25,男,硕士,研究方向是组织管理,毕业于荷兰蒂尔堡大学,从事鲜花国际贸易):

　　我先在杭州工作了半年,在一家做 IT 的公司,从事大数据人工智能等管理咨询。专业特长优势基本上发挥不出来,首先在专业上其实并没有很大的优势,其次是荷兰留学背景,根本没什么用,但是我觉得一定得好好利用起来。

国外留学肯定是有优势的,无论是我正在求职的过程当中,还是我工作之后,都会有一定的优势。比如说在这个语言上的优势……鲜花贸易这一块会有大量跟荷兰频繁的接触,那么我就会派上大用场。一方面是跟国外那边的联系对接,包括后面洽谈的业务会涉及这个翻译及整体的行程安排。……

从之前的那个老板那边出来之后,因为他那边突然就不干了,而我之前在他公司结交的一些志同道合的朋友也在这个行业里面,后来就和以前的一个同事合伙做鲜花这个行业……因为我现在做的是鲜花的贸易……这个是我目前的创业的内容。我现在做的这个事情,其实跟荷兰这个国家有很大的渊源。荷兰是世界上做鲜花和做农业较好的国家。

扎根研究表明促使"新生代海归"选择创业的海外学习因素还包括:发掘了相关人脉资源、建设了有凝聚力的创业团队、掌握了海外先进管理理念、熟悉了海外相关市场资源等。

"新生代海归"创业意向影响因素的调查研究同样表明了"海外一元"的重要影响作用。调查结果显示,国外创业教育、外语能力、文化兼容和海外社会网络显著影响"新生代海归"创业意向。同时,由表 8-2 可知,国内创业教育、母语能力、文化距离、本土网络等因素对"新生代海归"创业意向的影响作用并不显著。这些均表明,对于"新生代海归"这一群体来说,"二元"中的海外因素对其创业意向存在独特影响。

表 8-2 "新生代海归"创业意向影响因素调查研究结果

自变量		创业意向
创业教育	国外创业教育	√
	国内创业教育	×
双语能力	母语能力	×
	外语能力	√

续表

	自变量	创业意向
二元文化	文化兼容	√
	文化距离	×
二元网络	本土社会网络	×
	海外社会网络	√

注:"√"代表变量间预测效应显著,"×"代表变量间预测效应不显著;创业意向为因变量。

文化兼容指"新生代海归"对中国文化与留学国家文化和谐性的感知程度,即"新生代海归"关于中国文化与留学国家文化是相容还是互补、矛盾还是对立的主观感受。[①] 二元文化兼容性越高,则具有二元双文化背景的个体的心理适应越好[②],文化模式切换更加自如[③]。本书的研究表明,文化兼容同样对创业意向存在影响。

(二)计划行为理论中的预测变量

计划行为理论作为创业意向影响因素研究中的最重要理论,其三个预测变量——个人态度、主观规范和知觉行为控制对于其他群体,特别是大学生群体创业意向的影响作用已经被广泛证明。依据本书的探索,个人态度、知觉行为控制对"新生代海归"创业意向的影响同样显著(见表8-3)。本书的研究中,主观规范对"新生代海归"群体创业意向的影响并不显著。这一研究结果与以往基于计划行为理论的大学生群体创业意向的影响因素研究具有相似性。在以往相关研究中,三个预测变量对创业意向的影响存在差异,主观规范对大学生

---

① Benet-Martínez V, Leu J, Lee F, et al. Negotiating biculturalism: Cultural frame switching in biculturals with oppositional versus compatible cultural identities[J]. Journal of Cross-Cultural Psychology,2002,33(5):492-516.

② Chen S X, Benet-Martínez V, Harris B M. Bicultural identity, bilingualism, and psychological adjustment in multicultural societies: Immigration-based and globalization-based acculturation[J]. Journal of Personality,2008,76(4):803-838.

③ Benet-Martínez V, Leu J, Lee F, et al. Negotiating biculturalism: Cultural frame switching in biculturals with oppositional versus compatible cultural identities[J]. Journal of Cross-Cultural Psychology,2002,33(5):492-516.

创业意向的影响是最小的。[①]

表 8-3 计划行为理论三个预测变量对创业意向的预测作用

预测变量	创业意向
个人态度(对创业的喜爱程度)	√
主观规范(感知到来自重要他人对创业的压力)	×
知觉行为控制(对创业难易程度的感知)	√

注:"√"代表变量间预测效应显著,"×"代表变量间预测效应不显著;创业意向为因变量。

中介效应分析结果表明,知觉行为控制和个人态度在国外创业教育、外语能力、文化兼容和海外社会网络影响创业意向的过程中起中介作用,即海外学习因素通过影响个人态度和知觉行为控制,而对创业意向产生影响。

(三)"新生代海归"的人格特质

人格特质是创业意向影响因素早期研究中最受关注的变量,研究者从不同视角讨论了创业教育人格特质对创业意向、创业行为及创业成败等的影响。虽然有观点认为创业者内部的人格差异可能比创业者和非创业者之间的人格差异更大,但不可否认的是,创业者特别是成功的创业者,有其人格特质,特别是在成就动机、冒险性、理想抱负、兴趣等方面。

本书在扎根理论研究中发现,选择创业的"新生代海归"在个性特质上热衷挑战,想要突破生活的"舒适圈",有通过创业帮助他人、服务社会的理想抱负,对创业有着浓厚的兴趣,对自身能力也较为自信。经验积累也是兴趣、抱负转化为行动的主要驱动力,有些经验来自求学期间的学生活动,有些来自毕业后就业阶段的积累。

> 感觉自己还是比较喜欢这种有挑战的生活,所以就回来创业……
>
> 而且我个人是非常喜欢创业的……像我做这个行业的话在国外肯定

① Liñán F, Rodríguez-Cohard J C, Rueda-Cantuche J M. Factors affecting entrepreneurial intention levels: A role for education[J]. International Entrepreneurship and Management Journal, 2011, 7(2): 195-218.

得去硅谷拉风投,然后我自认为我的口才并不能让我拉到好的风投。

——ZZ

这个的确有挺多的,一方面就是可能国外的一些孵化器,然后再往前推,可能校园内的一些学生组织,其实都是在培养我们所说的领导力。

——Ella

本书的调查研究发现,个人态度、知觉行为控制对创业意向存在影响。个人态度一定程度上体现了个体对创业的兴趣,知觉行为控制也是个体对自己能够成功创业的一种评估,体现了创业的自我效能,从侧面揭示了创业者个人特质对创业意向的影响。

在扎根研究中,本书选取了11名就业的"新生代海归"作为对比,通过对就业群体的剖析,突出创业意向影响因素的独特性。从人格特质的角度分析,选择就业的青年海归,普遍希望有一个相对稳定的工作环境与安定的生活。

可能是因为我这个人也是那种比较容易满足吧,就觉得这样其实也挺好的,然后就做一点那种平凡的小事情,就是也不是说要在那种企业里面打拼什么那种,比较安于现状吧。……然后回来考公务员,父母也是这个系统,希望我也进入这个系统,觉得女孩子这个工作比较稳定,也不会很累。

LLY

(四)社会人口学背景因素

性别、学历、近亲属和自身创业经历是影响"新生代海归"群体的主要人口学变量。年龄、开始留学阶段、专业类别、是否独生子女、海外实习及正式工作经历等对创业意向不存在显著影响。在创业政策了解程度上,对创业政策"非常不了解"的被调查者在创业意向上的得分最低。

男性在创业意向得分上显著高于女性,这与大部分已有研究结论一致。女性可能由于性别刻板印象、缺乏榜样示范等而缺乏创业自信,从而相比男性创业意向更低。[1] 男性在二元文化、个人态度、知觉行为控制和主观规范等变量

---

[1] 彭正霞,陆根书,康卉.个体和社会环境因素对大学生创业意向的影响[J].高等工程教育研究,2012(4):75-82.

上的得分同样高于女性。

本科学历的"新生代海归"的创业意向显著高于博士学位的海归。这与部分已有研究结论一致,即从本科生到博士生呈现出学历越高创业意向越低的趋势。① 本科学历的"新生代海归"在创业教育及知觉行为控制上也显著高于博士学位的"新生代海归"。

近亲属有创业经历的"新生代海归"在创业意向上显著高于近亲属无创业经历的"新生代海归"。这与部分已有研究结论一致,即近亲属的创业经历可能产生示范作用从而提升个体的创业意向。②

在自身创业经历上,没有考虑过创业的"新生代海归"在创业意向得分上相应也是最低的,考虑过创业但还没行动的"新生代海归"的创业意向低于行动中的。这与大部分已有研究结论一致,即有创业经历的大学生比没有创业经历的大学生拥有更高的创业意向。③④

尽管有的研究发现理工科学生的创业意向高于文科学生⑤、艺术类学生的创业意向高于理学类学生⑥,也有研究认为海外实习及正式工作经历对创业意向有积极影响⑦,但年龄、开始留学阶段、专业类别、是否独生子女、海外实习及正式工作经历等因素,在本书的研究中并未体现出对"新生代海归"创业意向的显著影响。

此外,"新生代海归"对相关政策了解程度越高则创业意向越高,反之则越

---

① 周勇,杨文燮.大学生创业主动性的现状及对策研究[J].中国青年研究,2014(10):78-82.
② 马占杰.国外创业意向研究前沿探析[J].外国经济与管理,2010(4):9-15.
③ 叶映华.大学生创业意向影响因素研究[J].教育研究,2009(4):73-77.
④ 刘敏,陆根书,彭正霞.大学生创业意向的性别差异及影响因素分析[J].复旦教育论坛,2011(6):55-62.
⑤ 严建雯,叶贤.大学生创业意向的现状调查[J].心理科学,2009(6):1471-1474.
⑥ 程诚,王凯丽.高校毕业生创业状况新动向:意愿、行动与困境[J].青少年研究与实践,2019(1):43-51.
⑦ 苗琦,鲍越,刘鹰.人力资本与技术资本对我国海归创业意向影响[J].科学学研究,2015(7):1035-1042.

低。这与部分已有研究结论一致,即政策感知对学生的创业意向有正向影响。[1]　创业政策的感知程度也对"新生代海归"的创业意向存在影响。

二、"新生代海归"与本土高校大学生创业意向影响因素的差异

(一)"新生代海归"群体创业的显著特点

与我国本土高校毕业生自主创业者相比,拥有海外留学或工作经历是"新生代海归"群体的显著特点。

海外留学经历赋予"新生代海归"一定的优势,而本书的实证调查表明,这些优势显著影响了"新生代海归"的创业意向。第一,海外留学经历对外语的硬性要求使得"新生代海归"能够在今后的工作中熟练地运用外语翻译外文材料或与外方沟通交流;第二,来到陌生国家生活极大地锻炼了独立自主的能力,使得"新生代海归"尤其是自主创业者能承担起公司运作的责任,获得亲友对其创业决定的认同;第三,周围人对海外学历的认可态度较高;第四,"新生代海归"认为在海外留学经历在一定程度上带来了思维方式的转变,考虑问题更加周全,在工作中遇到困难时能从容应对。

> 国外留学的优势很多,如语言上的优势,鲜花贸易这一块会跟荷兰有频繁的接触,那么我就会派上大用场。
>
> ——WJJ

> 然后就是独立生活问题,独立生活,这真的是独立,没有任何人可以依靠……你必须得自己去学习……这些都得一步步去学,回国之后就简单了,因为国外那种环境都经历过来了,回国之后所有事情都变得理所当然,比较顺畅……家人支持我创业是因为他们知道我的能力,自己一个人在国外也能够过得好……所以还是对我非常有信心的。
>
> ——ZZ

---

[1]　崔祥民,杨东涛.生态价值观、政策感知与绿色创业意向关系[J].中国科技论坛,2015(6):124-129.

国外生活会比较独立,现在创业也是一个人跑生意沟通。

——ANN

相反,从海外留学经历给"新生代海归"带来的劣势来看,不利的影响主要体现在对国内人情往来的不适应,不够"接地气",以及工作生活节奏的不适应。

劣势的地方就是跟本土的一些关系的处理……这个还是需要一定的时间,包括处事的一些习惯上需要一定的去转化……

——MJY

(二)两个不同群体创业意向影响因素的异同

将本书的研究中显著影响"新生代海归"创业意向的因素与同类研究中显著影响本土高校大学生创业意向的因素进行比较(见表 8-4),可以发现两者的相似点和不同点。

表 8-4　"新生代海归"与本土高校大学生创业意向影响因素的比较

分类	类别	"新生代海归"	本土高校大学生
资本类型	文化资本	二元文化	
	社会资本		社会网络(程诚等,2019);社会资本(常文豪等,2021)
	人力资本	双语能力、创业教育	创业教育(李静薇,2013;朱红等,2014)
	心理资本		创业自我效能感、乐观、坚韧(柯江林等,2013;彭伟等,2014)
	物质资本		家庭经济条件(柯江林等,2013)
影响来源	个体内部	自身创业经历、学历、性别	专业类别(严建雯等,2009;程诚等,2019)、自身创业经历(叶映华,2009;刘敏等,2011)、学历(周勇等,2014)、性别(乐国安等,2012;彭正霞等,2013)
	外部环境	近亲属创业、政策了解程度	近亲属创业经历(马占杰,2010)、政策感知(崔祥民等,2015)、创业阻力(彭正霞等,2012)

注:表中所引文献均在参考文献中列出。

相似点主要体现在,都发现了创业教育、自身创业经历、近亲属创业经历、创业者人格特质等对创业意向的显著影响。同时,人力资本、社会资本和文化资本理论对两个群体创业意向影响因素的研究均能够起到理论支撑作用。计划行为理论所提出的个体意向的影响机制、从意向到行动的过程同样适用于"新生代海归"群体创业意向的形成与发展研究。

不同点主要有两个。首先,本书证明了二元文化中的文化兼容因子通过个人态度和知觉行为控制显著影响"新生代海归"创业意向,这意味着"新生代海归"对于中外文化兼容性与和谐性的认知程度越高,则其对创业的态度更积极,对创业行为更自信,创业意向更高。类似地,双语能力中的外语能力因子也通过个人态度和知觉行为控制显著影响"新生代海归"的创业意向,这意味着"新生代海归"外语水平越高,则其对创业的态度更积极,对创业行为更自信,创业意向更高。不难理解,在经济活动全球化的背景下,跨文化的接受理解能力和交流能力确实能为创业带来优势。然而,在本土高校大学生创业意向的研究中,研究者尚未注意到这两个因素的作用。这也是两个群体创业意向影响因素最大的差异。

其次,本书在问卷调查中发现国外社会网络在调查研究中显著影响"新生代海归"的创业意向,在扎根理论研究中发现国内社会网络显著影响"新生代海归"的创业意向。程诚和王凯丽在对国内大学生的研究中发现了社会网络对创业意向的显著影响,该研究中的社会网络包括社团参与、同伴参与和层级网络等因子,结果表明,有创业的朋友以及认识创业人士的大学生的创业意向更高。[①] 本书未将本土高校大学生创业意向研究中的外部环境、心理资本、物质资本类别下的诸多因素纳入影响变量范畴进行探索,考虑这些因素对"新生代海归"创业意向的影响是未来研究可以改进的方向。

三、"新生代海归"创业意向与就业意向影响因素的异同

关于"新生代海归"创业与就业影响因素的差异的研究,本书在扎根理论研究部分采用了相同的分析框架;而在问卷调查部分,是在不同的理论框架下展

---

① 程诚,王凯丽.高校毕业生创业状况新动向:意愿、行动与困境[J].青少年研究与实践,2019(1):43-51.

开。不同的理论框架对自变量的设置存在差异,因此,很难对"新生代海归"创业意向与就业意向的影响因素进行绝对比较,但可以通过相对比较剖析其异同。

(一)"新生代海归"就业质量的影响因素

"新生代海归"就业质量的影响因素主要包括客观就业质量和主观就业质量的影响因素,表 8-5 和表 8-6 分别对其进行了梳理与汇总。

表 8-5 "新生代海归"客观就业质量的影响因素

影响因素	影响关系
回国时间	与早些年份回国的"新生代海归"相比,新近回国海归的工资较低
留学形式	国外奖学金和政府项目资助的"新生代海归"获得高薪的可能性更大
留学区域	留学北美地区的"新生代海归"比留学亚洲地区的"新生代海归"获得高薪的可能性更大
留学年限	留学时长越长的"新生代海归"获得高薪的可能性越大
学历	前置学历中有国内研究型院校学习经历的"新生代海归"获得高薪的可能性更大
求职频率	求职频率越高的"新生代海归"收入提升的概率越高
面试次数	面试次数越多的"新生代海归"的平均月薪越高
就业区域	东部的"新生代海归"平均月薪最高,西部最低
单位类型	外资企业和民营企业就业的"新生代海归"获得较高薪水的可能性更大

表 8-6 "新生代海归"主观就业质量的影响因素

影响因素	影响关系
是否独生子女	非独生子女"新生代海归"的就业主观感知更积极
回国时间	近两年回国的"新生代海归"的就业主观感知更积极
留学形式	获得国外奖学金资助的"新生代海归"就业主观感知更积极
逆文化适应	逆文化适应良好的"新生代海归"的就业主观感知更积极
第一份工作寻找时间	越早找到第一份工作的"新生代海归"的就业主观感知更积极
面试次数	面试次数越多,"新生代海归"的就业主观感知越积极

续表

影响因素	影响关系
offer 数量	offer 越多，"新生代海归"的就业主观感知越消极
就业区域	西部地区就业的"新生代海归"的就业主观感知最积极
单位类型	民营企业、国企就业的"新生代海归"的就业主观感知最消极
客观就业质量	平均月薪越高，"新生代海归"的就业主观感知越积极

依据表 8-5 和表 8-6，影响"新生代海归"主观和客观就业质量的变量不尽相同。同样是就业区域，西部地区就业的"新生代海归"，客观就业质量（平均月薪为主）最低，但其主观就业质量（就业满意度为主）是最高的；单位类型也有相同的特点，民营企业就业的"新生代海归"有更积极的客观就业质量感知，但也有更消极的主观就业质量感知。这些特点也表明，对于"新生代海归"来说，他们的就业价值观、理想抱负在不断发生变化，以薪酬为主的客观就业质量不再是影响其主观就业感知的唯一主要变量。

"新生代海归"就业质量影响因素的 ISM 模型则表明，社会人口学背景和部分海外教育经历因素在"新生代海归"的就业质量模型中发挥深层根源性作用，海外教育结果是中间连接因素，国内求职活动是影响就业质量的表层直接因素。即整个影响路径是"社会人口学背景→海外教育经历→国内求职活动→客观就业质量→主观就业质量"。

（二）影响机制的异同

本书在"新生代海归"创业意向影响因素研究中，更多地基于资本理论及计划行为理论，遵循创业意向影响因素传统研究的思路与机理构建研究的理论模型，更多地考虑海外学习变量（人力资本）、海外网络（社会资本）和文化兼容（文化资本）对"新生代海归"创业意向的影响。而在"新生代海归"的就业意向影响因素的研究中，本书更关注其国内求职活动的影响。因此，"新生代海归"创业意向与就业意向的影响因素有共性的地方，但也存在一定的差异。

共性的影响表现在：（1）人口学变量的共性影响。如学历，本科学位的"新生代海归"的创业意向及就业质量积极感知度普遍高于博士学位的海归。又如专业因素，对创业及就业均不存在显著影响。（2）文化适应因素的共性影响。

逆文化适应显著预测"新生代海归"主观就业质量,即逆文化适应越好的"新生代海归",对就业质量的感知越积极。同样地,文化兼容显著预测"新生代海归"群体的创业意向,文化兼容性越好,其创业意向越高。(3)理想抱负和专业能力的共性影响。扎根研究表明,不管是"新生代海归"的创业选择还是就业选择,理想抱负及专业能力均是重要的影响因素。较强的创业意向及较高质量的主客观就业感知,均需要青年海归有远大的理想抱负及较良好的专业能力作为支撑。(4)重要他人的共性影响。关于"新生代海归"的创业意向及选择,近亲属是否有创业经历等起了较为重要的作用;同时,在本书的扎根理论研究中,也有部分受访者提到了创业行业的选择,很多是因为家人从事相近行业的工作;关于这一群体的就业,在本书的扎根理论研究中,多位受访者谈到了就业选择受到家人职业和就业观的影响。

差异影响表现在:(1)人格特质的差异影响。扎根研究表明,选择就业的学生在人格特质的冒险性等方面要低于选择创业的学生,前者更追求生活与工作的安逸,而后者对不确定性有更强的容忍性。(2)"二元"性的差异影响。对于"新生代海归"的创业意向而言,海外学习的影响是非常显著的,包括文化兼容、外语能力、海外社会资源、海外接受的创业教育等因素。对于这一群体的就业质量来说,海外学习的因素有一定的作用,但不如对创业意向的影响显著。特别是在海外社会资源方面,在本书的扎根理论研究中,选择就业的被试几乎都没有提到这一因素的影响。(3)国内相关变量的差异影响。对于"新生代海归"的创业意向,国内相关的变量更多的是近亲属是否有创业经历,而国内社会网络等因素的影响甚至都没有达到显著水平。对于这一群体的就业质量来说,国内求职活动对其主观和客观就业质量都有较为显著的影响。

四、创业意向对行动的预测

本书的研究表明,个人态度和知觉行为控制能够显著预测个体的创业意向,但在从意向到行动的转换过程中,除了这两个因素外,个体的一些非动机性因素也会产生作用,如"新生代海归"的海外学习经历中的文化兼容、外语能力、海外社会资源、海外接受的创业教育,以及近亲属和自身是否有创业经历等。

当计划行为理论中的两种动机性因素(行为态度和知觉行为控制)和其他的非动机性因素(海外社会资源、海外学习所形成的能力、家人职业或创业经历等可能产生的合适的创业机会等)同时满足时,创业行为的发生会提速。这也与阿耶兹关于动机性因素和非动机性因素的共同作用会加快行为发生速度的观点相一致。[①]

第二节　"新生代海归"创业政策的优化建议

前述第四章政策回顾部分梳理了近年来我国面向海归群体的创业政策,并对其特点进行了剖析。本节对现有海归政策中存在的问题进行剖析,并依据本书的实证研究结果,提出"新生代海归"创业政策优化的系列建议。

一、现有海归创业政策存在的问题

现有海归创业政策呈现一定的特点,在人才引进及促进地方经济发展方面取得一定成效,但仍存在一些问题。

(一)海归创业政策内容同质化,体制机制创新不足

"政策内容同质化,是指人才政策的目标、主体、客体、工具等相互模仿,以至逐渐趋同的政策现象。"[②]从政策工具的视角来看,政策制定中对于需求型政策工具的运用较为不足,同时在供给型与环境型政策工具中,较为普遍的政策是资金支持、完善创业基础设施、金融支持、税收优惠以及公共服务支持等方面的内容,关于创业教育、创业人才技能培训以及中介机构、平台建设等方面的内

[①]　Ajzen I. The theory of planned behavior[J]. Organization Behavior and Human Decision Processes,1991,50(2):179-211.

[②]　赵全军,季浩,Wang Wei. 政策创新与制度失灵:基于"人才争夺战"的场景分析[J].浙江社会科学,2021(11):45-52.

容较少或散见于其他政策内容中,不够系统、成熟。人才政策的创新并未聚焦于体制机制的实质性突破,更多的还是为人才提供优惠待遇。[①]

(二)未形成动态的创业政策支持体系,对企业发展过程的关注不够充分

目前的人才政策主要集中于引才环节,而涉及育才、用才、留才等的政策内容不多,相关内容的不足使得政策条款之间缺乏足够的联动性,难以实现"设计完备"的政策制定目标,一些城市也出现了"引得进、用不好、留不住"的现象。[②]人才生态环境的优化才是"用得好、留得住"的长久之计。而目前政府与新创企业之间缺乏长效沟通机制,尚未建立适应企业发展的动态政策支持系统。

人才治理体系是一个复杂的有机系统。依靠行政手段推动人才政策创新与落实,虽然能够提供一定的资源保障,但是政策的可持续性不强。例如,政府鼓励创新创业平台、孵化器等的建设,鼓励相关机构与平台为人才提供"一站式"创新创业服务,可能面临着专业性、有效性不足的问题。[③]目前的"新生代海归"创业政策部分涉及人才中介、创业平台的奖励机制,但内容散见于多个政策文本,尚未形成有针对性的专门政策。因此,应该充分运用政策工具,吸引多方主体一起为"新生代海归"创业提供帮助。

(三)政策发布与宣传方式有待加强

在政策宣传上,渠道不够畅通。目前,相关政策大多通过网络平台发布,但总体来说,政策发布平台不够集中,部分人才网站信息更新不及时,这可能导致优秀的海外人才因没有看到相关政策与信息而错失机会。

此外,海归创业政策中还存在一些共性问题,如对"新生代海归"的政策支持力度和针对性不够;政策规定的行政手续繁复,政府服务相对滞后,增加了资源损耗;政策工具运用不充分,未吸引多方力量参与;等等。

---

① 张再生,杨庆.海外高端人才政策评估及优化对策研究[J].天津大学学报(社会科学版),2016(2):123-128.

② 赵全军,季浩,Wang Wei.政策创新与制度失灵:基于"人才争夺战"的场景分析[J].浙江社会科学,2021(11):45-52.

③ 张再生,杨庆.海外高端人才政策评估及优化对策研究[J].天津大学学报(社会科学版),2016(2):123-128.

二、"新生代海归"创业政策优化的建议

(一)创新国家留学资助政策,扩大政府项目的资助比例

基于"新生代海归"群体在创新创业及科技创新上的巨大活力,不断创新国家留学资金资助政策,扩大国家留学基金的资助比例及资助幅度,成为一个较为急迫的政策问题。

目前,我国政府和高等院校为了搭建高层次、高质量的中外学术交流平台,设立了多种形式的财政资助通道。获得国外奖学金和政府项目资助的"新生代海归"获得高薪的可能性更大。但整体上看,学历越高的海归获得国家和政府资助的比例越大而自费比例越低,如本书第七章中,本科海归的自费留学比例(64.3%)远远高于博士海归(25.9%)。基于此,中央和地方各级政府可以适当加大对本科生,甚至是高中生出国深造的资助比例。此外,中央和地方各级政府可以积极探索国家、单位、个人三方按比例分担成本机制的新方式[①],鼓励更多的优秀学子出国留学。

(二)打造统一集中的政策发布平台

近年来,各级政府相继出台各类人才政策及相关配套措施,在提升留学人员的回国积极性上发挥了较为重要的作用。海外高层次人才引进计划、高等学校学科创新引智计划("111计划")、"孔雀计划"、"百万人才进海南行动计划"、"双创计划"、海外高层次人才集聚工程等,是在海归政策热度排行榜中排名靠前的政策。[②] 一方面,海归创业相关政策形成了一个庞大的"政策群",政策数量之多、内容之丰富,在让"新生代海归"受益的同时,一定程度上也增加了政策获取的难度。另一方面,很多政策互相重复,如在资金政策、税收政策上,重复现象较为明显。因此,如何在减少政策数量的同时保证政策质量,是政策制定部门

① "出国留学财政政策研究"课题组,柯常青,黄永林,等.我国公派出国留学人员资助政策现状研究[J].华中师范大学学报(人文社会科学版),2015(6):154-166.
② 中教传媒智库.海归数据报告(十九大以来)[J].神州学人,2019(Z1):43-47.

需要关注的问题。政策要少而精,要有权威性,要强化执行力。[①] 同时,搭建政策信息汇总平台,增进交流,并形成常规化管理。如浙江省的政策更多地是在浙江省政府相关网站上发布。建议搭建一个统一的网络平台,使发布的相关政策能够在较短时间内在统一的平台聚集,让海归群体更加便利地获取政策信息。

(三)优化需求型政策工具,尝试推行"政府采购"

本书第四章对我国当前各项海归政策进行了梳理,发现在需求型政策工具运用上较为不足。同时,几种政策工具在运用上也不太充分。针对现有政策的基本情况,在引才机制上可以进行适当的创新,尝试推行政府采购。

各级政府部门可以根据实际需要拟定创业项目索引,鼓励这一群体成员自行申报。以国家社科基金重大项目为例,它有一个选题指南,能够提供大概的研究方向,而这些研究方向是目前国家发展过程中亟须关注及解决的问题。当然,针对"新生代海归"创业项目的指南,应该是能够体现并发挥这一群体的创业优势的。

(四)设立海外人才机构,引才育才前置化

"陌生感"可能是很多"新生代海归"回国后的普遍感受。"新生代海归"创业意向研究结果表明,国内社会网络等对"新生代海归"创业意向没有显著影响。为此,可以尝试在我国留学生较为集中的国家和地区设立人才机构,其主要功能在于和留学生保持联系,定期推送相关的创业就业政策并举办相关活动,吸引更多的青年留学生归国发展。

(五)形成动态性创业政策支持体系,在企业发展各个阶段提供支持[②③]

政府应与"新生代海归"新创企业建立长效沟通机制,关注创业主体在不同发展阶段的政策帮扶需求,建立适应企业发展的动态政策支持系统,保障政策

① 王建明.什么样的人才政策更吸引留学人员[J].神州学人,2018(7):18-19.

② 白彬,张再生.基于政策工具视角的以创业拉动就业政策分析:基于政策文本的内容分析和定量分析[J].科学学与科学技术管理,2016(12):92-100.

③ 程华,娄夕冉.海外高层次人才创新创业政策研究:政策工具与创新创业过程视角[J].科技进步与对策,2019(21):141-147.

的适用性、连贯性及系统性。创业前期、创业初期、创业中期等不同创业阶段所需要的创业政策存在差异，比如对处于竞争环境的企业来说，获取超前的市场及技术信息更具战略意义，政府可以建立信息研究机构，对国内外的信息资源进行整合与优化配置，为企业提供信息支持。此外，不同创业类型的创业企业所需要的政策支持也存在差异，同样应该予以关注。

(六)加强"新生代海归"归国后的职业指导与心理辅导

逆文化适应在一定程度上决定了归国人员的职业认同感[①]，并影响"新生代海归"群体的主观就业质量；文化兼容也是"新生代海归"创业意向的重要影响因素。"新生代海归"回国后如果出现逆文化适应困难，就会产生较大的心理落差。这种情况既不利于其创业，也不利于其本人就业质量的提升及用人单位的可持续发展。"新生代海归"就业相关政策中，应该有部分政策能够关注这一群体的职业指导与心理辅导，引导他们形成积极的创业与就业价值观，在创业与就业的过程中关注社会问题的解决，同时提升创业与就业的信心，以积极向上的状态投入于创业与就业。

(七)拓展"在地国际化"的范围，提升"新生代海归"可持续国际化能力

"在地国际化"一般是立足本土本校，对跨境教育部分做出补充。但事实上，归国后的"新生代海归"群体同样需要拓展"在地国际化"的机会与渠道，以提升可持续国际化能力。

对于"新生代海归"群体，本书的相关研究表明他们归国后面临的一个困境是随着时空距离的加大，他们留学期间形成的社会资源、语言能力、文化适应等优势逐渐减少，有些甚至会慢慢消失。因此，如何为"新生代海归"群体提供"在地国际化"的机会与路径，也是政策需要关注的部分。"在地国际化"可以为"新生代海归"提供学习的机会，且这类学习是有其独特性的。

---

① Andrianto S, Jianhong M, Hommey C, et al. Re-entry adjustment and job embeddedness：The mediating role of professional identity in Indonesian returnees[J]. Frontiers in Psychology, 2018, 9：792.

结　语

　　本研究有一定的理论价值与实践价值,但整个研究也存在一些不足。在文献综述方面,由于专门针对"新生代海归"创业的文献较少,本研究主要还是针对整个创业意向研究领域进行系统梳理,特别是对大学生群体的创业意向相关研究进行了文献梳理。在研究的样本范围方面,因为样本选择的难度较大,本研究未能采取完全随机抽样的方式,样本量有限。在研究内容上,本研究主要是基于资本理论及计划行为理论,研究的主要理论框架及变量选择也是以这两个理论为支撑,未能在更大的变量范围内探索其机制,特别是未能关注"新生代海归"群体的心理资本,以及较多的社会人口学背景因素对其创业意向的影响。在研究的政策建议上,本研究所提出的政策建议的可行性及有效性,需要在未来很长一段时间内在实践领域进行检验。同时,近几年,由于新冠疫情的影响,国际形势发生了较大的变化,尤其是留学方面的政策,本研究在与这些政策变化的呼应上尚有不足。

　　"新生代海归"创业意向相关研究还可以更加细化和深入。在研究变量上,除了本研究关注的变量外,这一群体的心理资本同样值得关注。在人口学变量上,除了基本信息及近亲属与家人的创业经历外,一些更微观的人口学变量,如家庭经济状况等,也可以纳入研究;此外,这一群体出国前的创业意向水平是否对其归国后的创业意向存在影响也可以进一步探索。在研究方法上,可以综合采用有代表性的案例研究,或者是与实验相关的手段和方法。在研究取样上,可以扩大样本的范围。

　　当下,留学生创业就业相关心理和行为及其影响机制发生了较大的改变,如何更好地把握其相关机制,也是"新生代海归"创业意向研究需要关注的重要问题。

参考文献

一、著作类

[1]郭娇,麦可思研究院,王伯庆.就业蓝皮书:2015 年中国本科生就业报告[M].北京:社会科学文献出版社,2015.

[2]彭聘龄.普通心理学[M].北京:北京师范大学出版社,2004.

[3]吴明隆.结构方程模型:AMOS 的操作与应用[M].重庆:重庆大学出版社,2010.

[4]徐小洲,叶映华.中国高校创业教育[M].杭州:浙江教育出版社,2010.

[5]杨小微.教育研究方法[M].北京:人民教育出版社,2005.

[6]张文彤,董伟.SPSS 统计分析高级教程(第 3 版)[M].北京:高等教育出版社,2018.

[7]朱伟珏."本论"研究[M].北京:经济日报出版社,2007.

[8]Lawler E E. Pay and Organizational Effectiveness[M]. New York: McGraw-Hill,1971.

[9]Luthans F,Youssef C M,Avolio B J. Psychological Capital:Developing the Human Competitive Edge[M]. Oxford:Oxford University Press,2007.

[10]McClelland D C. The Achieving Society[M]. New York:Free Press,1961.

210

二、期刊文献

[1]白彬,张再生.基于政策工具视角的以创业拉动就业政策分析:基于政策文本的内容分析和定量分析[J].科学学与科学技术管理,2016(12):92-100.

[2]常文豪,吴立爽,吕慈仙,等.社会资本对大学生创业意向的影响[J].高等工程教育研究,2021(6):91-96.

[3]陈向明.扎根理论在中国教育研究中的运用探索[J].北京大学教育评论,2015(1):2-15.

[4]程诚,王凯丽.高校毕业生创业状况新动向:意愿、行动与困境[J].青少年研究与实践,2019(1):43-51.

[5]程华,娄夕冉.海外高层次人才创新创业政策研究:政策工具与创新创业过程视角[J].科技进步与对策,2019(21):141-147.

[6]"出国留学财政政策研究"课题组,柯常青,黄永林,等.我国公派出国留学人员资助政策现状研究[J].华中师范大学学报(人文社会科学版),2015(6):154-166.

[7]崔祥民,杨东涛.生态价值观、政策感知与绿色创业意向关系[J].中国科技论坛,2015(6):124-129.

[8]杜晶晶,王晶晶.创业教育对大学生创业意向影响的实证研究[J].高校教育管理,2015(5):113-119.

[9]段文婷,江光荣.计划行为理论述评[J].心理科学进展,2008(2):315-320.

[10]风笑天,王小璐.城市青年的职业适应:独生子女与非独生子女的比较研究[J].江苏社会科学,2003(4):18-23.

[11]顾承卫.新时期我国地方引进海外科技人才政策分析[J].科研管理,2015(S1):272-278.

[12]何会涛,袁勇志.海外人才跨国创业研究现状探析与未来展望:基于双重网络嵌入视角[J].外国经济与管理,2012(6):1-8.

[13]核心素养研究课题组.中国学生发展核心素养[J].中国教育学刊,

2016(10):1-3.

[14]侯烜方,李燕萍,涂乙冬.新生代工作价值观结构、测量及对绩效影响[J].心理学报,2014(6):823-840.

[15]胡瑞,王伊凡,张军伟.创业教育组织方式对大学生创业意向的作用机理:一个有中介的调节效应[J].教育发展研究,2018(11):73-79.

[16]蒋春燕,赵曙明.组织学习、社会资本与公司创业:江苏与广东新兴企业的实证研究[J].管理科学学报,2008(6):61-77

[17]蒋剑勇,郭红东.创业氛围,社会网络和农民创业意向[J].中国农村观察,2012(2):20-27.

[18]柯江林,冯静颖,邓建光.大学生心理资本对创业意向影响的实证研究[J].青年研究,2013(40):40-49,95.

[19]柯羽.大学毕业生就业质量现状调查及趋势分析:以浙江省为例[J].黑龙江高教研究,2010(7):106-108.

[20]孔令夷.基于解释结构模型的博士学位论文质量关键影响因素分析[J].中国高教研究,2012(4):51-55.

[21]乐国安,张艺,陈浩.当代大学生创业意向影响因素研究[J].心理学探新,2012(2):146-152.

[22]李德辉,潘丽君.海归劣势、持续创新能力与新创科技企业生存:基于企业事件史的分析[J].科研管理,2022(5):76-85.

[23]李明章,代吉林.我国大学创业教育效果评价:基于创业意向及创业胜任力的实证研究[J].国家教育行政学院学报,2011(5):79-85.

[24]林欣,林素絮.人力资本和社会资本对高职学生就业的异质性影响研究:基于广东省42所高职院校的实证分析[J].高教探索,2019(8):53-61.

[25]刘红霞,石晓艳,付苗."海归"就业何以难:精英情结与社会排斥之间的匹配博弈[J].中国青年研究,2017(1):50-56.

[26]刘敏,陆根书,潘炳超,等.陕西高校本科专业毕业生就业质量指数评价研究[J].复旦教育论坛,2018(5):70-75.

[27]刘敏,陆根书,彭正霞.大学生创业意向的性别差异及影响因素分析

[J].复旦教育论坛,2011(6):55-62.

[28]刘玮,王乐,张世钰.农村紧急医疗救援的公众满意度及影响因素分析:基于Logistic—ISM模型[J].调研世界,2018(9):59-65.

[29]刘正山."幸福—学历之谜"及其解释[J].金融博览,2019(3):18-19.

[30]马占杰.国外创业意向研究前沿探析[J].外国经济与管理,2010(4):9-15.

[31]米子川.并发多样本滚雪球抽样的捕获再捕获估计[J].统计研究,2015(6):99-104.

[32]苗琦,鲍越,刘鹰.人力资本与技术资本对我国海归创业意向影响[J].科学学研究,2015(7):1035-1042.

[33]彭伟,符正平.基于内容分析法的海归创业政策研究:以长三角地区为例[J].科技进步与对策,2015(15):115-119.

[34]彭伟,张宏如,王燕.心理资本对大学生创业意向的影响研究[J].黑龙江高教研究,2014(12):116-120.

[35]彭正霞,陆根书.大学生创业意向的性别差异:多群组结构方程模型分析[J].高等工程教育研究,2013(5):57-58.

[36]彭正霞,陆根书,康卉.个体和社会环境因素对大学生创业意向的影响[J].高等工程教育研究,2012(4):75-82.

[37]冉红霞,吴园一.对"海归"人才创业潮的理性思考[J].商场现代化,2007(6):319-320.

[38]史茜,舒晓兵,罗玉越.工作需求控制支持压力模型及实证研究评析[J].心理科学进展,2010(4):655-663.

[39]宋雪雁,王少卿,邓君.数字时代档案文献编纂成果质量影响因素解释结构模型分析[J].图书情报工作,2020(3):4-11.

[40]苏颂兴.上海独生子女的社会适应问题[J].上海社会科学院学术季刊,1997(2):141-149.

[41]隋姗姗,钱凤欢,王树恩.我国创新创业人才培养路径探析:基于国外经验比较与创新创业教育生态系统构建的角度[J].科学管理研究,2018(5):

105-108.

[42]孙进.文化适应问题研究:西方的理论与模型[J].北京师范大学学报(社会科学版),2010(5):45-52.

[43]孙莉莉,王其源.城市居民社会保障满意度的影响因素研究:基于有序Logistic—ISM模型的实证分析[J].调研世界,2019(4):37-44.

[44]孙维,马永红,张乐妍.英国博士教育多样化发展趋势分析及启示:基于对2015年UKCGE报告的解读[J],北京航空航天大学学报(社会科学版),2019(1):137-141.

[45]孙榆婷,杜在超,赵国昌,等.出国镀金,回国高薪?[J]金融研究,2016(11):177-193.

[46]汤丹丹,温忠麟.共同方法偏差检验:问题与建议[J].心理科学,2020(1):215-223.

[47]田峰,丛聪,李大鹏,等.面向国际化的高校创新创业人才培养探索与实践[J].教育教学论坛,2018(52):87-88.

[48]田喜洲.从人力资本、社会资本到心理资本:人力资源管理的新取向[J].商业研究,2009(1):77-79.

[49]王建明.什么样的人才政策更吸引留学人员[J].神州学人,2018(7):18-19.

[50]王晓文,张玉利,杨俊.基于能力视角的创业者人力资本与新创企业绩效作用机制[J].管理评论,2012(4):76-84.

[51]王扬眉,梁果,李爱君,等.家族企业海归继承人创业学习过程研究:基于文化框架转换的多案例分析[J].管理世界,2020(3):120-142.

[52]魏华颖,曾湘泉.海外留学归国人员就业的微观影响因素的实证研究[J].中国行政管理,2014(10):84-86.

[53]魏华颖,张乐妍,徐欣楠.海外留学归国人员就业满意度及其影响因素研究[J].人口与经济,2018(6):34-41.

[54]温明盛,蒋莹.高科技海归创业者人格特质与创业行为研究[J].科技创业月刊,2021(4):9-12.

[55]闻文.2018 年中国海归就业创业调查报告:国内吸引人才力度大 近三成留学生学成归国[J].中国对外贸易,2018(10):28-30.

[56]吴瑞君.海外归国人员就业状况及其影响因素:基于 2011 年上海基本侨情调查的分析[J].社会科学,2015(5):59-68.

[57]夏万军,余功菊.我国区域经济发展不平衡性研究[J].安徽师范大学学报(人文社会科学版),2018(4):111-121.

[58]向辉,雷家骕.大学生创业教育对其创业意向的影响研究[J].清华大学教育研究,2014(2):120-124.

[59]徐小洲,叶映华.创业教育课程设计及其有效性评价:以浙江大学《创业基础》MOOC 课程为样本[J].华东师范大学学报(教育科学版),2019(1):16-22,164.

[60]徐贞.在哪里延续科研之路:理工科博士生就业偏好及其影响因素研究[J].高等教育研究,2018(7):31-38.

[61]许国成.杭州市吸引"海归"政策与"准海归"政策感知度研究[J].中国外资,2013(10):190-191.

[62]许家云,刘廷华,李平.海外留学经历是否提高了个人收入?[J].经济科学,2014(1):90-101.

[63]严建雯,叶贤.大学生创业意向的现状调查[J].心理科学,2009(6):1471-1474.

[64]杨根福.MOOC 用户持续使用行为影响因素研究[J].开放教育研究,2016(1):100-111.

[65]叶映华.大学生创业意向影响因素研究[J].教育研究,2009(4):73-77.

[66]于海波,郑晓明.薪酬满意度的测量、影响因素和作用[J].科学管理研究,2008(1):82-85.

[67]袁勇志,肖方鑫.双重网络嵌入对海外人才跨国创业的影响研究:基于创业阶段视角[J].工业技术经济,2013(11):45-53.

[68]岳昌君,夏洁,邱文琪.2019 年全国高校毕业生就业状况实证研究

[J].华东师范大学学报(教育科学版),2020(4):1-17.

[69]张枢盛,陈继祥.基于文化视角的中国海归创业二元网络研究[J].现代管理科学,2012(12):14-17.

[70]张枢盛,陈继祥.中国海归企业发展研究:技术创新中的二元网络与组织学习[J].科学学研究,2013(11):1744-1751.

[71]张枢盛,陈继祥.中国海归企业基于二元网络的组织学习与技术创新:一个跨案例研究[J].科学学与科学技术管理,2014(1):117-125.

[72]张建奇,唐丽.试析美国博士生流失问题[J].比较教育研究,2013(8):14-18.

[73]张秀娥,张梦琪,王丽洋.社会网络对新生代农民工创业意向的影响机理研究[J].华东经济管理,2015(6):10-16,185.

[74]张再生,杨庆.海外高端人才政策评估及优化对策研究[J].天津大学学报(社会科学版),2016(2):123-128.

[75]赵全军,季浩,Wang Wei.政策创新与制度失灵:基于"人才争夺战"的场景分析[J].浙江社会科学,2021(11):45-52.

[76]赵文,李文霞,孙国强.二元社会网络与海归企业创新绩效:基于模糊集的定性比较分析[J].华东经济管理,2017(6):113-118.

[77]中教传媒智库.海归数据报告(十九大以来)[J].神州学人,2019(Z1):43-47.

[78]钟云华.新生代海归创业难的归因与对策[J].华东师范大学学报(教育科学版),2016(3):52-60.

[79]周勇,杨文燮.大学生创业主动性的现状及对策研究[J].中国青年研究,2014(10):78-82.

[80]朱红,张优良.北京高校创业教育对本专科生创业意向的影响机制:基于学生参与视角的实证分析[J].清华大学教育研究,2014(6):100-107.

[81]朱金生,陈丽丝,蒋武.基于知识图谱的国内海归创业研究进展综述[J].管理现代化,2021(4):116-120.

[82]朱钧陶.大学生就业质量评价体系的实证研究:以华南农业大学为例

[J]. 高教探索,2015(5):109-112.

[83]Adams J S. Toward an understanding of inequity[J]. Journal of Abnormal and Social Psychology,1963,67(5):422-436.

[84]Afandi E,Kermani M,Mammadov F. Social capital and entrepreneurial process [J]. International Entrepreneurship and Management Journal, 2017,13(3):685-716.

[85]Agarwal M N,Chatterjee L. Entrepreneurial human capital and new venture performance:In search of the elusive link[J]. Academy of Entrepreneurship Journal,2007,13(1):1-22.

[86]Ajzen I. The theory of planned behavior[J]. Organization Behavior and Human Decision Processes,1991,50(2):179-211.

[87]Anderson A R,Miller C J. "Class matters":Human and social capital in the entrepreneurial process[J]. The Journal of Socio-Economics,2003,32 (1):17-36.

[88]Andrianto S,Jianhong M,Hommey C,et al. Re-entry adjustment and job embeddedness:The mediating role of professional identity in Indonesian returnees[J]. Frontiers in Psychology,2018,9:792.

[89]Attri R,Dev N, Sharma V. Interpretive structural modelling(ISM) approach:An overview [J]. Research Journal of Management Sciences, 2013,2(2):3-8.

[90]Bae J,Mowbray O. Millennial generation's job search activity and job quality:Findings from the national longitudinal survey of youth[J]. Journal of Social Service Research,2019,45(2):269-277.

[91]Bae T J,Qian S,Miao C,et al. The relationship between entrepreneurship education and entrepreneurial intentions:A meta-analytic review[J]. Entrepreneurship Theory and Practice,2014,38(2):217-254.

[92]Baron R M,Kenny D A. The moderator-mediator variable distinction in social psychological research:Conceptual,strategic,and statistical consider-

ations[J]. Journal of Personality and Social Psychology, 1986, 51 (6): 1173-1182.

[93]Benet-Martínez V,Haritatos J. Bicultural identity integration(BII): Components and psychosocial antecedents[J]. Journal of Personality,2005,73 (4),1015-1050.

[94]Benet-Martínez V,Leu J,Lee F,et al. Negotiating biculturalism:Cultural frame switching in biculturals with oppositional versus compatible cultural identities [J]. Journal of Cross-Cultural Psychology, 2002, 33 (5): 492-516.

[95]Blake J. Family size and the quality of children[J]. Demography, 1981,18(4):421-442.

[96]Blau G. Further exploring the relationship between job search and voluntary individual turnover [J]. Personnel Psychology, 1993, 46 (2): 313-330.

[97]Brandstätter H. Personality aspects of entrepreneurship:A look at five meta-analyses[J]. Personality and Individual Differences,2011,51(3): 222-230.

[98]Brown D J,Cober R T,Kane K,et al. Proactive personality and the successful job search:A field investigation with college graduates[J]. Journal of Applied Psychology,2006,91(3):717-726.

[99]Saarela J,Finnäs F. Return migrant status and employment in Finland[J]. International Journal of Manpower,2009,30(5):489-506.

[100]Cable D M,DeRue D S. The convergent and discriminant validity of subjective fit perceptions[J]. Journal of Applied Psychology,2002,87(5):875-884.

[101]Ceresia F,Mendola C. Am I an entrepreneur? Entrepreneurial self-identity as an antecedent of entrepreneurial intention[J]. Administrative Sciences,2020,10(3):1-14.

[102]Chen S X,Benet-Martínez V,Harris B M. Bicultural identity,bilingualism,and psychological adjustment in multicultural societies:Immigration-based and globalization-based acculturation[J]. Journal of Personality,2008,76(4):803-838.

[103]da Motta Veiga S P,Turban D B. Insight into job search self-regulation:Effects of employment self-efficacy and perceived progress on job search intensity[J]. Journal of Vocational Behavior,2018(108):57-66.

[104]Dai O,Liu X. Returnee entrepreneurs and firm performance in Chinese high-technology industries[J]. International Business Review,2009,18(4):373-386.

[105]Démurger S,Li S,Yang J. Earnings differentials between the public and private sectors in China:Exploring changes for urban local residents in the 2000s[J]. China Economic Review,2012,23(1):138-153.

[106]DeNisi A S. Some further thoughts on the entrepreneurial personality[J]. Entrepreneurship Theory and Practice,2015,39(5):997-1003.

[107]Dettweiler U,Ünlü A,Lauterbach G,et al. Alien at home:Adjustment strategies of students returning from a six-months over-sea's educational programme[J]. International Journal of Intercultural Relations,2015(44):72-87.

[108]Downey D B. Number of siblings and intellectual development:The resource dilution explanation [J]. American Psychologist,2001,56(6-7):497-504.

[109]Fan W,Zhao N,Cai X,Fu J. Overseas returnees' entrepreneurial competency and personality research[J]. Canadian Social Science,2012,8(6):186-194.

[110]Festinger L. A theory of social comparison processes[J]. Human Relations,1954,7(2):117-140.

[111]Fleming L. Recombinant uncertainty in technological search[J].

Management Science,2001,47(1),117-132.

[112]Fort I,Jacquet F,Leroy N. Self-efficacy,goals,and job search behaviors[J]. Career Development International,2011,16(5):469-481.

[113]Liñán F,Urbano D,Guerrero M. Regional variations in entrepreneurial cognitions:Start-up intentions of university students in Spain[J]. Entrepreneurship & Regional Development,2011,23(3-4):187-215.

[114]Franzoni C,Scellato G,Stephan P. The mover's advantage:The superior performance of migrant scientists[J]. Economics Letters,2014,122(1):89-93.

[115]Fu Y,Si S. Does a second-generation returnee make the family firm more entrepreneurial? The China experience[J]. Chinese Management Studies,2018,12(2):287-304.

[116]Fugate M,Kinicki A J,Ashforth B E. Employability:A psychosocial construct,its dimensions,and applications[J]. Journal of Vocational Behavior,2004,65(1):14-38

[117]Gimeno J,Folta T B,Cooper A C,et al. Survival of the fittest? Entrepreneurial human capital and the persistence of underperforming firms[J]. Administrative Science Quarterly,1997,42(4):750-783.

[118]Gollwitzer P M. Implementation intentions:Strong effects of simple plans [J]. American Psychologist,1999:54(7):493-503.

[119]González-Romá V,Gamboa J P,Peiró J M. University graduates' employability,employment status,and job quality[J]. Journal of Career Development,2018,45(2):132-149.

[120]Goodman L A. Snowball sampling[J]. The Annals of Mathematical Statistics,1961,32(1):148-170.

[121]Guan Y,Deng H,Bond M H,et al. Person-job fit and work-related attitudes among Chinese employees:Need for cognitive closure as moderator [J]. Basic and Applied Social Psychology,2010,32(3):250-260.

[122]Guan Y,Deng H,Sun J,et al. Career adaptability,job search self-efficacy and outcomes:A three-wave investigation among Chinese university graduates[J]. Journal of Vocational Behavior,2013,83(3):561-570.

[123]Hackman J R,Lawler E E. Employee reactions to job characteristics [J]. Journal of Applied Psychology,1971,55(3):259-286.

[124]Jie H,Welch A. A tale of sea turtles:Job-seeking experiences of Hai Gui(high-skilled returnees)in China[J]. Higher Education Policy,2012, 25(2):243-260.

[125]Kanfer R,Wanberg C R,Kantrowitz T M. Job search and employ-ment:A personality-motivational analysis and meta-analytic review[J]. Jour-nal of Applied Psychology,2011,86(5):837-855.

[126]Karasek R A. Job demands,job decision latitude,and mental strain: Implications for job redesign[J]. Adeministrative Science Quarterly,1979,24 (2):285-308.

[127]Kato M,Honjo Y. Entrepreneurial human capital and the survival of new firms in high-and low-tech sectors[J]. Journal of Evolutionary Eco-nomics,2015,25(5):925-957.

[128]Kautonen T,van Gelderen M,Fink M. Robustness of the theory of planned behavior in predicting entrepreneurial intentions and actions[J]. En-trepreneurship Theory and Practice,2015,39(3):655-674.

[129]Kautonen T,van Gelderen M,Tornikoski E T. Predicting entrepre-neurial behavior:A test of the theory of planned behavior [J]. Applied Eco-nomics,2013:45(6):697-707.

[130]Kim P H,Aldrich H E,Keister L A. Access(not)denied:The im-pact of financial,human,and cultural capital on entrepreneurial entry in the United States[J]. Small Business Economics,2006,27(1):5-22.

[131]Krueger N F Jr. What lies beneath? The experiential essence of en-trepreneurial thinking [J]. Entrepreneurship Theory and Practice, 2007, 31

(1):123-138.

[132]Krueger N F Jr. ,Reilly M D,Carsrud A L. Competing models of entrepreneurial intentions [J]. Journal of Business Venturing,2000,15(5-6): 411-432.

[133]Laurence G A. Is resistance futile? Acculturation and disadvantage theory in immigrant entrepreneurship[J]. Journal for International Business and Entrepreneurship Development,2016,9(1):88-101.

[134]Leung A K Y,Maddux W W,Galinsky A D,et al. Multicultural experience enhances creativity:The when and how[J]. American Psychologist, 2008,63(3):169-181.

[135]Li H,Zhang Y,Li Y,et al. Returnees versus locals:Who perform better in China's technology entrepreneurship[J]. Strategic Entrepreneurship Journal,2012,6(3):257-272.

[136]Lin D,Lu J,Li P P,et al. Balancing formality and informality in business exchanges as a duality:A comparative case study of returnee and local entrepreneurs in China[J]. Management and Organization Review,2015,11 (2):315-342.

[137]Lin N. Building a network theory of social capital[J]. Connections, 1999,22(1):28-51.

[138]Liñán F, Chen Y. Development and cross-cultural application of a specific instrument to measure entrepreneurial intentions [J]. Entrepreneurship Theory and Practice,2009,33(3):593-617.

[139]Liñán F,Moriano J A,Jaén I. Individualism and entrepreneurship: Does the pattern depend on the social context? [J]. International Small Business Journal,2016,34(6):760-776.

[140]Liñán F,Rodríguez-Cohard J C,Rueda-Cantuche J M. Factors affecting entrepreneurial intention levels:A role for education[J]. International Entrepreneurship and Management Journal,2011,7(2):195-218.

[141]Liu S,Wang M,Liao H,et al. Self-regulation during job search: The opposing effects of employment self-efficacy and job search behavior self-efficacy[J]. Journal of Applied Psychology,2014,99(6):1159-1172.

[142]Liu Y,Almor T. How culture influences the way entrepreneurs deal with uncertainty in inter-organizational relationships: The case of returnee versus local entrepreneurs in China[J]. International Business Review,2016,25(1):4-14.

[143]Lüthje C,Franke N. The "making" of an entrepreneur: Testing a model of entrepreneurial intent among engineering students at MIT[J]. R&D Management,2003,33(2):135-147.

[144]Maresch D,Harms R,Kailer N,et al. The impact of entrepreneurship education on the entrepreneurial intention of students in science and engineering versus business studies university programs[J]. Technological Forecasting and Social Change,2016(104):172-179.

[145]Martin J S,Novicevic M. Social entrepreneurship among Kenyan farmers:A case example of acculturation challenges and program successes [J]. International Journal of Intercultural Relations,2010,34(5):482-492.

[146]Mathieu C,St-Jean E. Entrepreneurial personality:The role of narcissism[J]. Personality and Individual Difference,2013,55(5):527-531.

[147]McEvily B,Zaheer A. Bridging ties:A source of firm heterogeneity in competitive capabilities[J]. Strategic Management Journal,1999,20(12):1133-1156.

[148]Mitchelmore S,Rowley J. Entrepreneurial competencies:A literature review and development agenda[J]. International journal of entrepreneurial Behavior & Research,2010,16(2):92-111.

[149]Ng T W H,Eby L T,Sorensen K L,et al. Predictors of objective and subjective career success:A meta-analysis[J]. Personnel Psychology,2005,58(2):367-408.

[150]Ni H,Ye Y. Entrepreneurship education matters:Exploring secondary vocational school students' entrepreneurial intention in China[J]. The Asia-Pacific Education Researcher,2018,27(5):409-418.

[151]Obschonka M,Silbereisen R K,Schmitt-Rodermund E. Entrepreneurial intention as developmental outcome[J]. Journal of Vocational Behavior,2010,77(1):63-72.

[152]Presbitero A. Culture shock and reverse culture shock:The moderating role of cultural intelligence in international students' adaptation[J]. International Journal of Intercultural Relations,2016(53):28-38.

[153]Pruthi S. Social ties and venture creation by returnee entrepreneurs [J]. International Business Review,2014,23(6):1139-1152.

[154]Qin F,Estrin S. Does social influence span time and space? Evidence from Indian returnee entrepreneurs [J]. Strategic Entrepreneurship Journal,2015,9(3):226-242.

[155]Rauch A,Hulsink W. Putting entrepreneurship education where the intention to act lies:An investigation into the impact of entrepreneurship education on entrepreneurial behavior[J]. Academy of Management Learning and Education,2015,14(2):187-204.

[156]RezaeiZadeh M, Hogan M, O'Reilly J, et al. Core entrepreneurial competencies and their interdependencies:insights from a study of Irish and Iranian entrepreneurs,university students and academics[J]. International Entrepreneurship and Management Journal,2017,13(1):35-73.

[157]Saks A M,Ashforth B E. Is job search related to employment quality? It all depends on the fit[J]. Journal of Applied Psychology,2002,87(4):646-654.

[158]Sánchez J C. University training for entrepreneurial competencies:Its impact on intention of venture creation[J]. International Entrepreneurship and Management Journal,2011,7(2):239-254.

[159]Santos F J,Roomi M A,Liñán F. About gender differences and the social environment in the development of entrepreneurial intentions[J]. Journal of Small Business Management,2016,54(1):49-66.

[160]Støren L A,Wiers-Jenssen J. Foreign diploma versus immigrant background:Determinants of labour market success or failure? [J] Journal of Studies in International Education,2010,14(1):29-49.

[161]Tadmor C T,Galinsky A D,Maddux W W. Getting the most out of living abroad:Biculturalism and integrative complexity as key drivers of creative and professional success[J]. Journal of Personality and Social Psychology,2012,103(3):520-542.

[162]Tadmor C T, Tetlock P E, Peng K. Acculturation strategies and integrative complexity:The cognitive implications of biculturalism[J]. Journal of Cross-Cultural Psychology,2009,40(1):105-139.

[163]Thomas K J A. Return migration in Africa and the relationship between educational attainment and labor market success:Evidence from Uganda[J]. International Migration Review,2008,42(3):652-674.

[164]Tsai K H,Chang H C,Peng C Y. Extending the link between entrepreneurial self-efficacy and intention:A moderated mediation model[J]. International Entrepreneurship and Management Journal,2016,12(2):445-463.

[165]Unger J M,Rauch A,Frese M,et al. Human capital and entrepreneurial success:A meta-analytical review[J]. Journal of Business Venturing, 2011,26(3):341-358.

[166]Van Hooft E A J,Born M P,Taris T W,et al. Predictors and outcomes of job search behavior:The moderating effects of gender and family situation[J]. Journal of Vocational Behavior,2005,67(2):133-152.

[167]Viinikainen J,Heineck G,Böckerman P,et al. Born entrepreneurs? Adolescents' personality characteristics and entrepreneurship in adulthood [J]. Journal of Business Venturing Insights,2017,8:9-12.

[168]Wang L,Xu H,Zhang X,et al. The relationship between emotion regulation strategies and job search behavior among fourth-year university students[J]. Journal of Adolescence,2017,59(1):139-147.

[169]Warfield J N. Developing interconnected matrices in structural modelling[J]. IEEE Transactions on Systems,Man,and Cybernetics,1974,4(1): 81-87.

[170]Williams M L,Mcdaniel M A,Nguyen N T. A meta-analysis of the antecedents and consequences of pay level satisfaction[J]. Journal of Applied Psychology,2006,91(2):392-413.

[171]Xu X,Ni H,Ye Y. Factors influencing entrepreneurial intentions of Chinese secondary school students:An empirical study[J]. Asia Pacific Education Review,2016,17(4):625-635.

[172]Zhang Y,Duysters G M,Cloodt M. The role of entrepreneurship education as a predictor of university students' entrepreneurial intention[J]. International Entrepreneurship and Management Journal, 2014, 10 (3): 623-641.

[173]Zweig D,Changgui C,Rosen S. Globalization and transnational human capital:Overseas and returnee scholars to China[J]. China Quarterly, 2004(179):735-757.

三、会议论文集

[1]Davidsson P. Determinants of entrepreneurial intentions[C]. Piazenca: The RENT Ⅸ Workshop,1995.

[2]Dheer R J S. Cognitive implications of acculturation:Impact on entrepreneurial intentions[C]. New York:Academy of management annual meeting proceedings,2014.

[3]Seiter J S,Waddell D. The Intercultural reentry process:Reentry shock,locus of control,satisfaction,and interpersonal uses of communication

［C］. Washington：The annual meeting of the Western Speech Communication Association,1989.

［4］Zweig D, Han D. "Sea turtles" or "seaweed"? The employment of overseas returnees in China［C］. Paris：The Fourth dialogue between France and the ILO on the social dimension of globalization,"The Internationalization of Labour Markets",2008.

四、硕博士学位论文

［1］李静薇. 创业教育对大学生创业意向的作用机制研究［D］.天津：南开大学,2013.

［2］刘志.大学生创业意向的结构、影响因素及提升对策研究［D］.长春：东北师范大学,2013.

［3］牛雪梅.大学生社会网络、创业自我效能感与创业意向的关系研究［D］.成都：西南交通大学,2017.

［4］杨金展.人格特质、社会资本、先前知识对创业机警性影响之实证研究［D］.云林：云林科技大学,2006.

［5］张枢盛.中国海归企业二元网络对技术创新绩效的作用机制研究［D］.上海：上海交通大学,2014.

五、电子资源

［1］2017 年度我国各类留学回国人员总数达 48.09 万人［EB/OL］.（2018-04-18）［2020-12-30］. http：//www. mohrss. gov. cn/zyjsrygls/ZYJSRYGLS-gongzuodongtai/201804/t20180418_292559. html.

［2］《2018 中国海归就业创业调查报告》发布 中国留学生呈现大进大出现象［EB/OL］.（2018-08-20）［2020-12-30］. http：//news. cctv. com/2018/08/20/ARTIvUggczJHyiawFVGdO4IY180820. shtml.

［3］《2018 中国海归就业创业调查报告》发布 90 后成为新生代海归主体［EB/OL］.（2018-08-20）［2020-12-30］. http：//m. news. cctv. com/2018/08/

20/ARTIFsvMjoLy1EsdRDCd5dEx180820. shtml.

[4]国际人才蓝皮书公布 海归返乡发展热情高涨[EB/OL]. (2021-03-07)[2021-12-30]. http://www. chinahwrc. com/haigui/2021/0307/9818. html.

六、专著中的析出文献

[1]Congregado E,Carmona M,Román C. Entrepreneurial human capital：Essays of measurement and empirical evidence[M]//Congregado E. Measuring Entrepreneurship：Building a Statistical System. Boston：Springer,2008：247-264.

[2]Huynh Q L,Nguyen A M D,Benet-Martínez V. Bicultural identity integration. [M]//Schwartz S, Luyckx K, Vignoles V. Handbook of Identity Theory and Research. New York：Springer,2011.

附　录

附录1　"新生代海归"创业意向及其影响因素访谈提纲

一、基本信息

1. 年龄：

2. 性别：

3. 学历：本科、硕士研究生、博士研究生

4. 所学专业：

5. 毕业院校：

6. 留学时长：　　　　　　　回国时长：

7. 创业/就业领域：

8. 创业时长：（无创业则不填）

9. 对创业的信心：（无创业则不填）

10. 目前的创业状态：（无创业则不填）

二、留学经历

1.请问您当初为什么选择出国留学？

2.您选择该专业的原因是？该专业和您未来职业规划的关联性如何？

3.在国外有哪些人或经历使您萌生创业的想法？（比如课程、教授、朋友）

4.您觉得国内外学习生活方面的差异有哪些？

5.您觉得您与未出国留学的毕业生相比，在就业/创业方面有什么优势或劣势？

6.您现在和国外的朋友还有联系吗？

三、创业意向

1.您是否有过想要自主创业的想法？是何时有了创业的想法？

2.请问您为创业做了哪些准备工作？

3.请问您为什么选择在该领域开始创业？

4.您的家人或者朋友对您选择创业的态度如何？

5.您觉得您的性格/特长在创业过程中有什么优势或劣势吗？

6.创业过程中有遇到什么挫折吗？您是怎么应对的？

7.您的创业团队是怎样构成的？团队对您的创业有哪些贡献？

四、对海归创业政策的看法

1.请问您对国内的创业环境（如海归创业政策）了解多少？其中哪些政策对您的创业帮助较大？

2.您认为目前我国政府对海归创业的鼓励扶持可以在哪些方面有所改进？或者说您觉得根据您的创业经历，您想在哪些方面得到政府或相关机构的帮助？

3.您觉得影响新生代海归创业的因素有哪些？（包括所有创业和未创业的群体）

附录 2　"新生代海归"创业意向影响机制调查问卷

您好！我们是负责全国教育科学规划课题"'新生代海归'创业意向与行动的影响机制和政策研究"的课题组。本问卷旨在了解留学归国人员创业意向及相关影响因素。数据结果仅用于研究目的，对您填写的个人信息，我们将严格保密。感谢您的支持！

——课题组

2018 年 12 月

1. 您的出生年份：_____

2. 性别：

　　A. 男　　　　　　　　B. 女

3. 是否独生子女：

　　A. 是　　　　　　　　B. 否

4. 在国内的家庭居住地：

　　A. 城市　　　　　　　B. 城镇　　　　　　　C. 农村

5. 学历：

　　A. 本科　　　　　　　B. 硕士　　　　　　　C. 博士

6. 开始留学的阶段：

　　A. 小学　　B. 初中　　C. 高中　　D. 本科　　E. 硕士　　F. 博士

7. 留学国家/地区：_____

　　院校/机构：_____

　　专业名称：_____

　　专业类别：_____

8. 国内生活总时长(出生至今)：_____年_____月

9. 国外生活总时长(出生至今)：_____年_____月

10. 有无海外实习经历？

　　A. 无　　　　　　　　　　B. 有(_____年_____月)

11. 有无海外正式工作经历？

　　A. 无　　　　　　　　　　B. 有(_____年_____月)

12. 你的家人或近亲属有没有自主创业或开设属于自己的企业？

　　A. 有　　　　　　　　　　B. 无

13. 你是否考虑过创业？

　　A. 没有考虑过创业

　　B. 考虑过但没有采取任何行动

　　C. 没有开始创业,但已经开始准备,并打算在不久的将来开始工作

　　D. 处于创业过程中

　　　　(创业次数：_____创业时长：_____年_____月)

　　E. 曾经创业,目前已结束

　　　　(创业次数：_____创业时长：_____年_____月)

14. 你考虑或已进行的创业领域是：_____

　　是否与留学专业相关？

　　A. 是　　　　　　　　　　B. 否

　　是否与留学经历(留学国家/地区等)相关？

　　A. 是　　　　　　　　　　B. 否

15. 你对海归创业相关政策是否了解？

　　A. 非常不了解　　B. 比较不了解　　C. 一般　　D. 比较了解　　E. 非常了解

16. 你认为海归创业相关政策是否合理？

　　A. 非常不合理　　B. 比较不合理　　C. 一般　　D. 比较合理　　E. 非常合理

17. 你认为海归创业相关支持政策的可获得性如何？

　　A. 很难获得　　　B. 比较难获得　　C. 一般　　D. 比较容易　　E. 非常容易

18. 请选择你对下列句子的同意程度。（"1"为"完全不同意"，"7"为"完全同意"）

选项	1	2	3	4	5	6	7
对于我来说创业带来的优势多于劣势							
将创业作为一项事业对我而言是有吸引力的							
如果我有机会和资源，我愿意创业							
创业会给我带来许多的满足感							
在各种选择中，我更倾向于创业							

19. 如果你决定创办一家企业，你身边最亲近的人会同意你的决定吗？请选择你感知到的他们的同意程度。（"1"为"完全不同意"，"7"为"完全同意"）

选项	1	2	3	4	5	6	7
你最亲近的家人							
你的朋友							
你的同学（同事）							

20. 请选择关于自身创业能力表述的同意程度。（"1"为"完全不同意"，"7"为"完全同意"）

选项	1	2	3	4	5	6	7
创办企业和经营企业对我来说是简单的							
我已为创办一家企业做好准备							
我能控制好一家企业的创办过程							
我了解创办一家企业的必备操作细节							
我知道如何开发一个创业项目							
如果我创办一家企业，我成功的可能性会很高							

21. 请表明你对下列句子的同意程度。（"1"为"完全不同意"，"7"为"完全同意"）

选项	1	2	3	4	5	6	7
我准备好做任何事来成为一个创业者							
我会尽一切努力来创办和经营自己的企业							
我决定将来创办一家企业							
我认真地思考过创办一家企业							

22. 试评估以下社会关系对你创业的帮助。("1"为"帮助非常小","5"为"帮助非常大")

选项	1	2	3	4	5
获取本地行业联盟协会相关信息并与之建立联系					
获取本地销售商相关信息并与之建立联系					
获取本地其他企业相关信息并与之建立联系					
获取本地政府及官员相关信息并与之建立联系					
获取本地风险投资相关信息并与之建立联系					
获取本地金融机构相关信息并与之建立联系					
获取海外业务伙伴相关信息并与之建立联系					
获取海外供应商相关信息并与之建立联系					
获取海外客户相关信息并与之建立联系					
获取海外科研院所相关信息并与之建立联系					
获取海外高校相关信息并与之建立联系					
获取海外学术伙伴相关信息并与之建立联系					

23. 请表明你对下列句子的同意程度。("1"为"非常不同意","5"为"非常同意")

选项	1	2	3	4	5
我发现平衡中国文化和留学国家/地区的文化很容易					
我很少对中国文化和留学国家/地区的文化感到冲突					
我觉得调和中国文化和留学国家/地区的文化很容易					
我不混淆中国文化和留学国家/地区的文化					
我会把中国文化和留学国家/地区文化分开					
我很清楚地知道中国文化和留学国家/地区文化的差异					

24.请评估你的语言使用频率。("1"为"非常低","6"为"非常频繁")

选项	1	2	3	4	5	6
用母语和朋友交流						
用外语和朋友交流						
在童年和青少年时期使用母语						
在童年和青少年时期使用外语						
在成年后使用母语						
在成年后使用外语						
阅读母语的报纸和杂志						
阅读外语的报纸和杂志						

25.请根据你的真实情况,在答案的相应方框内打"√"。

选项	没有	不清楚	有
你在国内学校有没有接受过创业理论课程			
你在国内学校有没有接受过创业实践活动或创业技能相关的课程			
你在国内学校有没有接受过创业态度或创业意识相关的课程			
你在国内学校有没有接受过经济学的课程			

——如有,是：_____

A.讲座/工作坊性质的　B.学期常规课程性质的　C.上述两种都有

选项	没有	不清楚	有
你在留学学校有没有接受过创业理论课程			
你在留学学校有没有接受过创业实践活动或创业技能相关的课程			
你在留学学校有没有接受过创业态度或创业意识相关的课程			
你在留学学校有没有接受过经济学的课程			

——如有,是：_____

A.讲座/工作坊性质的　B.学期常规课程性质的　C.上述两种都有

附录 3 "新生代海归"就业质量影响因素调查问卷

各位归国人士,您好! 感谢您参与本次调查。我们是负责全国教育规划课题"'新生代海归'创业意向与行动的影响机制和政策研究"的课题组,本问卷主要了解您归国后的文化适应、求职中的自我效能、找工作强度和求职成功后对就业质量的感知等。您的回答有助于我们了解"新生代海归"就业方面的切实需求,以便为相关部门提出更有效的政策建议。填写时请对最贴近您的答案进行勾选,非常感谢您的支持! 对您填写的信息,我们将严格保密。

——课题组

2018 年 12 月

A 部分　就业情况

一、回国后,您的文化适应情况如何?(逆文化冲击量表)

题项	非常不同意	不同意	一般	同意	非常同意
1.人们似乎对我在国外的经历不太感兴趣。					
2.我回来后,我的朋友们似乎变了。					
3.从国外回来后,我很难适应家乡的文化。					
4.我与外国友人有很多接触。					
5.因为我在国外的学习经历,我觉得我改变了很多。					
6.当我回到家时,我感到疏离。					
7.我会想念留学国家中结交的朋友。					
8.我的朋友和家人教促我,要我一回家就"适应"这里。					

二、在找到工作之前的半年，您找工作的行为表现

(一)在找到工作之前的半年内，您完成了下面的每项任务多少次？（求职频率）

（如果您已经找到工作，您可以回忆当时找工作的实际情况作答）

题项	很少	有时	比较频繁	非常频繁
1.读关于找工作/换工作的文章或资料。				
2.和朋友或亲戚交谈，了解可能的工作机会。				
3.和以前的领导或商业熟人谈谈潜在的工作机会。				
4.利用已有单位的资源（如同事）了解潜在的工作机会。				
5.访问一些单位的招聘网站。				
6.给可能的就业单位发送简历。				
7.填写求职申请表。				
8.参加单位的面试。				
9.向职业介绍所、猎头公司或就业服务机构等进行咨询。				
10.请求重要人物的就业引荐。				

(二)您认为您找工作付出的努力程度符合以下哪个选项？（努力程度）

题项	很不符合	不符合	一般	符合	非常符合
11.我花了很多时间寻找备选工作。					
12.我把我的时间和精力集中在求职活动上。					
13.我尽最大努力找到了一份工作。					

三、您认为目前的这份工作适合自己吗？（工作契合度）

题项	非常不同意	不同意	一般	同意	非常同意
1. 我个人的价值观与所在单位的价值观和文化相匹配。					
2. 我所在部门的价值观和文化与我在生活中看重的东西非常契合。					
3. 我的工作表现受到缺乏专业知识的影响。					
4. 我认为我有能力胜任这份工作。					
5. 我的教育经历与工作的要求很匹配。					
6. 目前的工作提供给我的和我想从工作中得到的是匹配的。					
7. 我想通过工作获得的事物通过我现在的工作得到了很好的满足。					
8. 我目前所做的工作几乎能满足我对工作的所有要求。					

四、您对目前工作的满意度如何？（工作满意度、离职意向）

题项	非常不同意	不同意	一般	同意	非常同意
1. 我的工作条件需要改进。					
2. 这份工作很有意思，我不觉得无聊。					
3. 我认为我比别人工作时更快乐					
4. 我失望于我接受了这份工作。					
5. 这份工作让我不愉快。					
6. 我想把这份工作推荐给我的朋友。					
7. 我喜欢和别人讨论我的工作。					
8. 我经常想辞去这份工作。（反向题）					
9. 如果我继续在这个单位工作，我的未来不会有希望。（反向题）					

注：前 7 题为"工作满意度"测题，后 2 题为"离职倾向"测题。

B 部分　背景信息

1. 您的性别：

　　A. 男　　　　　　　　　　B. 女

2. 您的年龄段：

　　A. 20 岁以下　　　　　　B. 21～25 岁　　　　　C. 26～30 岁

　　D. 31～35 岁　　　　　　E. 36～40 岁　　　　　F. 40 岁及以上

3. 您的回国时间是_____

4. 您是否独生子女？

　　A. 是　　　　　　　　　　B. 否

5. 您的生源地（指参加高考时的户籍所在地）：

　　A. 东部　　　　　　　　　B. 中部　　　　　　　　C. 西部

6. 您出国前的学历层次：

　　A. 高中　　　　　　　　　B. 本科　　　　　　　　C. 硕士

　　D. 博士　　　　　　　　　E. 其他

　　回国后的学历层次：

　　A. 高中　　　　　　　　　B. 本科　　　　　　　　C. 硕士

　　D. 博士　　　　　　　　　E. 其他

7. 您出国前在国内的"双一流"院校或"985 工程"院校的学习经历：

　　A. 否，高中毕业即出国

　　B. 是，在"双一流"院校或"985 工程"院校就读过

　　C. 否，只在普通院校（非"双一流"院校或"985 工程"院校）就读

8. 您的国外留学地区是：

　　A. 北美洲　　　　　　　　B. 欧洲　　　　　　　　C. 大洋洲

　　D. 亚洲　　　　　　　　　E. 其他

9. 您的国外毕业院校的国际排名：（含 ARWU、QS、THE、USNEWS、ESI 世界

　　排名）

　　A. 前 100　　　　　　　　B. 前 200　　　　　　　C. 前 500

　　D. 前 1000　　　　　　　　E. 前 2000　　　　　　　F. 其他

10. 您在国外的修读专业是：

    A. 理工　　　　　　　　B. 经管　　　　　　　　C. 人文社科

    D. 艺术　　　　　　　　E. 其他

11. 您的留学年限是：

    A. 1 年及以内　　　　　　B. 2～3 年

    C. 4～5 年　　　　　　　D. 6 年及以上

12. 您的留学形式是：

    A. 自费　　　　　　　　　　B. 国内政府项目资助

    C. 国外提供(部分)奖学金　　D. 其他

13. 回国找工作之前,您的工作经验的总时长：

    A. 无工作经验　　　　　B. 1 年及以内　　　　　C. 2～3 年

    D. 4～5 年　　　　　　　E. 6 年及以上

14. 您目前处于工作的状态吗？

    A. 是　　　　　　　　　　B. 否(请跳至第 22 题)

15. 回国后您找工作时,共收到的面试通知数：

    A. 0～1 个　　　　　　　B. 2～3 个

    C. 4～5 个　　　　　　　D. ≥6 个

16. 回国后您找工作时,共获得的 offer 数量：

    A. 0～1 个　　　　　　　B. 2～3 个

    C. 4～5 个　　　　　　　D. ≥6 个

17. 您回国后多久找到了第一份工作？

    A. 3 个月以内　　　　　　B. 3～6 个月

    C. 6～12 个月　　　　　　D. 12 月及以上

18. 您现在的工作单位类型是：

    A. 政府行政机构　　　B. 高等院校/科研机构　　C. 其他事业单位

    D. 国有企业　　　　　E. 外资企业　　　　　　　F. 民营企业

    G. 自由职业　　　　　H. 其他_____

19. 您目前工资的月均收入大约是:(指工资、奖金、提成、福利补贴等税后的月
　　均收入)

　　A. 5000 元以下　　　　B. 5000~10000 元　　　　C. 10000~15000 元

　　D. 15000~20000 元　　E. 20000 元及以上

20. 您目前的就业地区是:

　　A. 北上广深　　　　　　B. 东部

　　C. 中部　　　　　　　　D. 西部

21. 找工作时,您认为哪四项最困难? 请按照困难程度排序:

　　[　]缺乏工作与实践经验

　　[　]获取的就业信息不充分

　　[　]性别和年龄优势不显著

　　[　]专业不对口

　　[　]单位对国外学习经历的认可度低

　　[　]生活方式不适应

　　[　]同岗位的其他求职者竞争优势明显

　　[　]人际关系复杂

　　[　]回国后自身不愿意很快就业

　　[　]单位的条件和待遇与预期的有一定差距